ESPAÇOS DA DEMOCRACIA

Outros livros organizados
por Iná Elias de Castro:

Brasil: questões atuais da reorganização do território

Explorações geográficas

Geografia: conceitos e temas

Olhares geográfico: modos de ver e viver o espaço

Redescobrindo o Brasil

Da autoria de Iná Elias de Castro

Geografia e política: território, escalas de ação e instituições

ORGANIZADORES

INÁ ELIAS DE CASTRO
JULIANA NUNES RODRIGUES
RAFAEL WINTER RIBEIRO

ESPAÇOS DA DEMOCRACIA

Para a agenda da Geografia Política contemporânea

Rio de Janeiro | 2013

Copyright © Organização Iná Elias de Castro, Juliana Nunes Rodrigues, Rafael Winter Ribeiro, 2013

Capa: Sérgio Campante

Imagem de capa: Frans Lemmens/Getty Images

Editoração: FA Studio

Texto revisado segundo o novo
Acordo Ortográfico da Língua Portuguesa

2013
Impresso no Brasil
Printed in Brazil

Cip-Brasil. Catalogação na publicação
Sindicato Nacional dos Editores de Livros. RJ

E73	Espaços da democracia: para a agenda da geografia política contemporânea/organização Iná Elias de Castro, Juliana Nunes Rodrigues, Rafael Winter Ribeiro. – 1. ed. – Rio de Janeiro: Bertrand Brasil, Faperj, 2013. 360 p.; 23 cm. Inclui bibliografia ISBN 978-85-286-1731-3 1. Política internacional. 2. Geografia política. 3. Geografia econômica. 4. Geopolítica. 5. Relações internacionais. I. Castro, Iná Elias de. II. Rodrigues, Juliana Nunes. III. Ribeiro, Rafael Winter.
13-03784	CDD: 327 CDU: 327

Todos os direitos reservados pela:
EDITORA BERTRAND BRASIL LTDA.
Rua Argentina, 171 — 2º andar — São Cristóvão
20921-380 — Rio de Janeiro — RJ
Tel.: (0xx21) 2585-2070 — Fax: (0xx21) 2585-2087

Não é permitida a reprodução total ou parcial desta obra, por quaisquer meios, sem a prévia autorização por escrito da Editora.

Atendimento e venda direta ao leitor:
mdireto@record.com.br ou (0xx21) 2585-2002

SUMÁRIO

APRESENTAÇÃO 9

PARA O ENCONTRO DA GEOGRAFIA COM A DEMOCRACIA
Iná Elias de Castro, Juliana Nunes Rodrigues
e Rafael Winter Ribeiro 11

PARTE 1
Territorialidade da Democracia

A DEMOCRACIA COMO UM PROBLEMA PARA A GEOGRAFIA:
O FUNDAMENTO TERRITORIAL DA POLÍTICA
Iná Elias de Castro 23

LEI E TERRITÓRIO EM DEMOCRACIAS POLÍTICO-REPRESENTATIVAS
Fabiano Soares Magdaleno 57

PARTICIPAÇÃO E COOPERAÇÃO NAS ESCALAS LOCAIS
EM DOIS MODELOS DE ESTADOS: FRANÇA E BRASIL
Juliana Nunes Rodrigues...87

DIVISÃO TERRITORIAL E DEMOCRACIA:
OS TERMOS DE UM DEBATE
Daniel Abreu de Azevedo 117

PARTE 2
Morar e Votar

GEOGRAFIA ELEITORAL E AS ESTRATÉGIAS TERRITORIAIS
DA IGREJA UNIVERSAL DO REINO DE DEUS
Danilo Fiani Braga 147

A GEOGRAFIA ELEITORAL DOS GRUPOS CRIMINOSOS
NA CIDADE DO RIO DE JANEIRO
Vinícius Ventura e Silva Juwer. 183

PARTE 3
Democracia Além do Voto

DEMOCRACIA ALÉM DO VOTO, CONSERVAÇÃO ALÉM DA NATUREZA:
O MOVIMENTO SOCIOAMBIENTAL
E O APRENDIZADO POLÍTICO
Manuelle Lago Marques 209

PAISAGEM, PATRIMÔNIO E DEMOCRACIA:
NOVOS DESAFIOS PARA POLÍTICAS PÚBLICAS
Rafael Winter Ribeiro 235

DEMOCRACIA, ESPAÇO PÚBLICO E IMAGENS
SIMBÓLICAS DA CIDADE DO RECIFE
Caio Augusto Amorim Maciel e David Tavares Barbosa 261

PARTE 4
Espaço e Ação

O COMPLEXO PORTUÁRIO DO AÇU ENTRE PRÁTICAS
ESPACIAIS E PODERES DE AÇÃO
Rejane Cristina de Araujo Rodrigues
e Linovaldo Miranda Lemos 297

OS ASPECTOS TEÓRICOS DO INSTITUCIONALISMO
E AS BASES TERRITORIAIS INSTITUCIONAIS
NA REGIÃO NORDESTE
Maria Monica V. C. O'Neill 325

Sobre os Autores 357

APRESENTAÇÃO

Os textos aqui apresentados resultam de pesquisas realizadas por pesquisadores do GEOPPOL – Grupo de Estudos e Pesquisas sobre Política e Território, vinculado ao programa de Pós-Graduação em Geografia da Universidade Federal do Rio de Janeiro – PPGG/UFRJ. As fontes de financiamento das pesquisas foram fundamentais para a realização dos trabalhos aqui apresentados. Essas fontes foram: **FAPERJ** (Fundação de Amparo à Pesquisa do Rio de Janeiro), **CNPq** (Conselho Nacional de Desenvolvimento Científico e Tecnológico), **CAPES** (Coordenação de Aperfeiçoamento de Pessoal de Ensino Superior, **IBGE** (Fundação Instituto Brasileiro de Geografia e Estatística) e **UFRJ** (Universidade Federal do Rio de Janeiro).

PARA O ENCONTRO DA GEOGRAFIA
COM A DEMOCRACIA

Iná Elias de Castro
Juliana Nunes Rodrigues
Rafael Winter Ribeiro

Se é verdade que temas se impõem à reflexão nas diferentes áreas do conhecimento como efeito de evidências da realidade, a democracia certamente é um deles. Nas últimas décadas, um número cada vez maior de países a adota e outros tantos a reivindicam, fala-se e escreve-se muito sobre ela: para exaltá-la, para criticá-la, para explicá-la ou para dizer das suas impossibilidades. E esse caudal de experiências práticas representa desafios intelectuais que cada disciplina enfrenta a partir da sua perspectiva da realidade.

Tomada na acepção mínima como forma de governo no qual o poder e a responsabilidade cívica são exercidos por todos os cidadãos, estabelece-se um debate: governo direto ou por meio de representantes eleitos? Mas a democracia é também a institucionalização da liberdade. Outro debate: quais os limites da liberdade? Quais as possibilidades efetivas de ser livre? A democracia, embora respeite a vontade da maioria, protege os direitos dos indivíduos e das minorias. Mas há ainda outras condições e com essas condições novos problemas para o debate: a democracia se propõe proteger o cidadão do poder excessivo dos governos centrais e supõe a descentralização do governo, fortalecendo as escalas local e regional como contrapesos necessários. Nesse sentido, a democracia abre amplo leque de possibilidades, seja para tomá-la como problema teórico-conceitual, seja para percebê-la como recurso institucional com fortes implicações para a sociedade e para o território.

E, aqui, democracia e geografia têm encontro marcado. A primeira, modelo político-institucional com fortes implicações sobre o espaço, objeto privilegiado de investigação da segunda. Ambas se enriquecem nesse encontro. É possível que uma ou outra nem sempre se reconheçam, porém a realidade se impõe sobre perspectivas e vieses ideológicos. O espaço é por excelência o lugar da política, que não existe no vazio da imaginação, a democracia é a política em sua forma mais pura, é a possibilidade do encontro dos indivíduos livres e diferentes, porém tornados iguais pela lei. E a geografia é a análise da ordem espacial desse encontro, dos processos e formas que daí resultam.

A democracia supõe processos decisórios que requerem engenharias institucionais que necessariamente se adaptam às condições particulares do território como: distâncias, infraestrutura, número de habitantes, densidades populacionais etc. O desafio de organizar eleições gerais, plebiscitos, referendos ou quaisquer outras formas de consulta à sociedade supõe considerar a dimensão territorial do universo considerado. Assim, nunca é demais lembrar que a democracia só adquire sentido em um contexto concreto no qual se enriquece das demandas da sociedade. Em outras palavras, só tem significância quando aplicada, como bem apontaram

Bussi e Badariotti (2004). Portanto, longe do cotidiano social, a democracia é apenas utopia ou idealização e, mesmo se o ideal democrático é fundado em valores, a prática depende da base material do território e da ordem espacial dos fenômenos correlatos a essa prática.

Robert Dahl (1971, *apud* Bussi e Badariotti, op. cit.:10-11) estabeleceu sete critérios para definir a *poliarquia* e escapar das confusões semânticas que a discussão teórica da democracia implica. Esses são: primeiro, a Constituição garante que o controle das decisões do Poder Executivo pertence aos representantes eleitos; segundo, os representantes são eleitos por eleições livres, regulares e frequentes; terceiro, praticamente todos os cidadãos adultos podem ser candidatos; quarto, votar para designar os representantes; quinto, a liberdade de expressão é garantida; sexto, existe uma informação pluralista para os cidadãos; sétimo, os cidadãos têm o direito de associação independentemente do poder, ou seja, existe uma sociedade civil.

É possível indicar ainda que a democracia de massa contemporânea implica situações bem distintas: de um lado, as condições políticas que conduzem ao debate e às eleições de representantes; de outro, as condições sociais que favorecem as noções de igualdade e de liberdade (ibid.). No entanto, há que acrescentar algumas dimensões que na perspectiva geográfica precisam ser consideradas, como extensão, distância, acessibilidade, escala, população, densidade, infraestrutura, urbanização, estrutura social etc. Cada uma pressupõe um condicionante particular que isoladamente ou em conjunto afeta o modo pelo qual as bases institucionais da democracia se estruturam. Além disso, conflitos, disputas, acordos que animam a vida política em geral e o ambiente democrático em particular adquirem sua melhor expressão e visibilidade no espaço. A territorialidade da política é inegável.

Nesse sentido, temas que direta ou indiretamente compreendem problemas relacionados com os formatos institucionais da vida política são passíveis de abordagem pela geografia. É, pois, surpreendente a contribuição das análises que tomam o arranjo espacial dos fenômenos (Gomes, 1997) como ponto de partida para a compreensão da dimensão material dos conflitos e dos acordos que configuram uma ordem democrática.

Nessa perspectiva, esta coletânea apresenta algumas das muitas possibilidades de encontro da geografia com a política e sua expressão na territorialidade democrática. Embora este livro tenha sido escrito por geógrafos, os textos que o compõem certamente vão bem além de uma problemática estritamente geográfica e propõem visões inovadoras e polemizam com algumas das correntes instituídas dentro da própria disciplina. Cada texto resulta de uma pesquisa na qual o campo da geografia foi enriquecido com o diálogo favorecido pelos aportes conceituais de outras disciplinas das ciências sociais. A organização dos textos em quatro partes estabelece alguns campos possíveis das análises: na primeira, a perspectiva mais geral do território como ponto de partida conceitual e analítico para a institucionalidade da democracia; na segunda, o problema da geografia eleitoral, ou seja, como votar e morar estão conectados; na terceira, o problema do poder simbólico na configuração das demandas e dos conflitos localizados, o que estabelece a democracia para além do voto; e, na quarta, a ação sobre o território, desencadeada por diferentes atores sociais e institucionais, é tomada como ponto de partida analítico.

Os quatro textos da primeira parte tratam do território e da democracia como abordagens possíveis na geografia política. No primeiro, o debate contemporâneo sobre a democracia representativa e a democracia direta é apresentado e enriquecido com a perspectiva geográfica das escalas do lugar e da nação. A autora destaca ainda como, apesar da natureza espacial da democracia, a reflexão ou mesmo a curiosidade a respeito dessa natureza como teoria e como realidade empírica tem sido estranhamente débil na disciplina e traz argumentos sobre o problema da institucionalidade da democracia, que, desde os clássicos, não pode ser pensado sem considerar dimensões espaciais, como extensão, número de habitantes, infraestrutura etc.

O segundo texto destaca a "existência de uma relação visceral entre o conjunto de regras socialmente estabelecido, denominado genericamente de *lei*, e o *território*, e a dimensão espacial que compõe a essência da geografia política". Para o autor, a *lei* desempenha simultaneamente os papéis de fator estruturador das práticas sociais, com capacidade de criação de interdependências entre os componentes do espaço geográfico, e de reflexo dessas práticas sociopolíticas, resultantes de interações entre os representantes escolhidos e o território. Na discussão, é dada ênfase tanto à causalidade das leis como às influências do ambiente político-social no seu processo de elaboração e institucionalização. O trabalho aponta que o mecanismo de elaboração de *leis* cria *territórios*, mas é também afetado pela propriedade estruturadora que esses exercem. São expostas ainda argumentações acerca dos fluxos de influência que caracterizam a relação entre o processo legislativo, o prévio contexto institucional e o território.

Os terceiro e quarto textos são exemplares das possibilidades de debate e análise na geografia quando se toma a repartição do território e a funcionalidade desta para a sociedade e suas instituições políticas. Na comparação entre os dois modelos de Estados democráticos —

o modelo unitário francês e o modelo federal brasileiro — são destacados: o processo de descentralização, a participação dos cidadãos em fóruns consultivos e deliberativos locais e a ampliação das estruturas de cooperação intermunicipal. A discussão elabora argumentos que realçam a importância do método comparativo na geografia e a maneira como o debate acerca da participação e da cooperação intermunicipal se inscreve nas duas realidades institucionais distintas, porém com questões semelhantes. O último texto da primeira parte recupera os termos do debate sobre o processo de divisão do território brasileiro em unidades político-administrativas, tomando como ponto de partida os conflitos de interesses característicos do ambiente institucional da democracia. No ambiente intelectual da geografia brasileira, divisão muitas vezes se confunde com fragmentação, e o debate semântico mascara pontos de vista ideológicos. Qualquer que seja o ponto de partida para comparação, o território brasileiro é pouco dividido. Se fragmentação existe, certamente não decorre das divisões político-administrativas. O debate está malcolocado e o texto contribui para requalificá-lo.

Na segunda parte, dois textos tratam da geografia eleitoral e apontam a conexão fundamental entre a moradia e a decisão do voto. Ambos resultam de problemáticas específicas da cidade do Rio de Janeiro, mas que certamente podem ser encontradas em muitas das metrópoles brasileiras. Trata-se, no primeiro trabalho, das estratégias territoriais da Igreja Universal do Reino de Deus, que na cidade organiza seu eleitorado com base na distribuição dos seus templos. Os mapas dos resultados eleitorais revelam o que o discurso omite, ou seja, uma estratégia vitoriosa de conquista de votos em todo o território da cidade, sem superposição ou desperdícios. Os representantes vinculados à Igreja não competem entre si, o que fortalece cada um na disputa com outros candidatos em seus feudos eleitorais. No segundo, a geografia eleitoral dos grupos criminosos na cidade revela o que intuitivamente era conhecido: o fato de o controle do território nas favelas ocupadas pelo tráfico de drogas ir além do comércio ilegal e estender-se ao Poder Legislativo; mas revela também a dimensão perversa do sistema eleitoral brasileiro, que por não controlar as fontes de financiamento das campanhas, favorece bases eleitorais e candidatos ligados aos grupos criminosos.

Esses dois trabalhos fazem ainda pensar na recusa da geografia brasileira e mesmo de parcela da sociedade em reconhecerem a importância da representação política para a defesa de interesses dos habitantes dos distritos eleitorais e de grupos organizados na sociedade. Enquanto essa recusa da geografia e essa parcela da sociedade não reconhecerem e se apropriarem desses espaços políticos essenciais, outros o fazem. Aqui, além do que as pesquisas revelaram, surge também um alerta.

Na terceira parte, os trabalhos apontam para o exercício da democracia para além do ato de votar e apresentam de que modo as imagens, os símbolos e a sociedade civil podem influenciar políticas públicas e a forma como o Estado se organiza para gerir população e território. Nos dois primeiros textos desta parte, o olhar recai sobre a problemática da preservação: no primeiro, a preservação ambiental; e, no segundo, a cultural, porém ambos se distanciando da falaciosa dicotomia entre natureza e cultura. No primeiro, ao analisar o movimento socioambiental como "movimento político que associa a conservação do meio ambiente com as populações locais", procura-se discutir a implantação do socioambientalismo no Brasil, com especial atenção à discussão para a implantação das Reservas Extrativistas na Amazônia. O caráter da organização popular e sua influência na construção de um modelo de gestão do território é explorado pela autora. O segundo texto discute a captura do conceito de paisagem pelo campo da preservação cultural no Brasil e aponta uma crescente preocupação com a abordagem integrada entre natureza e cultura e entre patrimônio material e imaterial. Tal preocupação vem acompanhada de ampliação da noção de patrimônio no Brasil e no mundo que tem provocado sérias críticas a processos de identificação e patrimonialização impostos de cima para baixo. Dessa maneira, a construção de políticas públicas sobre a paisagem nos coloca diante do dilema de quais narrativas privilegiar, de quais elementos importantes na paisagem selecionar e para quais grupos direcionar. O trabalho aponta alguns desses dilemas e caminhos possíveis para incorporação da paisagem dentro de uma concepção democrática de patrimônio. O terceiro trabalho desta parte aborda como a paisagem e o espaço público se transformam em metonímias geográficas, focando as relações entre os habitantes do Recife com os rios, pontes e o cais, a partir de duas ações concatenadas de "reabilitação do espaço público" promovidas pelo poder público naquela cidade. Ambas ações "fazem uso explícito de uma retórica da paisagem que apela aos sentimentos de identificação dos cidadãos com o conjunto da cidade através de suas águas (rios) e dos artistas que decantaram sua beleza, seus contrastes e problemas" e, nesse caso, "as paisagens assim tornadas imagens-força (geossímbolos) são consideradas como representações sobre as quais atuam os poderes constituídos e as classes sociais (notadamente as elites), que buscam fundar a coerência de seus discursos na esperança da *convivialidade* urbana". Os autores mostram, assim, como políticas de transformação e adequação da paisagem de espaços públicos se transformam em políticas sobre a representação da coletividade e da construção de uma comunidade.

Finalmente, na quarta e última parte, atores, instituições e suas estratégias sobre o território são o foco central. No primeiro trabalho, ao abordar o Complexo Portuário do Açu, em construção no Norte do Estado do Rio de Janeiro, o olhar é lançado sobre "o espaço banal, quotidiano, dos diretamente afetados pelo projeto portuário na sua relação com o avanço do empreendimento e do conflito trazido na sua esteira". A dinâmica e a institucionalidade do conflito sobre o território entre o grande empreendimento e a comunidade local são abordadas de forma que "o cerne da discussão está nos processos de ocupação do território realizados pelo empreendimento, bem como no importante papel do poder público — municipal e estadual — ante as perspectivas de 'desenvolvimento' e de 'modernização' e sua relação com a população diretamente afetada".

No último trabalho, as instituições, como fundamentais para o exercício da política e da democracia, são o foco central da análise. A relação entre instituições e território é tema essencial da geografia política. Aqui ela é analisada a partir da construção de indicadores capazes de revelar a dinâmica diferenciadora das instituições, no caso, aplicada à Região Nordeste do Brasil. A opção da autora foi "destacar e, portanto, distinguir no território as combinações que podem ocorrer com a ampliação democrática nos espaços institucionais nordestinos". Assim, foram avaliados indicadores relativos à participação política da sociedade (Recursos Participativos) e ao aparato político-administrativo (Densidade Institucional) nas unidades municipais da região. No texto, "os resultados encontrados apontam para a valorização das formas de territorialidade da democracia que, segundo a corrente do institucionalismo, produz melhor gestão pública e bem-estar coletivo, além da tendência em superar os antigos modelos de representação política, de tomada de decisão e de implementação de políticas".

REFERÊNCIAS BIBLIOGRÁFICAS

BUSSI, M. e BADARIOTTI, D. *Pour une nouvelle géographie du politique*. Paris: Anthropos, 2004.

GOMES, P. C. C. Geografia *fin-de-siècle*. O discurso sobre a ordem espacial do mundo e o fim das ilusões. In: CASTRO, I.E.; GOMES, P. C. C. ; CORRÊA, R. L. *Explorações geográficas*. Rio de Janeiro: Bertrand Brasil, 1997, p. 43-87.

PARTE 1

Territorialidade da Democracia

A DEMOCRACIA COMO UM PROBLEMA PARA A GEOGRAFIA: O FUNDAMENTO TERRITORIAL DA POLÍTICA*

Iná Elias de Castro

Um estranho paradoxo envolve o tema da democracia na atualidade. Praças se mobilizam para pôr fim a regimes autoritários; o voto em eleições livres é perseguido como um recurso de libertação para muitas sociedades e, paralelamente, o desencanto com os mecanismos de representação política provoca críticas às bases institucionais das democracias contemporâneas. É nessa perspectiva que o debate em torno da ideia de democracia como forma de governo continua sendo fascinante. Seja porque a democracia como teoria tem estimulado as melhores mentes que, desde a Antiguidade, refletem sobre essa democracia, seja porque as tentativas concretas de colocá-la em prática promovem novos debates entre seus defensores mais radicais e seus críticos mais implacáveis; seja

---

*Texto baseado na apresentação feita no **2012 AAG Annual Meeting**, Association of American Geographers, em fevereiro de 2012.

porque sua existência (ou ausência) afeta o cotidiano das sociedades; seja porque se trata de um modelo político institucional que desde a década de 1990 vem sendo adotado por um número crescente de países. Todavia, como a democracia não pode ser pensada sem considerar a geografia, o tema convoca a disciplina a partilhar do debate.

Nesse sentido, o objetivo deste texto é duplo: discutir brevemente a democracia como conceito e como modelo institucional, para compreender a sua importância na agenda da geografia; e apresentar algumas características e possibilidades do processo de consolidação democrática em países periféricos, marcados por profundas desigualdades sociais e territoriais.

A primeira parte contém uma rápida revisão da teoria da democracia, dentro dos limites das questões que são norteadoras para a discussão do tema na geografia; contém também uma análise das possíveis razões para a insuficiência do debate sobre a democracia na disciplina e os argumentos para sua incorporação como um problema geográfico. A segunda parte explora e analisa o processo contemporâneo da difusão da democracia em um país periférico. A competição eleitoral no Brasil entre 1945 e 2010 é tomada como um exemplo desse processo de difusão da democracia na periferia e as transformações que têm sido favorecidas no espaço e na sociedade do país nesse período. Nesse processo, a consolidação das instituições políticas tem se mostrado uma condição necessária a sua continuidade.

DEMOCRACIA E GEOGRAFIA

A democracia é forma de governo e envolve necessariamente a sociedade e o território. O que a torna um modelo institucional de evidente dimensão geográfica, afetado por questões como: extensão, distância, acessibilidade, escala, população, densidade, infraestrutura, urbanização, estrutura social etc. Essa dimensão, que foi percebida por seus idealizadores teóricos na Antiguidade e retomada pelos filósofos do iluminismo, deve ser recuperada no debate contemporâneo entre seus defensores e críticos ou mesmo entre aqueles que opõem os modelos de democracia representativa e direta. Sem considerar a evidência dos atributos e constrangimentos espaciais, a discussão da democracia fica limitada às virtudes do homem democrático, a qual descolada da sua existência pode tornar-se um exercício retórico de valor duvidoso para a sociedade, porque idealizado; ou uma "ontologização" que, a pretexto de valorizar *o político* em detrimento *da política* (Barnett, 2004), esvazia a ideia e o conceito de democracia e impossibilita perceber os fundamentos espaciais da sua própria natureza, chegando ao limite de concebê-la como um bem que não existe, como um bem visado que jamais pode ser atingido completamente (Mouffe, 1992).

Entretanto, apesar da natureza espacial da democracia, a reflexão ou mesmo a curiosidade sobre ela como teoria e como realidade empírica é estranhamente débil na geografia, ainda que temas relacionados às políticas públicas, ao Estado, à justiça social, à gestão do território, ao poder, ao espaço público etc. façam parte da agenda da disciplina. Tendo em vista que quaisquer abordagens dos temas acima tomam os formatos institucionais como parâmetro e a democracia, ou sua ausência, afeta esses formatos seria, pois, de esperar maior atenção a essa questão. Excetuando-se a geografia eleitoral, corrente mais consolidada na disciplina, o debate não tem alcançado a dimensão que merece. Essa é, sem dúvida, uma lacuna que deve ser preenchida na disciplina. É o que se coloca como tarefa neste trabalho.

O problema central da discussão em torno da democracia é como estabelecer uma forma de governo que seja capaz de melhor alcançar o bem comum. Para o modelo representativo, os aparatos institucionais que garantem a vontade da maioria da população, embora respeitando os direitos e a livre expressão das minorias, são o principal objeto de discussão; na vertente da democracia radical ou direta, a preocupação maior é com a busca do consenso e da eliminação do conflito. Essa é uma clivagem presente na teorização da democracia desde o Iluminismo e que na geografia atual assume um caráter muito particular na medida em que remete ao problema da escala (Castro, 1995; Cox, 1998; Judd, 1998), da relação entre o particular e o geral (Entrikin, 1997), da diferença da natureza do local e do global (Barnett, 2004; Barnett e Low, 2004) e que opõe as vertentes de inspiração marxista àquelas intelectualmente mais pluralistas (Mouffe, 2000; Bell e Staeheli, 2001; O'Loughlin, 2001; Cox, 2004; Stokke, 2009).

Como forma de governo, o caráter específico da democracia se define na oposição histórica com a monarquia, a aristocracia e a tirania (Bobbio, 1987) e também no confronto mais radical com o autoritarismo e com o totalitarismo (Lefort, 1983). Mas a democracia é formato político e prática social e, como tal, contextualizada nos espaços e nos tempos das diferentes sociedades, o que assinala a recorrência do debate. Nesse sentido, é sempre prudente chamar a atenção para a necessidade de compreensão clara e mínima do que seja uma forma de governo democrático como aquela capaz de diferenciá-lo da tirania, do autoritarismo, do totalitarismo e da violência institucionalizada.

Como evidência do fundamento geográfico do debate e nos limites da discussão aqui apresentada, são destacadas algumas proposições de Montesquieu, Rousseau e Tocqueville, três autores clássicos que teorizaram nos séculos XVIII e XIX sobre a democracia moderna e estabeleceram muitos dos seus fundamentos válidos na atualidade. Montesquieu, no início do XVIII, ponderou sobre a melhor forma de governo e apontou as dificuldades para a democracia desenvolver-se em grandes extensões territoriais, típicas dos Estados monárquicos do seu tempo, em comparação com a experiência da antiguidade grega. Além disso, a relação entre os climas e as leis, exposta na Terceira Parte do seu *Espírito das leis*, revelou no vínculo entre a política e a natureza a expressão mais acabada do pensamento determinista, incorporado tanto na geografia como em outras ciências sociais (Montesquieu, 1979).

Além do problema da extensão, Montesquieu chamou a atenção para o problema da escala implícito na discussão em torno da possibilidade da democracia direta e, ou representativa. O filósofo francês reconhece as virtudes da democracia direta, exercida por cidadãos livres e iguais, mas aponta as muitas dificuldades da fórmula e os riscos permanentes da sua corrupção mesmo nos Estados pequenos:

> Já que, num Estado livre, todo homem que supõe ter uma alma livre deve governar a si próprio, é necessário que o povo no seu conjunto possua o poder legislativo. Mas como isto é impossível nos grandes Estados, e sendo sujeito a muitos inconvenientes nos pequenos, é preciso que o povo, através dos seus representantes, faça tudo que não pode fazer por si mesmo (ibid.,150).

Uma década mais tarde, Jean-Jacques Rousseau elaborou os argumentos do seu *Contrato Social*. Considerado o pai da democracia moderna, para ele, a passagem do estado da natureza para a formação do corpo político requeria "encontrar uma forma de associação que defenda e proteja as pessoas e os bens de cada associado" (Rousseau, 1978: p.32). O filósofo também chamou a atenção para a necessidade de considerar os limites de tamanho de um Estado para que possa ser bem governado. Partindo de um paralelo com a lei da natureza que estabelece o tamanho ótimo para os homens, acima do qual se tornam gigantes e abaixo do qual, anões, Rousseau afirma que:

> existem, relativamente à melhor constituição de um Estado, limites da possível extensão, a fim de que não seja demasiado grande para ser bem governado, nem muito pequeno para manter-se por si mesmo. Em todo corpo político há um máximo de força que não se deve ultrapassar e do qual o Estado frequentemente se afasta por muito crescer (ibid., p.62).

O debate sobre a democracia direta *versus* a representativa é retomado na argumentação sobre a impossibilidade de legitimar qualquer forma de representação dos interesses dos cidadãos. Para ele, o recurso aos deputados ou representantes indica que o Estado está próximo da ruína, mas as razões para esse mal são: "A diminuição do amor à pátria, a ação do interesse particular, a imensidão dos Estados, as conquistas..." (ibid., p.107).

Para que a democracia pudesse vigorar, o tamanho ótimo era crucial, mas Rousseau estabelecia ainda algumas condições muito particulares. Da mesma forma que Montesquieu, ele estava de acordo que, "não sendo a liberdade fruto de todos os climas, não está ao alcance de todos os povos", e conclui que a abundância favorecida pela "fertilidade do clima" beneficia a aristocracia e a monarquia, que assim podem sobrecarregar o povo de impostos. Para ele, o povo "fica menos sobrecarregado na democracia, portanto mais adequada aos Estados pequenos e pobres" (ibid., p.94-95). Mas o próprio Rousseau reconheceu as dificuldades de uma verdadeira democracia, pois esta exigia um tamanho "no qual ao povo seja fácil reunir-se e cada cidadão possa conhecer facilmente todos dos demais" (ibid., p.85). Para que a democracia rousseauniana, fundada na liberdade da vontade geral, pudesse vigorar, o limite de tamanho era evidente, tendo em vista que esta exigia o consenso pleno. No entanto, os séculos subsequentes foram aqueles de consolidação dos impérios e da expansão territorial dos Estados. A democracia, para ser uma forma de governo aplicável a esses novos tempos, necessitava de novos subsídios teóricos e de novas formulações.

No século XVIII, o debate entre os líderes da independência americana sobre a forma de governo mais adequada ao novo Estado foi necessariamente inovador ao recusar tanto as formas de governo monárquico, consideradas na época mais adequadas aos Estados de grandes territórios, como a democracia direta experimentada pelos antigos (Lima Júnior, 1997; Kennedy, 1989; MacPherson, 1978, Bobbio, 1987; Stephens, 1993). A fórmula encontrada pelos "pais fundadores" unia os preceitos da igualdade e da soberania popular, propostos por Rousseau, mas considerava a extensão territorial como um nexo necessário ao Estado representativo que chamavam de República (Madison, apud Bobbio, 1987, p.150).

A república americana inaugurou o que se reconhece hoje como democracia liberal representativa e inventou a fórmula federativa que adequou os princípios clássicos da democracia aos territórios extensos e populosos. Essa solução subsumiu o problema da escala política ao definir atribuições representativas e participativas de acordo com o que seriam as subunidades territoriais. O governo federal americano, dotado de um só órgão, o Congresso, proveu-se apenas de poderes extremamente restritos de interesse geral, enquanto a sociedade se organizava nas comunidades territoriais segundo suas próprias leis fundadas no jogo de interesses privados. Analisando os argumentos dos federalistas, Bobbio (op. cit., p.151) assinala que o governo por representação adotado nos Estados Unidos é uma forma de governo democrático corrigido de modo a torná-lo compatível com um território muito vasto e com uma população numerosa e muito esparsa. Nesse sentido, a passagem da democracia direta à representativa foi objetivamente definida a partir da situação geográfica, e a república não significou tanto uma forma oposta à democracia, mas sim a única democracia possível naquela condição de extensão territorial e de tamanho da população.

Foi essa característica inovadora da democracia americana que tanto estimulou Alexis de Tocqueville a compreender as raízes da sua organização social e política nas primeiras décadas do século XIX, descritas e analisadas em *A democracia na América*. Sob o olhar aristocrático europeu de Tocqueville, nas viagens que empreendeu através do Estado-Nação com seus pouco mais de três séculos de história, emergia a vastidão e a riqueza do território e o "seu estado político e social". A comparação com a Europa era inevitável. Sua questão era compreender por que, desde o princípio, as colônias inglesas

> pareciam destinadas a oferecer o desenvolvimento da liberdade, não da liberdade aristocrática da sua mãe-pátria, mas a liberdade burguesa e democrática de que a história do mundo ainda não apresentava um modelo completo (Tocqueville, 2005, p.39).

A organização política ou o formato do federalismo americano foi para ele difícil de compreender à primeira vista, mas as escalas do local e do nacional não passaram despercebidas quando declara:

> Notamos ali duas sociedades distintas envolvidas e, se assim posso me explicar, encaixadas uma na outra; vemos dois governos completamente separados e quase independentes: um habitual e indefinido que responde às necessidades cotidianas da sociedade, o outro, excepcional e circunscrito que só se aplica a certos interesses gerais (ibid., p.67).

O autor apontou ainda as três causas que favorecem a manutenção da república democrática na América como uma situação particular: na primeira, ele aponta a geografia (e a geopolítica, acrescentamos) e destaca a localização, a extensão e os recursos do território, as fronteiras, a ausência de vizinhos belicosos; na segunda, as leis; na terceira, os hábitos e os costumes (ibid., p.326-7), mas percebeu "que as leis servem mais à manutenção da república do que as causas físicas, e os costumes, mais que as leis" (p.359). Longe do determinismo de Montesquieu ou da submissão da política às relações econômicas, como faria Marx um pouco mais tarde, o intelectual francês identificou nas instituições daquela sociedade a tensão entre a igualdade e a liberdade fundadoras da democracia.

A oposição em relação à "vontade geral" de Rousseau é evidente e, ao destacar os riscos da opressão da maioria, Tocqueville avançou a questão presente ainda na atualidade sobre o formato institucional da democracia capaz de evitar tanto a tirania da maioria como o poder de veto da minoria. No entanto, levantou outras questões como a possibilidade de a democracia florescer no ambiente de igualdade formal e de liberdade individual. Mesmo tendo percebido o perigo das diferenças sociais como resultado da ambição desenfreada que o ambiente americano poderia estimular, ele via "nos hábitos, ideias e costumes o amor à igualdade e à liberdade" e acrescenta que "é indubitável que a instrução do povo serve poderosamente para a manutenção da república democrática" (ibid., p. 328 e 357).

O laboratório do território e da sociedade norte-americanos permitiu ao intelectual francês demonstrar as muitas e complexas variáveis da democracia e que nela a relação entre liberdade e igualdade requer forte vigilância para que uma não sufoque ou elimine os ganhos da outra. Seu trabalho foi inovador em muitos aspectos, até mesmo o metodológico, no qual reuniu a sensibilidade geográfica, a perspectiva sociológica e a perspicácia do estudioso das leis para descobrir um vasto mundo novo, completamente diferente do bem-conhecido mundo europeu. O método comparativo possibilitou que, a partir da sua experiência europeia, ele pudesse vivenciar e apreender o que emergia naquele mundo, até então desconhecido para ele. A análise da prática americana da democracia, como igualdade de direitos posta em marcha pela Revolução Francesa, em condições muito diferentes daquelas vividas pelas sociedades europeias, foi tomada por ele como evidência do axioma de que a humanidade caminhava a passos largos para a era democrática.

Contudo, o debate em torno das questões teóricas e práticas da democracia, tendo como pano de fundo a matriz intelectual liberal e seus opositores, permanece atual. Sem serem explicitamente formuladas, as diferentes teorias de democracia competem e impõem arranjos sociais diferentes, ou seja, abraçar uma ou outra teoria da democracia supõe de fato estabelecer expectativas de sociedades e de modelos institucionais diferentes. Em 1970, Henry Kariel organizou uma coletânea com 31 leituras que mostram as discordâncias sobre o lugar, o significado e as promessas da democracia na vida moderna. Em seu livro *Democracy and its critics*, Robert Dahl analisa as críticas e discute os limites e as possibilidades da democracia da forma como é pensada e praticada no mundo contemporâneo. Em 1996, Seyla Benhabib reuniu 20 autores para debater o problema da diferença no contexto da democracia. Numa perspectiva da filosofia e da justificativa da democracia, Gutmann e Thompson (1996) debatem o problema do conflito moral na política. A lista de trabalhos sobre o tema é quase infindável, mas não deve ser negligenciado o fato de que o debate só é possível nos ambientes intelectuais dos sistemas políticos democráticos.

No campo da geografia, até muito recentemente, apesar da inevitável inserção territorial das instituições políticas, a democracia não tem sido objeto de inquietação intelectual. É da geografia política que se trata e da valorização do fenômeno político, que tem colocado em evidência novos problemas para esse campo da disciplina. Numa tentativa de compreender essa lacuna, propomos sintetizar algumas discussões sobre as possíveis razões para o fato.

Numa primeira aproximação das discussões é preciso concordar que a democracia supõe um modo institucionalizado de resolução de conflitos e aceitar que há na política uma autonomia, ou seja, na atualidade não é possível procurar a política fora do seu lugar institucional de contenção, isto é, o Estado; bem ao contrário da trajetória conceitual e polêmica da geografia humana crítica (Barnett e Low, 2004, p.11; Castro, 2005). A partir desse suposto não é de admirar que, no ambiente intelectual da geografia fortemente influenciado desde a década de 1970 pela crítica sociológica ao Estado e às suas instituições políticas, um tema como a democracia, apesar da sua contínua propagação pelo mundo e do debate que opõe seus defensores e seus críticos, tenha ficado fora da agenda da disciplina.

Da perspectiva dessa crítica e de suas repercussões para a agenda da geografia política, Smith (1994, p.76) aponta que "desde os últimos anos da década de 70 [...] a noção de congruência territorial entre Estado e democracia foi amplamente questionada". Para ele, a crítica se refere ao problema central da teoria da soberania e sua presunção de que a Nação-Estado seria o modo mais apropriado de assegurar um governo representativo e de proteger os interesses de seus cidadãos. Essa é a expectativa das democracias liberais, criticadas à direita do espectro político pelo crescimento exagerado das burocracias públicas e pela redução do espaço da iniciativa privada e da responsabilidade individual, e à esquerda pelo fato de o Estado ser prisioneiro do capitalismo. Na geografia, a negação do Estado como um recorte consistente para a análise, tanto pelos alinhados com matriz intelectual liberal como pelos seus opositores, não foi sem consequência para a democracia como problema conceitual e empírico passível de ser apropriado pela disciplina.

No entanto, para alguns geógrafos a questão não parece tão simples. Para Entrikin (2000, p.190), por exemplo, "os conceitos de teoria política e de geografia humana parecem incomensuráveis, ou seja, sem uma medida comum. Espaço e lugar se acomodam mal no discurso da teoria moderna da democracia". O autor faz exceção aos espaços públicos, aliás muito trabalhados recentemente na disciplina, e conclui que, "em geral, a lógica do espaço e o espírito dos lugares são raramente centrais nos debates anglo-americanos sobre a teoria da democracia". Para ele, o problema reside no liberalismo individualista, que não tem necessidade da geografia para além de um "continente espacial" para indivíduos atomizados. Outra explicação seria a distância entre as aspirações universalistas da teoria da democracia e a natureza particularizadora do conhecimento geográfico. Antes, em 1997, discutindo as diferenças culturais na Europa unificada, Entrikin já enunciava essa perspectiva. Para ele, lugares e culturas impõem dificuldades pelo confronto de sociedades com densidades institucionais diferentes para o funcionamento da democracia moderna. As posições assumidas pelo autor expressam a vertente culturalista da disciplina, caudatária do relativismo epistêmico que valoriza o singular e o particular, mas vê com reservas as perspectivas conceituais generalizantes, como é o caso das perspectivas teóricas da democracia. Nesse caso, ao contrário da posição daquele autor, deve ser considerado que aos geógrafos cabe decidir se a democracia, enquanto problema teórico e prática de algumas sociedades, é ou não um objeto de reflexão relevante para a disciplina, independentemente das considerações dos teóricos democráticos sobre o espaço.

Na perspectiva desse debate, Bussi (2001) reconhece o distanciamento da geografia frente aos temas relativos à participação e à democracia, mas destaca a importância do conhecimento geográfico para a política como argumento para uma necessária aproximação dos geógrafos a esses temas. O geógrafo francês indicou ainda a centralidade do poder como questão e o papel dos geógrafos como "conselheiros do Príncipe" dentre as razões possíveis para a indigência intelectual da geografia política frente a um tema como a democracia, tão fundamental às sociedades contemporâneas e aos seus territórios. Porém o problema está longe de esgotado, há outras razões trazidas ao debate por outros autores.

Enriquecendo a discussão, Barnett e Low (2004, p.1) chamam a atenção para o silêncio da geografia quando se trata da democracia e da democratização como problemas. Para os autores, nas últimas décadas do século XX, os geógrafos estiveram muito mais atentos ao debate sobre a globalização, o neoliberalismo e as críticas ao capitalismo e não deram atenção à tendência global de proliferação de regimes democráticos. Como consequência, a democracia como teoria e como prática ficou esquecida pela disciplina e aqueles autores falam numa presença fantasmagórica da democracia na geografia que pode ser ilustrada em três apontamentos. No primeiro, na mesma linha dos argumentos de Smith (1994) já apresentados, a crítica ao Estado capitalista, central aos trabalhos de inspiração marxista na disciplina desde a década de 1970, põe em causa os conceitos de legitimidade e de representatividade das instituições do Estado. Nesse sentido, a participação e a representação políticas permanecem periféricas, constrangidas pela conceituação do processo político como fundamentalmente derivado dos interesses econômicos. No segundo apontamento, os autores destacam que a marginalização da democracia como tema na geografia se apoia na preocupação com a justiça social. Os autores ressaltam que isso pode ser contraintuitivo, uma vez que o valor da democracia como forma de governo é frequentemente vinculado ao seu papel de assegurar justiça social, como bem sustentou Rawls (1971). No último apontamento, a marginalização da democracia decorre da pesquisa recente sobre as geografias da cidadania e nos discursos sobre pertencimento e identidade que emergem dos problemas mais recentes da imigração. Seria esperado, nesse caso, que a proliferação de pesquisas na geografia humana direcionadas para a cultura propiciasse um engajamento mais sistemático com a teoria política. No entanto, talvez pelo contágio da geografia crítica, o poder se tornou a referência ubíqua também na nova geografia cultural.

Aprofundando ainda mais suas críticas, Barnett e Low (2004) destacam que "o tratamento geográfico da política é caracterizado pelo *teoricismo*", entendido ironicamente como tendência a "deduzir o interesse político de interesses profundos, situados fora do processo político, para os quais o pesquisador acadêmico possui um insight privilegiado". Em resumo, os verdadeiros termos nos quais os geógrafos têm se engajado na discussão da política — justiça, cidadania e eleições — têm alimentado uma persistente revogação da reflexão sobre os pressupostos normativos das instituições políticas e sobre os critérios básicos de julgamento político subsumido no processo democrático — critério acerca do que é correto, do que é justo, do que é bom e acerca de *como* tornar o bom, o justo e o correto melhores" (Op. cit., p.3).

Partindo dessas acepções como o núcleo de uma agenda de pesquisa para a geografia humana no campo interdisciplinar da política e do desenvolvimento, Stokke (2009, p.740) propõe analisar em termos concretos, contextuais e comparativos as estratégias e capacidades de diferentes atores que utilizam os espaços políticos para dar substância às democracias formais e ao próprio processo de transformação da democracia (apud Harriss et al., 2004). No entanto, tal reorientação muda o foco da democracia liberal como um ideal universal e normativo para a democratização, como um processo político sempre contextual e nunca acabado, e Stokke chama a atenção para o risco de concluir que não é possível estabelecer uma linha de consenso sobre o significado da democracia. Para ele, uma agenda para a pesquisa em geografia humana deve incluir estudos contextuais do processo político de democratização substantiva, porém, sem se limitar apenas ao controle popular da gestão pública, e a política de "fortalecer o povo", de comandar a gestão pública e de representar o *demos* deve ser privilegiada nas pesquisas. E acrescenta que, mesmo se esses três pilares podem ser encontrados nas pesquisas de geografia humana, raramente estão vinculados e instrumentalizados como questões de democracia e democratização (Stokke, 2009, p.742).

Há ainda a destacar as correntes da geografia humana crítica e sua adoção pelas correntes humanista e cultural, que privilegiam a centralidade do lugar e da identidade. Barnett (2004) critica os fundamentos ontológicos dessa vertente e aponta que essa preferência, somada à crítica ao liberalismo, conduziu de modo natural aos argumentos conceituais da democracia radical ou sua vertente da democracia direta. A observação é relevante na medida em que remete ao problema da escala, incorporado à discussão conceitual da democracia, o que ajuda a refletir sobre a essência do debate na geografia, porém não há como escapar dos termos impostos à disciplina pela vertente da geografia crítica anglo-saxônica na análise dos argumentos que denotam a clivagem entre as democracias representativa e participativa. Nela, é evidente a crítica aos sistemas políticos em geral e aos de representação parlamentar em particular, a idealização da participação individual e das comunidades de consenso, além da valorização dos formatos da democracia direta. Essa, como já dito, fortemente influenciada pela perspectiva da valorização ontológica do lugar na geografia (Barnett e Low, 2004; O'Loughlin, 2001), inspira-se nas "correntes filosóficas do 'republicanismo' que entende a política como um complexo de vida ético (no sentido de Hegel), (...) orientada para o entendimento ou para um consenso" (Habermas, 1995, p. 39-40).

Essa é também a perspectiva de Arendt (1988), de Lefort (1983), de Rancière (2005), Mouffe (2000), entre outros, que contribuem com os fundamentos da defesa da "democracia radical" e da crítica à democracia representativa na geografia, mas, há dois problemas nessa posição: um, ressaltado por Frank Michelman (apud Habermas, 1995), de que é preciso aceitar que a comunidade de consenso seja composta por membros dotados de virtude, como queria Montesquieu (cf. Bignotto, 2010); a outra é tomar a vontade geral rousseauniana como possibilidade prática em qualquer tipo de sociedade, o que contraria o próprio Rousseau e pode conduzir à perspectiva de Carl Smith (apud Mouffe, 1992), ideólogo e ativista do nacional-socialismo alemão comandado pelo partido nazista. Contudo, deve ser ressaltado que a experiência da democracia direta pura fora do seu berço grego, quando existe, como em alguns cantões suíços, é uma experiência de comunidades muito pequenas e pouco complexas, aliás, bem de acordo com a proposta de Rousseau.

Como eixo desta revisão muito sumária é possível indicar, em primeiro lugar, que a inclusão definitiva da democracia na agenda da geografia contemporânea requer pensar a política em seu lugar de contenção, ou seja, o território nacional. Em segundo, como consequência, reconhecer o Estado como um recorte espacial significativo para a análise. Aqui a tese de Mann (1992) sobre a centralidade territorial do Estado como o pilar da autonomia do seu poder é instigante para a geografia e reforça nas suas análises as condições objetivas dos fundamentos territoriais da prática política (Castro, 2009). Terceiro, superar a prisão conceitual da perspectiva do materialismo histórico e ir além dos limites explicativos da esfera econômica. "Tal perspectiva se esgotou frente às questões que se impõem à disciplina sobre a necessidade de compreender os conflitos distributivos, que surgem na sociedade e no território a partir de valores inerentes à lógica da cidadania, da justiça e do direito que só se resolvem no campo da política e de suas instituições, ambas emergindo na arena dos conflitos e se legitimando (ou não) nos espaços das sociedades" (Castro, 2005, p.11). É certamente da territorialidade da democracia que se trata aqui.

Mesmo se esses três pontos indicados já frequentam uma parte da geografia europeia e da americana, são pouco frequentes na geografia latino-americana, ainda caudatária da corrente crítica, que a partir do final da década de 1970 incorporou à disciplina o paradigma marxista e o materialismo dialético. Esse marco teórico conferiu privilégio à economia política em detrimento da política, negando a essa última qualquer fundamento na explicação dos fenômenos e processos socioespaciais (Castro, 2005, p.18).

Concluindo esta primeira parte, nunca é demais ressaltar que qualquer conceito de democracia remete a um modelo ideal de comportamento político e social cuja maior ou menor aproximação se dá sob algumas condições necessárias, como já indicadas. É justamente essa diferenciação de aplicação dos preceitos democráticos pelo mundo que coloca um problema importante para a geografia. Soma-se a isso o crescimento, aparentemente inexorável, do número de Estados democráticos após 1989, expansão que tem desafiado as teses sobre a concentração geográfica da democracia em poucas regiões do mundo, assim como aquelas relativas à correlação positiva entre riqueza e democracia (Lipset, 1959 e 1994; O'Loughlin, 2001), ou seja, a democracia como fato histórico e geográfico reforça a sua pertinência como questão para a pesquisa em geografia política.

INSTITUCIONALIDADE E TERRITORIALIDADE DA DEMOCRACIA NO BRASIL

O debate entre os ideais do autogoverno e a possibilidade do voto periódico em eleições livres como condições suficientes para a democracia aponta tanto a impossibilidade da democracia direta nas modernas sociedades de massa urbano-industriais, como os limites do elitismo subsumido nas eleições como ideal finalístico, ou seja, nenhuma das duas fórmulas satisfaz *per se* uma definição mínima de democracia que seria o regime de governo em uma sociedade capaz de evitar a tirania da maioria e o poder de veto da minoria (Santos, 2007). Além disso, esse debate desloca a questão mais atual de como estabelecer dispositivos institucionais capazes de realizar os ideais de justiça social e liberdade implícitos nas modernas teorias da democracia (Rawls, 1971; 1996; Young, 2000; Sen, 1999). Por outro lado, a questão da distribuição territorial do poder político constitui na atualidade um dos principais temas da ciência política e da teoria democrática (Lijphart, 1989), o que certamente favorece o diálogo da geografia com essas áreas de conhecimento.

O Brasil é aqui abordado a partir da perspectiva das possibilidades para a democracia em países pobres e socialmente desiguais, a qual fomenta a discussão entre os adeptos e os críticos da teoria da modernização estabelecida por Lipset em 1959 e mais recentemente revista por ele (Lipset, 1959; 1994). Essa teoria se apoiou na correlação positiva entre indicadores de desenvolvimento econômico e o comportamento político. Apesar de ter sido muitas vezes demonstrada "a precariedade desse antiquado modelo causal, a ênfase no condicionamento — quase determinismo — econômico não desapareceu por completo do mundo acadêmico" (Santos, 2007, p.15). Nesse sentido, para a consolidação da democracia nas sociedades que ainda apresentam desigualdades socioeconômicas importantes, a posição mais recente de Lipset reconhece a necessidade de os governos manterem a legitimidade, conservando em ordem suas instituições econômicas e políticas.

Para avançar um pouco mais essa discussão adoto a posição de Santos (2006, p. 39) para quem o axioma da relação simplista entre democracia e renda deve ser abandonado e substituído por outro que associe institucionalização democrática à institucionalização da competição política. Em conjunto, a existência de real competição pelos postos de mando disponíveis e a certeza de que seus resultados serão respeitados constituem um dos eixos fundamentais dos sistemas democráticos, o outro sendo a extensão da participação.

No campo da geografia brasileira, a democracia começa a ser objeto de discussão em alguns temas como: a territorialidade da representação política (Magdaleno, 2010); a tentativa de compreender as estratégias territoriais de determinados atores sociais (Braga, 2008), na análise dos recursos institucionais de participação política colocados à disposição da sociedade, como os Conselhos e Consórcios municipais

(Rodrigues, 2004; 2010; Castro, 2003; Welter et al.,2008), na análise das experiências do orçamento participativo (Souza e Rodrigues, 2004) ou dos problemas relativos aos processos de emancipação municipal, que, aliás, têm merecido muita atenção nas pesquisas (Noronha 1997; Tavares, 1994; Cataia, 2003), ou às questões federativas (Castro, Waniez e Burstlein, 2002; Castro, 2007; Rodrigues, 2006; Cataia, 2003). No entanto, há ainda a democracia que é subsumida nos temas como a cidadania (Castro, 2003; O'Neill, 2004; Neves, 2006; 2008) e o espaço público (Gomes et al. 2004; Castro, 2004; Pinto, 2011). Essa lista preliminar indica que o tema tem chamado a atenção da geografia no país, tendo em vista as muitas implicações para o território que resultam da complexidade dos sistemas políticos na atualidade. Na realidade, todas essas perspectivas são importantes, mas a lista é pequena e ainda não despertou um debate significativo, se comparado às evidências dos impactos territoriais da experiência da democracia no país, especialmente após a Constituição de 1988.

No Brasil, mesmo se a democracia é representativa, recursos de participação direta, inscritos na Constituição Federal de 1988, são colocados à disposição da sociedade. Nesse sentido, além do sufrágio universal, por meio do voto direto e secreto, com valor igual para todos, há possibilidade do plebiscito, do referendo e da iniciativa popular (Constituição de 1988, Artigo 14). Além desses recursos participativos existe a possibilidade de criação de conselhos para vários temas e questões nas diferentes escalas da federação, nos quais é prevista a participação de representantes da sociedade, além das iniciativas populares para criar ou modificar leis.

Analisando a competição eleitoral no Brasil, entre 1945 e 2006, Santos (2007) aponta que ocorreram 16 eleições gerais para preenchimento de vagas na Câmara dos Deputados e nas Assembleias Legislativas estaduais. Somando-se os pleitos nacionais e estaduais chega-se a 752 eleições em pouco mais de meio século de vida partidário-parlamentar, o que é raro na América Latina e temporalmente similar aos países da OCDE. Comparando com outros países, verifica-se que, juntamente com o Chile e o Uruguai, o Brasil integra o grupo de países da América do Sul que experimentaram o menor número de interrupções institucionais durante o século XX. E, ainda que direitos civis e políticos tenham sido afetados durante os 21 anos de autoritarismo militar (1964-1985), a competição eleitoral direta, apesar de submetida a regras constrangedoras naquele período, nunca foi interrompida (Santos, 2007, p. 43-44). Nesse sentido, mesmo se limitado em suas funções e prerrogativas, o aparato institucional foi preservado, o que foi de grande valia para a retomada da normalidade política.

Outro dado importante da competição eleitoral indica a transição de uma condição inicial de subcompetição oligárquica antes de 1945 para a progressiva ampliação das condições em que todas as eleições estaduais se tornaram competitivas a partir de 1990. "O megaeleitorado brasileiro explodiu os diques da competição confinada, o que significa mais opções de escolha pelo eleitor [...]" (ibid., p.56), e o crescimento do eleitorado, que passou de 16,2% da população em 1945 para 69,11% em 2006, é fundamental para a percepção dessa transformação no país. Em 2010, havia 135.804.433 eleitores, o que corresponde a 69,94% da população. Para Santos, esse extraordinário processo de conversão do sistema eleitoral-partidário brasileiro, o qual passou de oligárquico a poliárquico pela inundação do mercado de votos, tornou impossível a continuidade oligárquica que se mantinha no ambiente de reduzida oferta de competição. Assim, mantido o sistema proporcional, uma vez que são muitos os partidos e grande o potencial competitivo, o grau de liberdade do eleitorado será preservado.

Nos sistemas de representação, e o brasileiro não é diferente, a disputa política revela os interesses fundamentados nos territórios onde os atores sociais habitam, trabalham, produzem riquezas e lutam para se apropriar de parte dela. Desse modo, os sistemas eleitorais, mesmo se genericamente agregados em duas grandes famílias — proporcionais e majoritários —, cada uma delas dividida em subtipos, dificilmente se assemelham. As regras adotadas nas eleições são sempre elaboradas a partir das realidades concretas das sociedades e de seus espaços de vida aos quais devem ser aplicadas (Tavares, 1994; Nicolau, 2004). E, nas democracias modernas, com duas Câmaras, o Senado representa de modo igualitário o território das unidades da federação; e a Câmara dos Deputados representa a sociedade. A opção entre sistemas majoritário ou proporcional de representação reflete, em última análise, as tentativas de acomodar ou de reduzir o peso das diferenças no território.

O sistema eleitoral brasileiro é proporcional de lista aberta para a Câmara dos Deputados, para as Assembleias Legislativas e para as Câmaras de Vereadores. É majoritário para o Senado e para os cargos executivos — presidente, governador e prefeito. Assim, o sistema apresenta duas singularidades: o eleitor tem a opção de votar apenas na legenda e a possibilidade de lista única de candidatos quando diferentes partidos estão coligados. O limite do número de candidatos por partido é generoso, o que aumenta a competitividade, até mesmo nos partidos.

Há na representação política uma tensão entre a representação do cidadão, que idealmente se resolveria na fórmula um homem, um voto, e na do território que se resolve no Senado por meio das unidades políticas subnacionais. No entanto, o problema de encontrar uma equação para uma proporcionalidade ótima da representação parlamentar deve considerar no Brasil uma questão fundadora para a democracia que é como alcançar uma proporcionalidade que controle ao mesmo tempo a possibilidade da tirania da maioria, coincidentemente concentrada no Centro-Sul com a maior parte das atividades econômicas e da renda; que garanta os direitos da minoria e que seja capaz de impedir o fortalecimento das oligarquias — que historicamente dominam o cenário econômico e político das regiões mais pobres — e o seu poder de veto nas mudanças que ameaçam a sua influência (Castro, 2005, p.174). Essa questão entra sempre na pauta quando se trata de discutir reformas políticas e são apresentadas propostas sobre as vantagens dos sistemas majoritários frente à crítica da desproporção regional da representação no país.

Do ponto de vista do aprimoramento da democracia, no entanto, a perspectiva territorial da representação parlamentar brasileira, como já apontado, incorpora a tensão entre impedir tanto o poder de veto das minorias oligárquicas e conservadoras que resistem, especialmente nas regiões mais pobres, como a hegemonia dos interesses das elites econômicas das regiões mais ricas. Afinal, as alianças entre interesses conservadores, tanto os oligárquicos da periferia como os hegemônicos do centro, têm favorecido uma situação de persistentes disparidades regionais e de fortes injustiças espaciais, num país que já lidera o ranking mundial dessas desigualdades.

Todavia, o sistema de representação proporcional brasileiro, apesar das suas distorções históricas, tem permitido incorporar aos seus debates e decisões as grandes transformações econômicas e sociais das últimas décadas, cujo resultado mais importante tem sido o desmantelamento do sistema oligárquico coronelista, no meio rural, e a redução do clientelismo carismático, no meio urbano (Santos, 2007), mas, apesar de as eleições periódicas e regulares constituírem um meio, certamente o mais viável, embora não o único, para o controle dos representantes e para expressão dos representados em sociedades complexas, permanece o paradoxo da representação no Brasil, marcada ainda pelo caráter fortemente elitista da nossa tradição política. É nesses dois contextos que a discussão atual sobre a adequabilidade da estrutura representativa no país pode e deve ser remetida às disputas econômicas e políticas regionais.

A lição extraída da experiência do século XX é a inevitabilidade do sistema representativo e a necessidade de repensá-lo sempre para torná-lo compatível com os ideais democráticos e de justiça, tanto social como espacial. Porém, os limites operacionais do sistema não deixarão nunca de constituir um parâmetro obrigatório. Nesse sentido, sendo enfatizada a composição de um corpo legislativo, assume importância determinar se o sistema eleitoral garante ou não a correspondência entre esse corpo e a nação como um todo. É preciso reconhecer que o perfil do Congresso Nacional é ainda elitista, quando comparados seus níveis de escolaridade e renda com a média brasileira. No entanto, as mudanças têm sido progressivas, quando se compara com os corpos legislativos do passado.

Há ainda um longo percurso para o aperfeiçoamento do sistema, pois mesmo na atualidade, quando a incorporação à cidadania política de todos os segmentos sociais finalmente foi alcançada com a extensão do voto aos analfabetos, determinada pela Constituição de 1988, a legislação eleitoral permite que haja uma ampla margem de apropriação indébita dos votos pelas transferências não autorizadas. Na prática isso significa a manutenção de amplas margens de exclusão da vontade do eleitor em todas as unidades políticas da Federação.

Análises do processo eleitoral têm avaliado os efeitos perversos das legislações eleitorais brasileiras sobre a real proporcionalidade entre as escolhas do eleitorado e a composição da representação. Santos (1995) destaca que determinados aspectos dessa legislação — tais como o sistema de listas abertas com grande número de candidatos por partido e a prática de coligações eleitorais — se, em geral, favorecem a competição, nas condições atuais distorcem acentuadamente os princípios da representação proporcional enquanto tal. Também Lessa (1996) em sua pesquisa sobre os desvios dos votos e consequentemente da vontade do eleitor no Rio de Janeiro, possibilitados pela legislação, indica o caráter rarefeito e distorcido da representação e o alcance real da exclusão de cidadãos do processo de manufatura dessa representação. No entanto, deve ser ressaltado que, apesar das dificuldades apontadas, o desenho do sistema de representação proporcional do Brasil tem incorporado todo o espectro de interesses de grupos, de minorias ou de tendências na sociedade, em todo o território (Nunes, Nogueira e Tafner, 1995).

É preciso considerar que a concentração de população e de atividades econômicas nas unidades da Federação no Centro-Sul é o reflexo da concentração das atividades econômicas e do poder de decisão nessas áreas, desde a independência no século XIX, porém, o sistema representativo de base territorial supõe que as conexões eleitorais dos representantes com seus lugares, mesmo nos mais atrasados, possibilitem condições mais favoráveis à preservação dos graus de liberdade em relação à competição nos Estados. Nesse sentido, tão desejável quanto melhorar a legislação para aproximar mais o resultado das eleições com a vontade do eleitor é estabelecer as condições para que o sistema político continue a favorecer o processo de interiorização do desenvolvimento, o que já vem ocorrendo progressivamente desde as últimas décadas do século passado, criando novas atividades, novas lideranças e mais participação, essas sim os melhores antídotos contra os tradicionais vícios do poder conservador na periferia.

A representação territorial brasileira, apesar da sub-representação de São Paulo, o Estado mais rico e populoso da Federação, e da sobrerrepresentação dos Estados menos populosos das regiões Norte e Centro-Oeste, tem dado voz à periferia e tem permitido que suas demandas legítimas, e não apenas barganhas de interesses pessoais, cheguem ao centro de poder. Nesse sentido, é necessário estar atento à incorporação da periferia ao processo de desenvolvimento e compreender todas as consequências possíveis para a reorganização do território e para a inclusão social de segmentos até então marginalizados.

Outra questão debatida e criticada no sistema proporcional brasileiro é o grande número de partidos políticos e os riscos para a governabilidade. Tanto governos como oposição convergem na ácida crítica ao sistema político e suas normas, como: o voto compulsório, o sistema proporcional, o regime presidencialista, a inexistência de cláusulas de barreiras para os partidos pequenos, a volubilidade do comportamento parlamentar e o financiamento privado das campanhas eleitorais (Santos, 2007, p.65-66). No entanto, ao contrário do sistema majoritário, sempre lembrado quando reformas políticas são propostas, o sistema proporcional tem se mostrado o mais adequado a sociedades dinâmicas com processos de transformações importantes.

Dentre as críticas ao sistema proporcional presidencialista se encontra aquela relacionada ao risco de ingovernabilidade em virtude da fragmentação partidária. No entanto, como o custo político da incerteza ou da não decisão pode ser, na prática, muito elevado, a coligação é adotada no sistema brasileiro como solução. Assim, mesmo se muitos partidos se apresentam — foram 29 em 2006, por exemplo —, apenas cinco ocupavam 55% das cadeiras na Câmara dos Deputados e oito não elegeram nenhum deputado, o que quer dizer que 21 partidos conseguiram eleger representantes e, desses, nove elegeram menos de 10 representantes. Vale observar que esses partidos "nanicos" em geral se situam nos extremos do espectro ideológico, de direita ou de esquerda, e tendem a se agregar à maioria, por maior proximidade ideológica ou para obtenção de vantagens que reforcem sua conexão eleitoral, por meio da obtenção de recursos para seus redutos de votos.

Outra característica do sistema eleitoral do país é a possibilidade de elevados índices de renovação de seu corpo de representantes a cada eleição, o que reflete a elevada competitividade do sistema. Entre 2002 e 2006 o índice de renovação da Câmara dos Deputados foi de 46% para a média do país, com uma diferença regional de 62,7% para a região Sudeste — mais urbanizada e onde se concentra a maior parte da riqueza do país —; e 41% para a região Centro-Oeste; e 46,3% para a região Nordeste. Apesar de diferenças importantes entre essas duas últimas, ambas guardam redutos conservadores de origem rural.

Ainda com relação aos padrões de competição política, Carvalho (1996; 2003) encontrou diferenças regionais que merecem consideração e que refletem a complexidade do país. Mesmo se, como já foi afirmado, o sistema possibilitou o enfraquecimento e, em alguns casos, o quase desaparecimento das oligarquias tradicionais, esse processo não está concluído nem é linear. Padrões mais elevados de concentração de votos, indicador de baixa competitividade eleitoral, são encontrados ainda em alguns dos Estados mais pobres do país, especialmente no Nordeste, reduto mais antigo da elite política conservadora. Nessa região há ainda o domínio de grupos políticos tradicionais que controlam as bases partidárias em alguns Estados. Ainda que importantes bolsões de pobreza resistam na região e os índices de escolaridade sejam mais baixos, transformações vêm ocorrendo gradualmente a cada processo eleitoral.

CONCLUSÃO

É possível indicar que a expansão das democracias representativas pelo mundo desafia a geografia a engajar-se na compreensão da territorialidade do fenômeno político. Esse não é um campo restrito à ciência política e requer uma reflexão sobre os conteúdos explicativos dos territórios, especialmente frente ao fenômeno ainda mais novo das democracias de massa, cujas consequências ainda não foram suficientemente avaliadas.

No Brasil, por sua vez, a democracia passa por um momento crucial de consolidação e de estabilidade das suas instituições políticas. O sistema eleitoral multipartidário de representação proporcional, apesar das críticas, tem se mostrado adequado ao ritmo acelerado das mudanças econômicas e à redução da exclusão social no país, bem como ao tamanho e complexidade do seu território. Desde a redemocratização e as primeiras eleições diretas para presidente em 1990, quando foi eleito um político jovem, mas de família oligárquica de um pequeno estado nordestino, o país passou por tentativas fracassadas de controle da inflação e por um processo de impeachment do presidente. O vice-presidente assumiu o poder, cumpriu seu mandato, controlou a inflação e estabeleceu os fundamentos para a estabilidade da moeda.

Em 1994, com o Partido da Social Democracia Brasileira (PSDB), o eixo do domínio político se deslocou para o centro urbano industrial mais importante do país. No entanto, mesmo se o presidente eleito e seu partido eram representantes da classe média urbana escolarizada paulista e defensores dos princípios da social democracia nos moldes europeus, a vitória nas urnas e a maioria no Congresso só foram possíveis com a coalizão com o Partido da Frente Liberal (PFL, atualmente DEM – Democratas), partido apoiado pela elite mais conservadora de corte rural, especialmente na região Nordeste. O presidente eleito, um sociólogo intelectualmente identificado com a esquerda social-democrata, ao ser criticado por essa aliança, declarou: "No Brasil só se avança com o atraso."

As eleições de 2002 entronizaram o Partido dos Trabalhadores (PT) e um ex-operário e sindicalista, egresso da Zona Industrial do ABC paulista, no centro do poder econômico da nação, mas a vitória só foi possível com a submissão das facções mais à esquerda do partido e a coligação com o PMDB, partido conservador do tipo *catch all* com bases municipais em todo o território. Em 2011, a continuidade do PT e da sua aliança conservadora no poder central tem suscitado críticas sobre os riscos para a democracia brasileira: seja pela inapetência da oposição, seja pelo domínio da burocracia pública por sindicalistas e correligionários. Para outros, as instituições democráticas estão sólidas e os fundamentos econômicos estáveis, e a sociedade, mantida a competitividade eleitoral, saberá responder nas urnas quando a aprovação do governo for substituída por insatisfação.

REFERÊNCIAS BIBLIOGRÁFICAS

ARENDT, H. *O que é política*. Rio de Janeiro: Bertrand Brasil, 1988.
BARNETT, C. Deconstructing Radical Democracy: Articulation, Representation, and Being-With Others. *Political Geography*. 23, p. 503-528, 2004.
_____; LOW, M. *Espaces of Democracy: Geographical Perspectives on Citizenship, Participation and Representation*. Londres: Sage, 2004.
BELL, J. E.; STAEHELI, L. A. Discourses of Diffusion and Democratization. *Political Geography*. 20, p. 175-195, 2001.
BENHABIB, S. *Democracy and Difference: Contesting the Boundaries of the Political*. New Jersey: Princeton University Press, 1996.
BIGNOTTO, N. *As aventuras da virtude: As ideias republicanas na França no século XVIII*. São Paulo: Companhia das Letras, 2010.

BOBBIO, N. *Estado, governo, sociedade: Para uma teoria geral da política*. Rio de Janeiro: Paz e Terra, 1987.

BRAGA, F, D. *Pentecostalismo e política: Uma geografia eleitoral dos candidatos ligados à Igreja Universal do Reino de Deus no município do Rio de Janeiro*. 2008. 125f. Dissertação (Mestrado em Geografia) — Programa de Pós-Graduação em Geografia, Universidade Federal do Rio de Janeiro, Rio de Janeiro, 2008.

BRASIL.*Constituição da República Federativa do Brasil*. Brasília: Senado Federal, 1988.

BUSSI, M. Géographie, démocratie, participation: Explication d'une distance, arguments pour un rapprochement. *Géocarrefour*. Vol. 76, n. 3 — Les territoires de la participation, p. 265-272, 2001.

CARVALHO, N. R. Geografia política das eleições congressuais. *Monitor Público*. n. 9, Ano 3, Rio de Janeiro, p. 41-47,1996.

_____. *E no início eram as bases: Geografia política do voto e comportamento Legislativo no Brasil*. Rio de Janeiro: Revan, 2003.

CASTRO, I. E. *O mito da necessidade. Discurso e prática do regionalismo nordestino*. Rio de Janeiro: Bertrand Brasil, 1992.

_____. O problema da escala. In: CASTRO et al. (orgs.). *Geografia conceitos e temas*. Rio de Janeiro: Bertrand Brasil, p. 117-140, 1995.

_____. Instituições e territórios. Possibilidades e limites ao exercício da cidadania no Brasil. *Geosul*, vol. 19, Florianópolis, p. 16-32, 2003.

_____. Espaços públicos: Entre a publicidade e a política. *ALCEU*, Vol. 4, n. 8, Rio de Janeiro, p. 141-155, 2004.

_____. *Geografia e Política: Território, escalas de ação e instituições*. Rio de Janeiro: Bertrand Brasil, 2005.

_____. Décentralisation, démocratie et représentation législative locale au Brésil. *Espace Politique*, Vol. 3, Reims, p. 60-73, 2007.

_____. O território e o poder autônomo do Estado. Uma discussão a partir da teoria de Michel Mann. In: MENDONÇA, F. et al. (Orgs.) *Espaço e tempo: complexidade e desafios do pensar e do fazer geográfico*. Curitiba: Ademadan, p. 579-594, 2009.

_____.; WANIEZ, P.; BRUSTLEIN, V. Les Finances locales comme révélateur de la croissance et des blocages territoriaux au Brésil. *Problemes d'Amerique Latine* Vol. 45, Paris, p. 53-72, 2002.

CATAIA, M. A alienação do território. O papel da guerra fiscal no uso, organização e regulação do território brasileiro. In: SOUZA, M. A. A. (Org.). *Território brasileiro. Usos e abusos.* Campinas: Edições Territorial, Vol. 1, p. 397-407, 2003.

COX, K. R. Spaces of Dependence, Spaces of Engagement and the Politics of Scale or: Looking for Local Politics. *Political Geography.* Vol. 17, nº 1, p. 1-23, 1998.

_____. Globalization, the Class Relation and Democracy. *Geo Journal.* Vol. 60, Kluwer Academic Publishers, Netherlands, p. 31–41, 2004.

DAHL, R. *Democracy and Its Critics.* New Haven: Yale University Press, 1989.

ENTRIKIN, J. N. L. Culture et démocratie. *Cahiers de géographie du Québec.* Vol. 41, n. 114, Québec, p. 349-356, 1997.

_____. Le langage géographique dans la théorie démocratique. In: LEVY, J.; LUSSAULT, M. (dir.). *Logiques de l'espace, esprit des lieux. Géographies à Cerisy.* Paris: Belin, p. 189-199, 2000.

GOMES, P. C. C.; LOLIVE, J. e BERDOULAY, V. L'Espace public à l'épreuve: régressions et émergences. *Publications de la Maison des sciences de l'homme d'Aquitaine,* 2004.

GUTMANN, A.; THOMPSON, D. F. *Democracy and Disagreement.* Cambridge: Harvard University Press, 1996.

HABERMAS, J. Três modelos normativos de democracia. *Lua Nova: Revista de Cultura e Política.* n. 36, São Paulo, p. 39-53, 1995.

HARRISS, J; STOKKE, K; TÖRNQUIST, O. *Politicizing Democracy: The New Local Politics of Democratization.* Oxford: Oxford University Press, 2004.

JUDD, D. R. The Case of Missing Scales: A Commentary on Cox. *Political Geography.* Vol. 17, n·1, p. 1-23, 1998.

KARIEL, H. S. *Frontiers of Democratic Theory.* New York: Random House, 1970.

KENNEDY, P. *Ascensão e queda das grandes potências.* Rio de Janeiro: Editora Campus, 1989.

LEFORT, C. *A invenção democrática: Os limites da dominação totalitária.* São Paulo: Brasiliense, 1983.

LESSA, R. A sombra da representação. *Monitor Público.* n.10, Ano 3, Rio de Janeiro, p. 11-20, 1996.

LIJPHART, A. *As democracias contemporâneas.* Lisboa: Gradiva, 1989.

LIMA JUNIOR, O. B. *Instituições políticas democráticas: O segredo da legitimidade.* Rio de Janeiro: Jorge Zahar, 1997.

LIPSET, S. M. Some Social Requisites of Democracy: Economic Development and Political Legitimacy. *American Political Science Review.* n. 53, p. 69-105, 1959.

_____. The Social Requisites of Democracy Revisited. *American Sociological Review*. n. 59, p. 1-21, 1994.

MACPHERSON, C. B. *A democracia liberal: Origens e evolução*. Rio de Janeiro: Jorge Zahar, 1978.

MAGDALENO, F. S. *A territorialidade da representação política*. São Paulo: Annablume, 2010.

MANN, M. O poder autônomo do Estado: Suas origens, mecanismos e resultados. In: HALL, J. (Org.). *Os Estados na história*. Rio de Janeiro: Imago, 1992.

MONTESQUIEU, C. *Do espírito das leis*. 2. ed, São Paulo: Editora Abril, 1979.

MOUFFE, C. Penser la démocratie moderne avec, et contre, Carl Schmitt. *Revue Française de Science Politique* Vol. 42, n. 1, p. 83-96, 1992.

_____. *The Democratic Paradox*. Londres/Nova York: Verso, 2000.

NEVES, F. O. *Geografia dos resíduos sólidos do Rio de Janeiro: Entre os direitos e deveres do cidadão*. 2006. Dissertação (Mestrado em Geografia) — Programa de Pós-Graduação em Geografia, Universidade Federal do Rio de Janeiro, Rio de Janeiro, 2006.

_____. Desmistificando a cidadania ambiental. *Terra Livre*. Vol. 30, 41-58, 2008.

NICOLAU, J. *Sistemas eleitorais*. 5. ed. Rio de Janeiro: FGV, 2004.

NORONHA, R. *A territorialidade da fragmentação político-administrativa do Estado do Rio de Janeiro*. 1997. Dissertação (Mestrado em Geografia) — Programa de Pós-Graduação em Geografia, Universidade Federal do Rio de Janeiro, Rio de Janeiro, 1997.

NUNES, E.; NOGUEIRA, A.; TAFNER, P. Economia política do poder e modernização da democracia brasileira. In: VELLOSO, J. P. R.; ALBUQUERQUE, R. C. (Coords.). *Governabilidade e Reformas*. Rio de Janeiro: José Olympio Editora, 1995.

O'LOUGHLIN, J. Geography and Democracy: The Spatial Diffusion of Political and Civil Rights. In: DIJKINK, G.; KNIPPENBERG, H. *The Territorial Factor: Political Geography in a Globalizing World*. Amesterdã: Vossius Pers, 2001, p. 77-96.

O'NEILL, M. M. V. C. *As bases territoriais institucionais: Novas configurações no espaço nordestino*. 2004. 302 f. Tese (Doutorado em Geografia) — Programa de Pós-Graduação em Geografia, Universidade Federal do Rio de Janeiro, Rio de Janeiro, 2004.

PINTO, A. M. A. *A construção dos espaços públicos em Bogotá e no Rio de Janeiro: Uma análise comparada*. 2011. Tese (Doutorado em Geografia) — Programa de Pós-Graduação em Geografia, Universidade Federal do Rio de Janeiro, Rio de Janeiro, 2011.

RANCIÈRE, J. *La Haine de la démocratie*. Paris: La Fabrique, 2005.

RAWLS, J. *A Theory of Justice*. Cambridge: The Belknap Press of Harvard University Press, 1971.

_____. *Le Droit des gens*. Paris: Éditions Esprit, 1996.

RODRIGUES, J. N. *A importância do município como escala de gestão no Brasil contemporâneo*. Monografia (Graduação em Geografia) — Universidade Federal do Rio de Janeiro, Rio de Janeiro, 2004.

_____. *As transferências intergovernamentais de recursos do FPM e do ICMS como estratégias de equilíbrio espacial*. 2006.104f. Dissertação (Mestrado em Geografia) Programa de Pós-Graduação em Geografia — Universidade Federal do Rio de Janeiro, Rio de Janeiro, 2006.

_____. *La Cooperation intercommunale: Regards croisés entre la France et le Brésil*. Tese (Doutorado em Geografia). Lyon: Université Jean Moulin Lyon 3, 2010.

ROUSSEAU, J. J. *Do contrato social*. São Paulo: Abril Cultural, 1978.

SANTOS, F. G. M. Microfundamentos do clientelismo político no Brasil: 1959-1963. *Dados*. Vol. 38, n. 3, Rio de Janeiro, p. 459-495, 1995.

SANTOS, W. G. *O horizonte do desejo: Instabilidade, fracasso coletivo e inércia social*. Rio de Janeiro: FGV, 2006.

_____. *O paradoxo de Rousseau: Uma interpretação democrática da vontade geral*. Rio de Janeiro: Rocco, 2007.

SEN, A. *Development as Freedom*. USA: Anchor Books. 1999.

SMITH, G.; GREGORY, D.; MARTIN, R. *Geografia humana, sociedade, espaço e ciência social*. Rio de Janeiro: Jorge Zahar, p.65-89, 1994.

SOUZA, M. L.; RODRIGUES, G. B. *Planejamento urbano e ativismos sociais*. São Paulo: Editora Unesp, 2004.

STEPHENS, S. The Federalist (O federalista), 1787-1788. In: CHATELET, F.; DUHAMEL, O.; PISIER, E. *Dicionário das obras políticas*. Rio de Janeiro: Civilização Brasileira, p. 335-341, 1993.

STOKKE, K. Human Geography and the Contextual Politics of Substantive Democratization. *Progress in Human Geography*. Vol. 33, n. 6, p. 739-742, 2009.

TAVARES, J. G. *Sistemas eleitorais nas democracias contemporâneas*. Rio de Janeiro: Relume Dumará 1994.

TOCQUEVILLE, A. *A democracia na América: Leis e costumes*. São Paulo: Martins Fontes, 2005.

WELTER, M. G.; COSTA, H. S. M.; COSTA, G. M.; DIAS, J. B. O papel dos conselhos Municipais na gestão das águas urbanas em Belo Horizonte: protagonistas ou coadjuvantes? *Anais do XIII Seminário sobre a Economia Mineira*. Belo Horizonte, Cedeplar/UFMG, v. 1, 2008.

YOUNG, I. M. *Inclusion and Democracy*. Oxford: University Press, 2000.

LEI E TERRITÓRIO EM DEMOCRACIAS POLÍTICO-REPRESENTATIVAS

Fabiano Soares Magdaleno

Neste estudo, observa-se, por meio de argumentação teórica, a existência de uma relação visceral entre o conjunto de regras socialmente estabelecido, denominado genericamente de *lei*, e o *território*, dimensão espacial que compõe a essência da geografia política. Para tal, atribuem-se à *lei* os papéis simultâneos de fator estruturador das práticas sociais, com capacidade de criação de interdependências entre os componentes do espaço geográfico, e de reflexo dessas práticas sociopolíticas, resultantes de interações entre os representantes escolhidos e o território.

Considerando-se que as regras são socialmente definidas, é dada ênfase tanto à causalidade das leis como às influências do ambiente político-social no seu processo de elaboração e institucionalização, deixando-se de lado discussões mais profundas acerca das origens filosóficas dos direitos e deveres humanos.

Para chegar à consideração final de que o mecanismo de elaboração de *leis* cria *territórios* e é, simultaneamente, afetado pela propriedade estruturadora que esses exercem, são dados dois grandes passos. Em primeiro lugar, são apresentados os vínculos teóricos entre lei e política, nas chamadas democracias representativas e, a partir do estabelecimento desse marco teórico, em um segundo momento, são expostas argumentações acerca dos fluxos de influência que caracterizam a relação entre o processo legislativo, o prévio contexto institucional e o território.

LEI E POLÍTICA

Ao tratarem das diferenças entre regras e normas, Clark e Dear (1984, p. 104) definem as primeiras como diretivas formais, exigentes de resposta de uma maneira específica. Já as normas, segundo essa linha de pensamento, se referem aos objetivos gerais da ordem legal e atuariam, dessa forma, como princípios e diretivas de caráter mais amplo, a serem levados em consideração no momento de elaboração das regras que norteiam as práticas individuais e coletivas. Assim, princípios como boa-fé, injustiça e equidade seriam normas e funcionariam como alicerces da ordem legal para o estabelecimento das regras. Nesse sentido, Santos (1996, p.184) caracteriza as normas como elementos importantes na estruturação da realidade, já que representam as bases mais profundas das ações reguladoras do território.

A lei, por sua vez, não deve ser apreciada como apenas simples sinônimo de regra, mas sim como corpo de regras, formalmente estabelecido ou não, e reconhecido como obrigatório para os membros de um Estado ou comunidade. Enquanto um conjunto de regras, a lei possui não somente um sentido de obrigação imposta, mas também exibe um significado de maior abrangência do que regras individualizadas. Em essência, a lei deve ser concebida como uma expressão social de regras e padrões, constituindo-se em um referencial para ações individuais e intenções, apesar de nem todos concordarem com essas regras e nem todos os comportamentos derivados delas serem iguais.

A pretensa neutralidade das *leis* é tão real quanto o almejado e ilusório distanciamento entre lei e política. Diz-se ilusório porque uma breve análise do significado da *política* e da concepção de *representação política* nos revela a incoerência de se pensar na elaboração de leis como um processo marcado pela imparcialidade.

No contexto da *polis* grega, as leis comuns nasciam de uma convenção entre os cidadãos,* definida pelo confronto de suas opiniões em um verdadeiro espaço público, a *ágora*, confronto esse que concedia a essas convenções a qualidade de instituições públicas. Essas instituições, por serem resultados dos embates de ideias, eram reconhecidas por todos como *as melhores* e, por isso, adquiriam a longevidade necessária para, ao mesmo tempo, garantir a estabilidade e o desenvolvimento da comunidade política, e permitir, a partir delas mesmas, o seu aperfeiçoamento. Nesse sentido, percebe-se que as instituições representavam não somente o melhor legado coletivo possível deixado às gerações futuras, como também o próprio meio pelo qual essas gerações poderiam promover alterações nas leis que regem a comunidade política, para, dessa forma, buscar a correção de possíveis imperfeições. É importante notar que na experiência grega, ao contrário do que ocorre nas democracias modernas, a participação política não estava relacionada à existência de um corpo administrativo encarregado dos assuntos coletivos, sendo dever de cada cidadão

---

* Como é sabido, entre os cidadãos da Atenas do século V a.C. não se contavam as mulheres, os menores de idade, os escravos e os estrangeiros que correspondiam aos não atenienses e seus descendentes.

a participação nas encenações públicas. Assim, as discussões que ocorriam na *ágora* e as ações públicas se relacionavam ao conjunto da comunidade política e não a um grupo de especialistas, pretensos representantes do bem comum (Rosenfield, 2003, p.10). A política, a democracia e as leis delas derivadas, nesse contexto, se referem efetivamente a ações do coletivo.

A política criada pelos gregos se constituía, assim, no questionamento explícito da sociedade instituída, presumindo-se que pelo menos a maior parte das instituições que foi criada não teria nada de sagrado ou natural, estando na dependência do movimento democrático que combateria o poder explícito e buscaria reinstituí-lo. Não obstante, esse questionamento explícito da sociedade não deve ser confundido com uma neutralidade inquestionável da lei. Assim, em sua formação, a lei realçava o papel desempenhado pelas forças políticas e sociais na fixação dos princípios organizacionais e funcionais, nos quais se baseava a vida de um ordenamento político.

A prática da chamada democracia moderna deriva da associação efetiva entre o princípio do governo da maioria e o Estado moderno, entendido aqui como uma entidade político-jurídica marcada pela centralidade territorial e dotada de privilégios institucionais de definição de normas e de exercício legítimo da coerção sobre toda sociedade nos limites de seu território. Nessa vinculação entre democracia e Estado, o Estado, em razão das prerrogativas institucionais, passa a exercer o papel estruturador da sociedade independentemente do que ocorre no espaço público entre os cidadãos. Assim, a democracia moderna é uma forma jurídico-política correspondente a um relativo compromisso de conciliação do governo direto do povo, impossível de ser alcançado em grandes nações, com o ideal da autonomia do indivíduo (Bouretz, 2001, p.144). Daí surge um sutil, mas importante, deslocamento no sentido original do conceito de democracia: de governo pelo povo, na concepção original, para governo pelos representantes do povo, na democracia representativa. No caso, o sentido literal da expressão, poder do povo, não se altera. Muda apenas o meio pelo qual esse poder, teoricamente, passa a ser exercido.

Nesse contexto, ao promover o resgate dos princípios da liberdade política e da participação da coletividade que caracterizavam a sociedade ateniense e ao associá-los à figura do Estado, grande parte das definições acerca da experiência democrática moderna coloca três instituições como essenciais para sua existência, preservação e ampliação: o respeito aos direitos humanos pelos governantes, a existência de limites constitucionais que restrinjam o exercício do poder governamental e a livre escolha dos governantes pelos governados. Algumas abordagens atuais do sistema democrático ultrapassam esses princípios, mas nunca os afastam.

Em estruturas democráticas, dessa forma, as leis são criadas e recriadas dentro dos limites do chamado espaço político institucional. O espaço político, além de se configurar em um espaço do interesse e dos conflitos, da mesma forma está circunscrito pelas ações das instituições e delimitado pelas regras preexistentes e estratégias da política, da lei, do controle e da coerção legítima. Partindo-se do pressuposto de que a política é a administração dos conflitos e não a promessa de eliminação deles, dentro do contexto democrático, a criação de uma lei não pode, então, pretender-se como um processo marcado pela neutralidade. Esse processo é, na prática, um componente da vida social democrática e um recurso do poder.

Constitucionalismo

O constitucionalismo, herança da velha república romana, trabalhada posteriormente em diferentes momentos e contexto por Montesquieu, John Adams e Thomas Jefferson, pode ser visto como o marco jurídico obrigatório que limita e cria poder em suas distintas dimensões por meio de um sistema de pesos e contrapesos (Elster, 1999, p.33-4). No dizer de Vergottini (2000, p.258),

> todo ordenamento estatal possuiu sempre um conjunto peculiar de princípios orgânicos característicos que o distinguia dos demais, mas só em tempos relativamente recentes se estendeu e consolidou a convicção de que tais princípios deveriam, em geral, ser reunidos em um documento formal, definido como Constituição.

A Constituição cumpre a dupla função de proteção dos direitos do indivíduo e do cidadão, e de composição de um obstáculo a certas mudanças políticas que poderiam comprometer a própria estabilidade das instituições vigentes. Essa estabilidade e a durabilidade institucional são valores importante já que permitem a elaboração de planos de longo prazo e dificultam o aproveitamento de postos para fins particulares (McIlwain, 1940, p.30-9).

Em sistemas democráticos, a necessidade de limitações estabilizadoras é perene e está presente tanto nas democracias embrionárias como nas mais maduras. A necessidade mais geral de uma auto-obrigação constitucional é característica permanente da democracia como instrumento de caráter funcional. Assim, para evitar um conflito destrutivo, deve haver a aceitação de certo grau de *ditadura dos antepassados* que se materializa no texto constitucional, exercendo uma função estruturadora do ordenamento social e territorial.

Contudo, a estrutura institucional criada pelo texto da Constituição não significa necessariamente que não possa haver modificações nesse texto que o aperfeiçoe ou o adapte às mudanças específicas da sociedade. Dessa forma, a Constituição deve ser encarada como o eixo principal do ordenamento jurídico-institucional, determinante de seus princípios básicos, e como uma lei hierarquicamente superior, de modo que qualquer outro provimento normativo que lhe seja conflitante não tenha validade (Elster, 1999, p.40-7).

A Constituição, assim, consiste em uma força normativa da vontade política e, dependendo do momento histórico em que é elaborada, tende a incorporar características específicas que revelem as condições políticas e sociais em que foram feitas.

Processo de (re)elaboração de leis

A chamada democracia representativa é um conceito genérico definidor de um tipo de organização política caracterizado, dentre outros, por um elemento comum a todos os casos: a escolha por parte dos eleitores de um ou mais representantes de seus interesses individuais e/ou coletivos. Aí se insere a noção moderna de exercício da política, correspondente a existência de um corpo de políticos profissionais que, pelo processo eletivo, se tornam legitimamente aptos para atuar na elaboração das leis. Esses representantes, por sua vez, devem ter em conta a necessidade de fazer valer junto às instâncias decisórias do Estado a vontade de grupos ou segmentos sociais específicos, sem, contudo, perder de vista a exigência de harmonização dessas vontades com os interesses maiores do país.

Qualquer discussão acerca da representação política se insere no campo epistemológico das discussões sobre poder, entendido aqui como a capacidade ou a possibilidade de agir e de obter efeitos desejados. Para a obtenção de tais efeitos pode ser usada uma vasta gama de recursos. A representação política deve ser encarada como um desses recursos passíveis de serem usados para que o poder seja exercido. É nesse sentido que, no dizer de Lima (2007, p.110), "quando um fenômeno político transmuta-se em prática, torna-se passível de consubstanciar uma das facetas do poder: o poder político". Com isso, percebe-se que as distintas formas de atuação dos representantes políticos trazem, em si, o exercício do poder político, derivado do consentimento.

A representação política moderna está diretamente associada ao processo eletivo. Segundo Manin (1998, p.59-61), apesar de o método do sorteio ter sido utilizado em diversos graus e formas, em grande parte dos sistemas políticos em que o poder era exercido pelo cidadão, somente a eleição é capaz de criar nos componentes do sistema representativo, eleitores e eleitos, uma sensação de obrigação e compromisso mútuos. Assim, o consentimento e a vontade dos governados são vistos como a única fonte de legitimidade e obrigação política que interliga os representantes aos representados. Nessa concepção está presente a ideia de que o ato de votar expressa, não somente o que o eleitor pensa, mas o que quer.

Independentemente da linha de interpretação, o fato é que a representação política está formalizada juridicamente nas estruturas institucionais da democracia e constitui parte integrante do constitucionalismo. Por isso, o sistema representativo deve ser encarado como estruturado e institucionalizado de responsabilidade, caracterizado pela independência parcial dos representantes.

O modelo da responsabilidade, ao encarar a ação do representante como fruto de sua consciência e competência, abre espaço para a concepção de que as leis propostas são escolhas realizadas conscientemente com base em um sistema de forças estruturadoras advindas do território, criado a partir da inserção do representante em três jogos sociopolíticos jogados de forma simultânea: os jogos político-partidário, eleitoral e socioespacial (Magdaleno, 2010).

LEI E TERRITÓRIO

Os conjuntos de regras que compõem as leis são parte da vida cotidiana de todos. Leis são tanto variáveis intermediárias entre os indivíduos, como decisivas do comportamento individual. Uma vez promulgadas, transformam-se em referência de ações a serem seguidas pelos indivíduos. Todo sistema legal afeta, de uma maneira ou de outra, comportamentos individuais e o arranjo dos relacionamentos e interdependências entre indivíduos e grupos, o que ocorre porque a responsabilidade de interpretar, impor limites à aplicabilidade das leis e determinar a aplicabilidade das regras é, por exemplo, de responsabilidade do aparato judicial. A partir de uma representação territorial que uma lei, então, pode e deve estabelecer, os atores vão proceder a repartição das superfícies e organizar os campos operatórios de suas ações.

Contudo, apesar de ser comum pensar de forma quase que imediata na influência das leis nas ações e na organização do espaço, é notório que, por ser um projeto legal, a lei é necessariamente um projeto social e político, devendo ser encartada como socialmente construída e analiticamente inseparável das relações sociais e políticas. Todavia, a lei não apenas orienta e influencia a ação político-social, mas também é um reflexo dessa estrutura. Quanto a isso, diz Trumbek (1984, p.609): "Lei cria a sociedade, e a sociedade cria a lei; a relação é complexa e multidirecional (...). "Assim, se lei e sociedade são mutuamente construídas, então a distinção entre lei e sociedade se quebra."

A política, nesse sentido, aparece como um guia essencial das nossas considerações, a partir do momento em que podemos defini-la como um conjunto de relações que delimita e define os conteúdos dos territórios. O território, aqui entendido como o resultado da apropriação efetiva ou simbólica de uma porção do espaço por um determinado agente social, deve ser concebido não somente como base material da sociedade, mas também como uma mediação para sua própria existência. Nesse sentido, o território pode ser encarado como o terreno onde as práticas sociais se concretizam e como a condição para que essas práticas existam. No dizer de Gomes (1996, p.46), o conceito de território "atua como uma das chaves de acesso à interpretação de práticas sociais circunscritas a uma dada porção do espaço".

Considerando-se que as sociedades organizam seus territórios para melhor atender aos seus interesses ou aos interesses de alguns, percebe-se que o "espaço geográfico é intrinsecamente político", ou seja, é a arena de convivência entre os diferentes, regulada por normas que permitem o seu controle e o gerenciamento de conflitos de interesse (Castro, 2005, p.139). Assim, por ser alicerce de sobrevivência, fonte de poder e alvo de desejo de apropriação e controle, o espaço geográfico, definido por Santos (1996, p.18) como um "conjunto indissociável de sistemas de objetos e de sistemas de ações", tende a ser alvo de disputa e apropriação. Essa apropriação, feita com consciência, independentemente da linha de abordagem que se adote, implica a caracterização de um território. Desse modo, o entendimento mais profundo do conceito de território nos leva a considerá-lo como parte integrante de qualquer projeto social, já que não existe ação social que não esteja relacionada a uma determinada porção do espaço, isto é, que não denote a necessidade de formação de um território, mesmo que ocorra apenas na fase do projeto.

É válido ressaltar que o território é uma qualificação do espaço geográfico que não deve ser confundida com o próprio. Constitui uma dimensão espacial de projeção que não é apenas a materialidade, apesar de denotar uma existência objetiva.

Associando-se a ideia de que o território é a arena de interesses ao fato de a política, em essência, ser um modo, institucionalizado ou não, de controlar e gerenciar conflitos de interesse entre os diferentes, torna-se quase que autoexplicativa a atração existente entre esse conceito e os estudos relacionados à política (Arendt, 2002, p.21-24). É nesse sentido que Castro (2005, p.41) afirma que é na relação entre política e território "que se encontram os temas e questões do campo da geografia política". Percebe-se, então, que o território está intrinsecamente ligado ao poder, pois é criado e normatizado a partir do exercício simbólico e prático do poder no espaço, seja esse o poder legalmente instituído ou não.

O território, assim, possui uma localização particular, resulta de um processo de apropriação, é organizado e gerido por um grupo e é mutável, alterando-se em função da escala e das territorialidades. O conceito de territorialidade aqui usado segue as diretrizes apresentadas por Sack (1986, p.2-5), que, ao analisar a territorialidade humana, rejeita as teorias que a colocam como um fenômeno natural, em favor de uma teoria política, na qual a territorialidade seria uma ação estratégica de controle de determinada porção do espaço, sempre vinculada ao contexto social na qual se insere. Nesse sentido haveria uma interconexão entre espaço e sociedade, e a territorialidade seria o processo responsável para tal.

Independentemente do tamanho da área a ser dominada ou do caráter quantitativo do agente dominador, a territorialidade, nessa perspectiva, é uma estratégia de poder. É por meio de estratégias territoriais que o poder se manifesta e as metas se concretizam. Compreender o fenômeno da elaboração de leis por representantes políticos se torna, então, uma ação muito importante, pois significa interpretar a estratégia geográfica de controle de pessoas e coisas sobre os territórios que se formam a partir da prática política institucionalizada.

A territorialidade da representação política dessa forma está diretamente relacionada ao conjunto de práticas desenvolvido pelos representantes políticos institucionalizados no sentido de construir um território, onde o efeito do poder político é identificável. No caso dos representantes das diferentes casas legislativas, a territorialidade é exercida, dentre várias formas, por meio principalmente de discursos em plenário e apresentação de proposições,* que, ao se transformarem em leis, podem objetivar atingir todo conjunto da sociedade, de forma geral e irrestrita, ou podem estar explicitamente voltadas para determinadas porções do espaço. Nas duas situações, as ações atuam no sentido de constituição de territórios políticos. Daí, de fato, é pelo território que se encarna a relação simbólica que existe entre lei, política e espaço.

De acordo com o contexto político e territorial apresentado, evidencia-se que o legal não é, assim, uma "entidade" meramente formal, mas instaura relações de poder e é por meio delas reelaborado.

---

* Como proposição se entende toda matéria que está sujeita a apreciação da casa legislativa.

Contexto institucional e processo legislativo

As regras constitucionais, que definem as ordens econômica, política e jurídica, não apenas refletem um determinado momento, como já foi exposto, como também orientam e influenciam a ação político-social (Bromley, 1994, p.44-9). A partir de uma representação territorial que a lei pode e deve estabelecer, os atores vão proceder à repartição do espaço e organizar os campos operatórios de suas ações (Trumbek, 1984, p.509). Apesar de a prática legal poder afetar a vida social em uma determinada porção do espaço, a lei, por si mesma, não é simplesmente imposta, mas é, em vez disso, interpretada dentro e mediante a escala em que está atuando (Delaney e Leitner, 1997, p.94).

Segundo Santos (1996, p.64), as ações humanas, sejam realizadas por indivíduos, empresas ou instituições, são subordinadas a normas, escritas ou não, formais ou informais. Nesse sentido, é importante considerar que a ordem e conjuntura políticas, por exemplo, influem diretamente, por meio das instituições eleitorais e partidárias, no número de partidos políticos viáveis, em sua coesão e disciplina, e, ao mesmo tempo, nos perfis de candidatos que concorrem às eleições, em suas estratégias de campanha e na maneira como se conduzem no poder. As regras eleitorais, assim, contribuem para as escolhas e preferências dos representantes políticos, concorrendo para os resultados do próprio processo legislativo. Pressupõe-se, então, que o comportamento de um representante político seja primeiro pensado a partir das possibilidades das leis, que proporcionam o contexto ou o pano de fundo em que os atores políticos vão começar a definir suas escolhas.

A premissa subjacente é a de que as leis não somente produzem efeitos mecânicos sobre a conversão de votos em cadeiras legislativas, mas também constituem marcos regulatórios para atuação e tomada de decisão dos diferentes atores políticos (partidos, eleitores, candidatos e representantes eleitos). Entretanto, deve-se estar atento ao fato de que as regras legais não são determinantes incondicionais de comportamentos. Em realidade, as instituições são regras de coação do comportamento dos atores e limitantes ou incentivadoras das escolhas individuais.

A elaboração de novas regras representa um momento em que adquire força uma discussão profunda baseada em princípios transcendentes às intrigas e disputas políticas cotidianas. Nesse momento, segundo Santos (2002, p.22), em certo sentido, "uma dada fração do território permanece no mesmo ponto de encontro das coordenadas geodésicas", em seu mesmo lugar físico; contudo, altera-se a forma como é encarada, isto é, sua posição econômica, social e política mudam. Assim, a partir dos equilíbrios que se instalam, novas formas de encarar o território emergem de relações que se estabelecem no sistema instituído de regras, e é dessa postura institucional que advêm as possibilidades de evolução ou retrocesso nos diversos planos da vida social.

Território e processo legislativo

O representante político eleito pelo mecanismo proporcional para o Legislativo atua entre duas funções que, em muitos momentos, se contrapõem: o atendimento do chamado interesse geral e a busca por aprovação de benefícios legislativos em resposta a demandas associadas à mobilização de determinados grupos de interesse. Desse modo, nota-se que, além das regras, existe também outro conjunto de condições, de natureza territorial, que acaba tornando mais complexo o ato da representação e da elaboração de leis. Compõem esse conjunto: a origem social e geográfica do representante; as características socioeconômicas de territórios políticos específicos criados dentro do distrito representado; a distribuição espacial, de base municipal, dos votos recebidos pelo representante eleito (votos concentrados ou dispersos); a diretriz do seu partido político e as demandas de grupos de interesses dentro e fora dos partidos.

Partindo-se desse conjunto de influências que marcam a representação política, percebe-se que o legislador ao desenvolver suas atividades parlamentares está direta e simultaneamente envolvido em três jogos que não são jogados de maneira isolada: o jogo político-partidário, o jogo eleitoral e o jogo socioespacial.

Seguindo a mesma linha de Tsebelis (1998, p.19-25), considera-se que o representante político está envolvido em toda uma rede de jogos, chamados por aquele autor de *jogos ocultos*, em que seu comportamento deriva de escolhas realizadas racionalmente. Nesse contexto, sempre que os indivíduos interagem entre si passam a fazer parte de jogos em que os jogadores se encontram diante de uma série de opções de estratégia, e as escolhas feitas por cada um, em conjunto, acabam por determinar o resultado do jogo. Esse resultado, então, proporciona para cada jogador um ganho (ou *payoff*) positivo (o pagamento, o prêmio) ou negativo (castigo, em virtude de uma determinada ação).

De acordo com a teoria dos jogos, dois elementos são considerados fixos para os jogadores: as regras do jogo, que determinam as estratégias disponíveis, e os ganhos que podem advir das diferentes estratégias. A partir desses elementos fixos, os atores escolhem racionalmente as estratégias que podem maximizar seus ganhos positivos, sem, porém, deixar de levar em conta as ações dos outros jogadores. Nesse sentido, avaliando os contextos das regras do sistema político, dos ganhos possíveis e das ações dos outros jogadores (outros políticos, eleitor, partidos e grupos de interesses), o representante político optaria por tomar as ações que mais lhe trariam prêmios e que menos lhe proporcionariam castigos. Assim, excetuando os casos em que os atores não podem realizar racionalmente suas escolhas, situações essas que parecem não ser relevantes nos estudos dos fenômenos políticos, mesmo quando o ator político comete um erro estratégico, presume-se a correção de seu comportamento para que, nesse mesmo contexto, possa conseguir o máximo possível de ganhos positivos. Em outras palavras, utilizando-se os termos da teoria dos jogos, as ações dos representantes são encaradas como sendo resultado de *escolhas ótimas* e quase nunca *subótimas*.

O primeiro jogo, o político-partidário, se caracteriza tanto pelas diretrizes ideológicas do partido, como pela relação do representante com os seus pares e com os grupos de interesses que compõem sua legenda partidária.

Os partidos políticos são a base do sistema democrático representativo. Segundo Basedau (2002, p.16), não há democracia sem partidos, isso porque, em sendo a democracia a doutrina política baseada nos princípios da soberania popular e da distribuição equitativa do poder, caracterizada, em sua essência, pela liberdade do ato eleitoral, pela divisão dos poderes e pelo controle da autoridade, os partidos representam o principal meio pelo qual o povo vai se integrar ao sistema governamental de decisões. Os partidos políticos, criados com o fim de mobilizar um eleitorado mais amplo do que aquele criado a partir das relações pessoais do candidato a representante político, atuam na sinalização para os representantes das preferências dos cidadãos, informando-lhes sobre como conseguir apoio político e permitindo, dessa maneira, a entrada de certos cidadãos no processo político. A debilidade ou a força do sistema de partidos depende de um elevado número de fatores, como, por exemplo, o sistema eleitoral, mas, deve-se notar que uma eventual fragilidade do sistema partidário pode acabar fazendo com que as forças de pressão organizada, os chamados grupos de interesses, ampliem seu poder de influência sobre o sistema político.

A filiação partidária, dentro desse contexto, além de prover ao político uma identificação ideológica, acaba simplificando o seu processo de articulação junto aos redutos eleitorais, já que aumenta a durabilidade e a confiabilidade das barganhas estabelecidas com os grupos de interesses, que são porções da sociedade com maior ou menor organização, que buscam basicamente obter ganhos promovidos pela decisão política. Sejam membros partidários ou não, representantes de preferências de cidadãos independentes ou de conjuntos com interesses velados na transferência de renda em favor de suas organizações, em sua racionalidade, esses grupos atuam pela criação, manutenção, ampliação e pela exclusividade das regulações e programas de gastos públicos, muitas vezes por meio do aporte de recursos financeiros à campanha eleitoral para, assim, viabilizar o acesso à agenda legislativa. Dessa maneira, a estratégia desses grupos visa assegurar parte ou totalidade dos ganhos agenciados pelas políticas públicas, pela aquisição de uma unidade de acesso ao processo decisório do político em um tempo futuro (Anderson e Prusa, 2001). Vale lembrar que o apoio concedido pelos grupos de interesses aos políticos precede a apresentação das demandas por tais grupos, o que gera a necessidade de um elevado grau de confiança em um futuro atendimento preferencial de suas demandas, o qual é pelo menos ampliado pela associação do representante a um partido político.

Dentre as funções mais triviais dos partidos, destacam-se a reunião das predileções de seus membros e de seus potenciais adeptos em plataformas políticas consistentes, a indicação de candidatos às eleições e a ajuda a esses candidatos para se elegerem. Desse modo, poder-se-ia supor que as ações de um partido político seriam voltadas para a tentativa de maximizar o número total de cadeiras na legislatura, o que o levaria à busca preferencial de atendimento de demandas eleitorais.

Entretanto, não se pode negligenciar o fato de que dentro do partido e entre partidos há disputas de interesses e negociações que influenciam as atividades parlamentares e que, de uma forma ou de outra, possuem um grau de territorialização, ou seja, relacionam-se a práticas socioeconômicas e políticas de uma determinada porção do espaço. Por conseguinte, passa a ser essencial considerar não apenas os eleitores e os grupos de interesses especiais que formam o público externo do partido político, mas também as conexões internas entre o partido e o segmento formado por seus legisladores, líderes e ativistas de modo geral, segmento esse que, segundo Peltzman (1990, p.27-35), exerce influência prioritária nas decisões partidárias, concedendo ao público externo ao partido um peso político consideravelmente menor. A intermediação política entre eleitor e representante realizada pelos partidos, em princípio, poderia, então, ser encarada como particularmente danosa ao interesse geral, já que a assunção pelos partidos de posições em causa própria ou de certos grupos de interesses que o compõem poderia alterar o modo de agir do representante político e distanciá-lo dos desejos dos representados (Ortiz e Issacharoff, 1999, p.1628-32).

A limitada autonomia desfrutada pelo representante político não se relaciona apenas à orientação ideológica e à influência, via partido, de determinados grupos de interesses. Também se materializa na relação do parlamentar com seus pares, no contexto do trabalho legislativo, podendo ser identificada no exemplo do processo de aprovação de um projeto de lei. Para que um projeto chegue a ser votado, seu autor deve contar com o apoio dos colegas e, sobretudo, como demonstram Figueiredo e Limongi (1994, p. 4-10), no caso brasileiro, com os pedidos de urgência efetuados pelo colégio de líderes (constituído pelos líderes das bancadas partidárias). Além disso, manobras regimentais, além de bloquear o processo legislativo, podem estabelecer barreiras com força para reter ou mesmo fazer arquivar um projeto de lei. Assim, não só a obtenção do apoio para colocar o projeto em votação como para a aprovação do projeto acaba sendo algo que compromete o parlamentar, pois esse apoio obtido em uma ocasião deverá ser retribuído em um momento posterior.

De acordo com esse quadro de possível cooperação (rivalidade não direta) em um ambiente de interações que se repetem ao longo do tempo do mandato, percebe-se que esse jogo político-partidário representa aquilo que a teoria dos jogos chama de *jogo de soma não zero*. Nesse caso, o que um jogador ganha não é precisamente o que o outro perde, podendo os atores políticos ganhar ou perder simultaneamente (Bêrni, 2004, p.18).

Essas constatações evidenciam, no dizer de Monteiro (2007, p.44), que "os partidos [políticos] operam como superagentes no jogo de políticas e, como tal, têm interesses próprios que podem divergir dos de seus patrocinadores (os eleitores)" e que o político não está apto a implementar sua política preferida ou ideal, tal como ocorreria em um mundo em que não houvesse pressão de grupos intra e extrapartidários. Apesar de ser escolha do representante político a entrada em uma ou outra coalizão para barganhar apoio em troca de provisões preferenciais, os grupos de interesses de dentro e de fora do partido, de uma maneira ou de outra, acabam influenciando o resultado final do jogo de políticas.

A própria troca de apoio para a aprovação de projetos que ocorre entre os parlamentares, colocada acima como um fator que retira a autonomia do representante político, ao garantir que se relacione com maior facilidade entre os pares, pode ser vista, por outro lado, como um meio para que desempenhe sua função de forma mais eficiente e autônoma. Por esse mecanismo, o representante poderia atuar na busca daquilo que muitos cientistas políticos apontam como preocupação prioritária do político: o atendimento de seus interesses próprios, procurando manter-se na classe política e deixando em segundo plano as questões ideológicas e políticas mais abrangentes.

Assim, deve-se considerar que, não só as diretrizes partidárias, como também as ideologias dos atores individuais ou coletivos acabam por influenciar o desfecho das lutas políticas. Em realidade, essa concepção teórica pode ser entendida como uma mescla de dois princípios de governo representativo, destacados por Manin (1998, p.287): a *democracia de partidos*, em que uma vez dentro do Parlamento o membro partidário já passa a não ser mais livre para atuar de acordo com sua própria consciência ou juízo, tendo que fazê-lo a partir das orientações partidárias; e a *democracia da audiência*, em que o grau de autonomia dos representantes é moldado pela existência periódica de eleições, nas quais o que conta é a sua imagem pessoal e a do partido a que pertence.

Considerando-se que os políticos são agentes que invariavelmente buscam maximizar suas próprias chances eleitorais, ganha forma o segundo jogo em que representantes políticos, no cotidiano de suas ações, estão inseridos: o chamado jogo eleitoral, o qual está diretamente ligado às demandas de grupos de interesses de fora do partido e ao padrão de distribuição de votos recebidos pelo representante eleito (território político de atuação), sendo por meio da realização de eleições democráticas periódicas que esses dois fatores contribuem para a estruturação da representação política em sua relação com o território.

O processo eletivo coloca à prova a atuação do representante, já que os eleitores podem ou não confirmar a sua permanência no final de um mandato. Ainda que os representantes políticos possam estar motivados pelo atendimento ao autointeresse, isto é, pela busca por favorecimentos pessoais como enriquecimento e perpetuação no poder, a despeito dos interesses de outros indivíduos e grupos componentes da sociedade, as eleições operam como um mecanismo institucional que os incentiva a exibirem em seu comportamento uma maior sintonia com o interesse geral, entendido como a busca da sociedade ou de parte dela (grupos de interesses específicos) por melhorias das condições gerais de vida e recebimento ou manutenção de benefícios, exclusivos ou não. Nesse sentido, as eleições não somente podem estimular proposições por parte dos representantes eleitos de determinados tipos de políticas públicas voltadas a interesses de certos grupos ou do conjunto da sociedade, como também podem vir a restringir ações indevidas desses políticos, atuando então como um filtro ou mecanismo de seleção (Nicolau, 2002, p.219).

Todavia, não se pode ignorar a complexidade que caracteriza o ambiente representativo de elaboração de leis. Os intervalos existentes entre duas eleições, por exemplo, ao limitarem a possibilidade de os eleitores remediarem possíveis arrependimentos, podem induzir ao exercício da representação política de formas distintas, ao longo do mandato, criando aquilo que Monteiro (2007, p.49) chama de "diferentes graus de folga". Dependendo da proximidade ou distância de uma data eleitoral, o papel desempenhado pelos representantes e partidos políticos se modificaria, produzindo um ciclo no percurso das políticas. Um claro exemplo pode ser identificado nas oportunistas manipulações por parte dos políticos das escolhas públicas realizadas nas proximidades de uma data eleitoral, efetuadas com o intuito de dar visibilidade a sua atuação e com isso conseguir resultados mais favoráveis no escrutínio. Nesse caso, fica evidente, nesse período pré-eleitoral, a tendência de um comportamento mais autônomo dos representantes em relação aos partidos, ganhando força o seu papel de mero intermediário entre as demandas territoriais e as políticas públicas.

Outra evidência desse complexo mecanismo de influência que o chamado jogo eleitoral exerce sobre a representação política se vincula aos distintos níveis do chamado risco eleitoral, ou seja, da incerteza, por parte do representante político, de continuidade em seu cargo ou de ingresso em outro após um novo pleito. O risco eleitoral é função de dois grandes grupos de fatores. O primeiro se refere à percepção do legislador de quão notório é o tema *política* em seu reduto eleitoral, quão provável é que seus eleitores tomem ciência de suas ações e escolhas em plenário e de quão intensa pode ser a repercussão de uma decisão sobre um dado tema em seu reduto eleitoral, comparativamente a outros temas de política. O segundo grupo está ligado ao grau de vulnerabilidade da vaga que o representante ocupa na legislatura. Essa vulnerabilidade seria dada por elementos como o tempo que o representante vem exercendo o cargo, o número de mandatos já exercido, a forma de obtenção do mandato (direto ou suplência), o índice de competitividade eleitoral ao qual está submetido e o número médio de candidatos por vaga em seu distrito (Spence, 2001, p.1). Nesse sentido, quanto maior for o grau de percepção do representante quanto ao grau de instabilidade eleitoral de seu cargo, maior será a preocupação em ajustar suas ações em plenário às demandas específicas de seu reduto eleitoral.

Nota-se que, em pelo menos parte do tempo de exercício do mandato, a chamada conexão eleitoral induz o representante político a, necessariamente, atender demandas de uma porção específica dos cidadãos: aqueles que compõem sua base eleitoral. Porém, percebe-se que tais ações respondem muito mais ao vício do processo legislativo de tentar promover as chances de reeleição dos representantes do que de tentar captar de forma eficiente as preferências dos eleitores.

O terceiro jogo, aqui chamado de jogo socioespacial, está ligado a duas forças estruturadoras da atuação parlamentar: a origem geográfica do representante e as características socioeconômicas dos territórios que formam as suas bases políticas. A primeira força se relaciona a uma eventual identificação pessoal do representante político com determinado lugar, o qual, eventualmente, pode fazer parte de seu território político. Independentemente dos fatores geradores dessa relação pessoal entre o parlamentar e os espaços específicos (identidade por nascimento, criação, relações de amizade etc.), o fato é que a busca pela ampla compreensão da complexidade do processo de representação política não pode prescindir da dimensão de identificação dos políticos com determinados territórios, os quais também podem ser construídos subjetivamente por indivíduo e, por conseguinte, podem se encontrar dotados de significações específicas (Tuan, 1983: p.55-67). Essas significações individuais que caracterizam determinadas porções do espaço, então, comporiam o rol de forças justificadoras das ações parlamentares, trazendo à tona, por sua vez, o sentimento de identidade presente nas relações políticas institucionalizadas.

A segunda força, de caráter menos subjetivo, atua como guia dos tipos de demandas territoriais diretas passíveis de serem mobilizadas pelos grupos de interesses na busca por influência na agenda política. As necessidades e anseios dos grupos de interesses (com atuação interna ou externa ao partido) diretamente ligados a territórios políticos específicos do representante refletem, em grande medida, as condições sociais, econômicas e demográficas desses territórios. A existência ou não de infraestrutura de transporte e energia, os índices de desemprego, analfabetismo e violência, as atividades econômicas que se desenvolvem na área, dentre outras tantas características socioeconômicas de determinados espaços, criam uma espécie de quadro de referência, tanto para os grupos de interesses locais, na fundação de demandas a serem encaminhadas aos representantes por eles diretamente apoiados, como para os próprios representantes políticos, no sentido da identificação dos centros de decisão política e econômica mais importantes e do potencial eleitoral dos distintos territórios políticos. É nesse sentido que Castro (2005, p.171) aponta para o fato de não se poder representar cidadãos sem se "representar ao mesmo tempo o lugar que habitam, com suas histórias, suas atividades e suas preferências".

As atividades dos representantes políticos de função legislativa ocorrem dentro de um contexto estruturado pelo território e, ao mesmo tempo, acabam por requalificá-lo. As proposições, ou seja, os projetos apresentados pelos legisladores para avaliação e votação, os discursos proferidos em plenário pelo representante e o contato direto do representante com o eleitorado ao proporcionarem novas formas de regulação do território, ao gerarem liberação de recursos financeiros para determinadas localidades, e ao chamarem atenção para fatos ou problemas que marcam certas localidades, evidenciam vínculos do representante político com áreas específicas, criando, assim, territórios políticos. Além disso, também podem gerar alteração na base material desse território ou na condição de vida da população ocupante, o que, por sua vez, pode modificar o tipo e a intensidade de determinadas demandas sociais, mudando, assim, a qualidade das forças estruturadoras que partem desses territórios (Magdaleno, 2010). Na atividade legislativa, então, estariam inseridas tanto as discussões acerca das chamadas questões gerais, isto é, aquelas que não proporcionam benefícios diretos voltados apenas a indivíduos, empresas, grupos ou localidades, quanto um conjunto de ações dirigidas para municípios, comunidades, pessoas e eleitores, no qual o parlamentar tenta angariar recursos para a área pela qual foi eleito ou para subáreas que compõem o seu território político de atuação direta, por meio de apresentação de proposições.

Contudo, é preciso ficar atento para o fato de que a apresentação de propostas reconhecidamente voltadas para o atendimento dos interesses gerais não necessariamente representa uma perda para os grupos de interesses. Por isso, esse tipo de proposição acaba se configurando em um recurso de ampla aceitação nos mais variados redutos da sociedade perante os quais os legisladores são eleitoralmente vulneráveis. Por outro lado, propostas que visam oferecer benefícios de caráter concentrado, ou seja, aquelas que objetivam conceder privilégios financeiros, patrimoniais ou de *status* exclusivos a um indivíduo, a uma empresa, a grupos ou localidades, possuem o expresso intuito de obtenção de apoio dos grupos de interesses organizados para os representantes políticos proponentes do direito exclusivo, o que mais à frente poderá se traduzir em votos.

CONSIDERAÇÕES FINAIS

Dando-se ênfase ao fluxo dinâmico da vida social, deve ser grifada a ideia de que a relação entre a representação política, a lei e o território se encontra constantemente sujeita a alterações, passíveis de ocorrência a partir de eventuais mudanças nas relações entre os atores territorializados e de consequentes alterações do equilíbrio entre as chamadas forças estruturadoras. Isso pode acontecer, por exemplo, como resultado de mudanças institucionais ou de alterações nas condições socioeconômicas de determinados territórios geradas pela própria atuação dos representantes políticos.

Por fim, percebe-se que a representação política e a consequente apresentação de propostas de alteração de regras sociais respondem às convicções pessoais do representante, seus desejos e aspirações, aproximando-se da ideia de representação como responsabilidade funcional independente, ocorrendo, simultaneamente, como resposta a um conjunto de relações estabelecidas entre representantes e representados (eleitores e grupos de interesses), representantes e partidos políticos (líderes partidários e grupos de interesses que o compõem), e entre representantes e outros representantes que compõem a casa legislativa, relações que aproximam a prática representativa das concepções de semelhança (representatividade), responsabilidade pessoal dependente e delegação.

Contudo, o que não pode ser colocado em segundo plano é que, além de esses atores estarem vinculados a apropriações simbólicas ou efetivas de porções da superfície, exibindo assim certo grau de territorialidade, o próprio exercício da função de representante político já pressupõe, em si, uma territorialidade, entendida aqui como uma estratégia de poder que visa ao controle de pessoas e coisas. Essa estratégia pressupõe a composição de territórios políticos que, nesse caso, se formam a partir da política institucionalizada. Assim, o território deve ser visto como condicionante da atuação do representante político (apresentação de proposições, pronunciamento de discursos em plenário e contato direto com o eleitor), atuação essa que, simbólica ou efetivamente, é, juntamente com o resultado espacial do processo eleitoral, a própria fundadora do território. As ações, como a elaboração de novas leis, dessa forma, criam territórios e são, concomitantemente, afetadas pela propriedade estruturadora que esses exercem.

REFERÊNCIAS BIBLIOGRÁFICAS

ANDERSON, J. e PRUSA, T. Political Markets Structure. NBER *Working Paper Series*, julho, 2001, n. 8371. Disponível em: http://papers.ssrn.com/sol3/papers.cfm?abstract_id=276001#PaperDownload. Acesso em: 3 de fev. 2006.

ARENDT, H. *O que é política?* 3ª ed. Rio de Janeiro: Bertrand Brasil, 2002.

BASEDAU, M. Princípios básicos e fórmulas de diferentes sistemas eleitorais: Funções e efeitos teóricos e práticos. *Coletânea de textos da Conferência sobre Sistemas Eleitorais de 2001*. Luanda: Universidade Católica de Angola/Fundação Friedrich Ebert Stiftung, 2002, p. 15-26.

BÊRNI, D. de A. *Teoria dos jogos: Jogos de estratégia, estratégia decisória, teoria da decisão*. Rio de Janeiro: Reichmann & Affonso Editora, 2004.

BOURETZ, P. Repensar a democracia. In: DARNTON, R. e DUHAMEL, O. *Democracia*. Rio de Janeiro: Record, 2001, p. 143-51.

BROMLEY, Nicholas K. *Law, Space and Geographies of Power*. Nova York: The Guilford Press, 1994.

CASTRO, I. E. *Geografia e Política: Território, escalas de ação e instituições*. Rio de Janeiro: Bertrand Brasil, 2005.

CLARK, Gordon L. e DEAR, Michael. *State Apparatus: Structures and Language of Legitimacy*. Boston: Allen e Unwin, Inc, 1984.

DELANEY, D. e LEITNER, H. The Political Construction of Scale. *Political Geography*, Oxford, 1997, vol. 16, n. 2, p. 93-7.

ELSTER, J. Introducción. In: ELSTER, J. e SLAGSTAD, R. *Constitucionalismo y democracia*. México, DF: Colegio Nacional de Ciencias políticas y Administración Pública, A.C. / Fondo de Cultura Económica, 1999. p. 33-48.

FIGUEIREDO, A.C. e LIMONGI, F. O processo legislativo e a produção legal no Congresso pós-constituinte. *Novos Estudos CEBRAP*, São Paulo, 1994, vol. 38, p. 3-38.

GOMES, P.C. da C. A dimensão ontológica do território no debate da cidadania: O exemplo canadense. *Revista Território*, Rio de Janeiro, Garamond, 1996, vol.1, n. 2, p. 43-62.

LIMA, I. Da representação do poder ao poder da representação: Uma perspectiva geográfica. In: SANTOS, M. et al. *Território, territórios: Ensaios sobre o ordenamento territorial*. Rio de Janeiro: Lamparina, 2007, p. 109-21.

MAGDALENO, F. S. A territorialidade da representação política: Vínculos territoriais de compromisso dos deputados fluminenses. São Paulo: Annablume, 2010.

MANIN, B. *Los principios del gobierno representativo*. Madri: Alianza Editorial, 1998.

McILWAIN, C. H. *Constitutionalism Ancient and Modern*. Nova York: Cornell University Press, 1940.

MONTEIRO, J.V. *Como funciona o governo: Escolhas públicas na democracia representativa*. Rio de Janeiro: Editora FGV, 2007.

NICOLAU, J. Como controlar o representante? Considerações sobre as eleições para a Câmara dos Deputados no Brasil. *DADOS — Revista de Ciências Sociais*, Rio de Janeiro, 2002, vol. 45, n. 2, p. 219-36.

ORTIZ, D. R. e ISSACHAROFF, S. Governing Through Intermediaries. *Virginia Law Review*, University of Virginia, 1999, vol. 85, n. 8, p. 1.627-70.

PELTZMAN, S. How Efficient Is the Voting Market? *Journal of Law and Economics*, Chicago, The University of Chicago Press, abril, 1990, vol. 33, n. 1, p. 27-63.

ROSENFIELD, D. L. *O que é democracia*. São Paulo: Brasiliense, 2003.

SACK, R. *The Human Territoriality: Its Theory and History*. Cambridge: Cambridge University Press, 1986.

SANTOS, M. *A natureza do espaço*. São Paulo: Edusp, 1996.

_____. Território e constituição In: SANTOS, M. *O país distorcido: o Brasil, a globalização e a cidadania*. São Paulo: Publifolha, 2002, p. 21-3.

SPENCE, D. A Public Choice Progressivism, Continued. *Cornell Law Review*, Nova York, 2001. Disponível em: http://ssrn.com/abstract=263130. Acesso em: 29 de outubro de 2007.

TRUMBEK, D. M. Where the Action Is: Critical Legal Studies and Empiricism. *Stanford Law Review*, 36, 1984. p. 509-622.

TSEBELIS, G. Jogos ocultos: Escolha racional no campo da política comparada. São Paulo: Edusp, 1998.

TUAN, Y. Espaço e lugar: a perspectiva da experiência. São Paulo: Difel, 1983.

VERGOTTINI, G. de. Constituição. In: BOBBIO, N; MATTEUCCI, N.; PASQUINO, G. (orgs). Dicionário de Política. Brasília: Editora UnB, 2000, vol.1, p. 258-68.

PARTICIPAÇÃO E COOPERAÇÃO NAS ESCALAS LOCAIS EM DOIS MODELOS DE ESTADOS: FRANÇA E BRASIL*

Juliana Nunes Rodrigues

O presente texto tem por objetivo discutir a participação cidadã em fóruns consultivos e deliberativos locais e a ampliação de estruturas de cooperação intermunicipal, a partir de um olhar comparativo sobre o processo de descentralização em dois modelos de Estados democráticos: o modelo unitário francês e o modelo federal brasileiro. A discussão será balizada por argumentos que realçam a importância do método comparativo em Geografia, ressaltando-se a maneira como o debate acerca da participação e da cooperação intermunicipal se inscreve em duas realidades institucionais. Será abordado um conjunto de temáticas derivadas dessas experiências que, embora incipientes, revelam maneiras diferentes

---

* Texto parcialmente apresentado no IX Encontro Nacional da Anpege, Goiânia, 2011.

de conceber e de desenvolver a cooperação intermunicipal e a participação em cada uma das sociedades.

Ainda que França e Brasil constituam realidades socioespaciais muito distintas, os dois países atravessaram processos de descentralização de seus aparatos político-administrativos; além disso, assistem à multiplicação de estruturas de cooperação intermunicipal nas escalas locais de gestão territorial e a difusão de canais de participação direta da sociedade nos processos decisórios. Trata-se de um processo de *territorialização de políticas públicas*, associado à valorização da *governança* e da ampliação das instâncias de participação, que se combinam às fórmulas clássicas da democracia representativa nos dois Estados.

A noção em voga de *territorialização de políticas públicas* se distingue da clássica concepção de políticas públicas setoriais. As assim denominadas práticas de territorialização supõem que é localmente, e não mais a partir das escalas de decisão de escopo nacional, que determinados problemas devem ser identificados e suas soluções elaboradas. Ademais, esta *démarche* implica frequentemente a criação e ampliação de canais que permitam à sociedade civil participar diretamente do processo decisório, no âmbito de conselhos comunitários consultivos ou deliberativos. Trata-se de um processo de valorização das vantagens da proximidade e das "iniciativas de baixo" no processo de concepção de políticas públicas (Douillet, 2005). A *territorialização de políticas públicas* compreende também o que se convencionou chamar de *governança territorial* — *o bom governo* que encerra o debate entre diferentes atores "do terreno", empresariais e o poder público, em vista da definição de objetivos comuns e a construção de um projeto coletivo (Planche, 2007).

Para alguns autores (Leloup et al., 2005; Planche, 2007), trata-se de um contexto privilegiado para experimentação de processos de construção coletiva de projetos futuros. Contudo, algumas questões que se referem à natureza da participação (se consultiva ou deliberativa), à frequência das reuniões comunitárias, à transparência dos processos decisórios, ao escopo dos aportes dos delegados comunitários, assim como sobre a legitimidade desses últimos, permanecem em suspenso. Afinal, seria possível pensar em "consenso territorial", visto que representantes que guardam a legitimidade das urnas traçam diretrizes em conjunto com delegados que muitas vezes representam grupos de pressão particulares? Quais os limites da representação e o escopo da delegação nesse processo? Como essas questões são elaboradas em modelos de Estados diversos?

O debate é profícuo e inconcluso, e toca questões de natureza eminentemente geográfica. Se o território se torna a referência para se pensar problemas e soluções locais, cabe à geografia revelar como, em sociedades de tradições e histórias políticas distintas, a participação e a cooperação podem ser vislumbradas. O objetivo aqui não é, entretanto, esgotar os vieses e a complexidade da discussão, mas antes suscitar o debate e situá-lo nos quadros institucionais nos quais tais práticas se inscrevem (North, 1990; Hall e Taylor, 1997). Em outros termos, de uma perspectiva da Geografia, é interessante refletir sobre os desdobramentos de uma tendência de valorização das escalas decisórias locais e de processos de difusão de práticas cooperativas e participativas em sociedades que apresentam diferentes concepções acerca do papel do Estado e seus mecanismos de ordenamento socioespacial.

No que concerne à *cooperação intermunicipal*, tanto na França quanto no Brasil, as questões que emergem derivam da ampliação das atribuições e da capacidade decisória nas escalas locais. Fundamentalmente, discutem-se novas formas de gerir os espaços políticos mais próximos do cotidiano, mas que são também afetados por decisões cuja origem ultrapassa as fronteiras nacionais (Duran, 2001). Por *cooperação intermunicipal*, entendemos acordos voluntários entre dois ou mais municípios, no Brasil, e entre comunas, na França, visando-se à maximização de recursos materiais, humanos, técnicos e informacionais, capazes de beneficiar o conjunto de municípios ou comunas participantes. Tais acordos estabelecem regras de funcionamento e de inserção de cada município ou comuna em uma estrutura de cooperação, que se concretiza pela definição de novos limites territoriais para enfrentamento de problemas e elaboração de ações conjuntas. O "território da cooperação" assim fixado é não apenas afetado por políticas públicas, mas se torna o próprio referencial das relações intermunicipais. Em outras palavras, os limites territoriais da cooperação são reconhecidos e compartilhados pelo conjunto de parceiros, o que lhes possibilita identificar problemas comuns e meios de intervenção. Em última análise, "é o território que ordena a cooperação" (Jouve, 2007, p.46).

O texto se organiza da seguinte maneira: em um primeiro momento, argumenta-se sobre a importância do método comparativo em Geografia para refletir sobre as manifestações do político em realidades socioespaciais distintas. Nesse quadro, as ferramentas teóricas desenvolvidas pelo sociólogo Michael Mann dão suporte ao exercício da comparação. Algumas características do processo de descentralização na França e no Brasil serão então discutidas, ressaltando-se a maneira como o debate acerca da participação e da cooperação intermunicipal ocorre nos dois países. Enfim, um conjunto de temáticas que resultam de entrevistas de campo revela maneiras diferentes de conceber e de desenvolver a cooperação intermunicipal e a participação em cada uma das sociedades.* Espera-se assim ampliar a reflexão sobre as mediações capazes de afetar as práticas cooperativas e participativas em dois modelos de Estado distintos.

COMPARAR O INCOMPARÁVEL?

Comparar exige um esforço de relativização, de questionamento de concepções e de sistemas de pensamento comumente aceitos. Por essa razão, alguns autores afirmam que a comparação é uma estratégia de pesquisa antes que um método de investigação propriamente dito (Dupré et al., 2003, p.9). Comparar é "fazer da alteridade uma forma de conhecimento"; ou, ainda, valorizar o "desvio" como estratégia de apreensão da realidade. Tantas são as formulações que nos lembram de que a comparação nos transporta para o registro de uma epistemologia fundamentalmente dialética, na qual "a negação de Si através da confrontação com o Outro constitui uma ferramenta privilegiada de conhecimento do Mesmo" (Dupré et al., 2003, p.9).**

O "desvio comparativo" conduz, entretanto, a uma pergunta inquietante: como comparar sociedades e Estados tão distintos? Em primeiro lugar, "se duas entidades são semelhantes em tudo, se todas as suas

---

* Trabalho de campo realizado na região Rhône-Alpes, França, e no Estado do Rio de Janeiro, Brasil, no período de julho de 2008 a agosto de 2009. Para mais detalhes ver RODRIGUES, J.N., 2010.

** Tradução do autor. Versão original: « Voilà autant de formulations qui rappellent que la comparaison nous place « d'emblée sur le registre d'une épistémologie fondamentalement dialectique en vertu de laquelle la négation de Soi par confrontation à l'Autre reste un moyen privilégié de la connaissance du Même » (Dupré et al., 2003, p.9).

propriedades se equivalem, então se trata da mesma entidade, e a comparação deixa de ser justificada" (Sartori, 1994, p.20).* Em segundo lugar, os objetos estudados devem apresentar, sim, algo em comum; caso contrário, o exercício comparativo igualmente se perderia (Spurk, 2003, p. 73). A comparação não pretende, por fim, revelar novos atributos dos objetos estudados; trata-se de identificar regularidades e exceções — recorrências, diferenças ou anomalias — capazes de ampliar a compreensão global das manifestações de um determinado fenômeno (Dogan, 2004, p.30).

Ora, ao propormos um olhar sobre a França e o Brasil, não buscamos proximidades ou coisa que o valha. Antes, o interesse é o de salientar traços que possibilitem interpretar manifestações de um dado fenômeno em realidades distintas. Dito de outro modo, é porque França e Brasil constituem modelos diferentes de organização espacial da política — a França, um modelo unitário; o Brasil, um modelo federal — que a comparação nos pareceu enriquecedora. Observar "como fazem os outros" contribui assim para a compreensão de nossos próprios limites e possibilidades. Em síntese, a comparação se reclama de uma virtude heurística, que pela dúvida e questionamento enriquece o conhecimento de nossa própria realidade. A comparação produz assim um distanciamento necessário para descentrar o pesquisador dos dados considerados como as únicas alternativas possíveis. Em última instância, a comparação serve para revelar o que a cooperação intermunicipal e a participação querem dizer "aqui" e "lá", porque as práticas cooperativas e participativas

---

* Tradução do autor. Versão original: «...si deux entités sont semblables en tout point, si toutes leurs caractéristiques s'accordent, alors elles constituent la même entité» (Sartori, 1994, p.20).

se referem, antes de tudo, ao significado que os atores locais lhes atribuem (Badie e Hermet, 2001, p.2). França e Brasil são assim quadros de referência para o estudo das práticas cooperativas e participativas locais.

Posto isso, propõe-se valorizar a organização espacial da política dos Estados para que melhor se apreendam fenômenos políticos semelhantes em sociedades diferentes. O território é aqui valorizado como "espaço controlado-delimitado", que corresponde à lógica do Estado na sua exaustão interna (Levy, 1994, p.122). Tal «ubiquidade demarcada» (Levy, 1994, p.131) possibilita ao Estado penetrar não apenas «os mínimos interstícios do território», mas também orientar as rotinas sociais (Mann, 1988; 1997). Ao se destacar essa premissa geral, estabelece-se o pano de fundo para a comparação entre o Estado francês e o Estado brasileiro. Trata-se, em suma, de retomar "a política dos Estados e sua geografia" (Gottmann, 1952).

A POLÍTICA DOS ESTADOS E SUA GEOGRAFIA

Questões acerca da centralização e da descentralização, assim como sobre federalismo e unitarismo, foram abordadas por muitos geógrafos, que intentaram compreender tanto as formas de distribuição do poder no seio dos Estados quanto a maneira como esses últimos fixam e executam suas decisões (Sanguin, 1977, p.107). Mais significativo ainda, a extensão das prerrogativas de *exclusividade* e de *exaustão* dos Estados definida pelas fronteiras nacionais foi com frequência convocada para que melhor se aprendam os atributos do que é e do que não é genuinamente "nacional" (Retaille, 1997, p.201; Agnew, 1997). Dessa maneira, está-se de acordo com o propósito de Castro de que "da mesma maneira em que é possível falar de um modelo de Estado territorial moderno como ponto de partida analítico, é também possível falar de uma administração pública racional como modelo analítico" (Castro, 2009, p.9).

Todavia, longe de refazer o percurso de uma geografia política clássica, propõe-se mobilizar algumas noções enriquecedoras para o exercício comparativo em geografia política. Nesse exercício, é importante considerar os próprios atributos do Estado como problema geográfico, e não como um mero dado da realidade (Retaillé, 1997, p.146). Fundamentalmente, "o Estado é um problema para a Geografia em razão de sua natureza territorial"; "É o território que confere substância ao Estado" (Castro, 2009, p.2). Trata-se assim de refletir sobre o território como base material para o exercício do poder do Estado na organização do cotidiano social (Mann, 1988; 1997).

Nessa perspectiva, as ferramentas teóricas esmiuçadas pelo sociólogo Michael Mann conformam um quadro de análise interessante para os estudos comparativos em geografia política. Sem pretender esgotar a contribuição de Michael Mann para as ciências sociais, em geral, e para a Geografia, em particular, é possível apresentar, de maneira breve, algumas de suas premissas a serem úteis no exercício de confrontação dos Estados francês e brasileiro. Contudo, não é demais lembrar que o projeto teórico de Michael Mann ultrapassa amplamente as ambições desse artigo.

O propósito de Michael Mann repousa sobre uma ideia-chave: a da necessidade do território para o exercício do poder do Estado (Mann, 1988; 1997). Para Mann, é a base territorial que possibilita ao Estado penetrar a sociedade civil, no exercício de suas prerrogativas que afetam as rotinas sociais. Nesse sentido, o Estado exerce um poder autônomo que o diferencia da sociedade civil; só o Estado é capaz de estabelecer e fazer cumprir normas que ordenam as rotinas por todo o território nacional. Ao fim e ao cabo, é graças a sua autonomia que o Estado é capaz de cumprir funções de que nenhum grupo social é capaz.

Ao problematizar o Estado como um objeto teórico, Michael Mann se afasta da concepção do Estado como simples produto das estruturas preexistentes na sociedade civil. Com efeito, ainda que de maneira simplista e esquemática, tanto a tradição marxista quanto as tradições liberal e funcionalista valorizam o Estado, "arena" e "lugar", onde os conflitos de classe entre grupos ou ainda entre indivíduos se manifestam e se institucionalizam. Em outras palavras, tais vertentes não consideram o Estado como um problema em si mesmo, mas como produto de conflitos que se originam e se reproduzem na sociedade. Apesar dos avanços teóricos realizados por essas correntes intelectuais, Mann as considera insuficientes, porque negam a autonomia do Estado para regular, de forma original e independente, as rotinas. O autor propõe assim uma teoria *dual*, capaz de reunir as diferentes dimensões do Estado para esclarecer seus mecanismos de exercício de poder.

De acordo com Michael Mann (1984), é possível caracterizar o Estado segundo duas perspectivas principais: a perspectiva institucionalista e a perspectiva funcionalista. Assim, "o Estado pode ser definido em relação ao que parece, institucionalmente, ou em relação ao que realiza; quer dizer, em relação a suas funções" (Mann, 1997, p.60). O autor recupera assim alguns atributos do Estado bastante explorados na literatura sobre o tema: um conjunto de instituições e um corpo de funcionários que se distinguem; uma centralidade, visto que seu poder emana de um centro decisório; o monopólio da autoridade para elaborar e sancionar leis; o monopólio dos meios de coerção para o exercício da violência legítima.* Todos esses atributos tornam o Estado facilmente

---

* O autor retoma assim os atributos clássicos do Estado, notadamente as reflexões de Marx, Weber, Durkheim... para desenvolver sua discussão original sobre o poder infraestrutural dos Estados.

reconhecível pelos membros da sociedade civil. Por um lado, seu caráter institucional é identificado pelo seu corpo de funcionários e suas instituições; por outro lado, seu caráter funcional deriva das normas elaboradas e estabelecidas para ordenar as rotinas sociais, além da realização de políticas e ações públicas que atendam às necessidades dos seus cidadãos. A partir dessa definição mínima, o autor levanta questões sobre o poder das elites dirigentes e do próprio Estado em relação aos movimentos da sociedade civil. Como, afinal, distinguir o poder de influência das elites de outras formas de poder que se manifestam na sociedade? Para respondê-las, Mann sofistica seus argumentos, distinguindo o *poder despótico* das elites do *poder infraestrutural* do Estado.

O autor esclarece que o *poder despótico* se refere justamente ao poder das elites do Estado — as elites dirigentes — no exercício de ações que ultrapassam a simples organização das rotinas sociais. O poder despótico é, desse modo, um poder autoritário, que não passa pelas negociações usuais entre o Estado e a sociedade. Em poucas palavras, *o poder despótico é o poder autônomo das elites*.

O segundo tipo de poder, amplamente difundido nas sociedades capitalistas e democráticas, é o *poder infraestrutural* dos Estados. Trata-se do poder de que o Estado usufrui para alcançar a sociedade civil e fazer valer suas decisões de maneira logística e racional, em todo o território nacional. Mann explica ainda que esse poder se expandiu nas sociedades industriais, graças ao avanço dos meios técnicos necessários à penetração do Estado no território. O poder infraestrutural resulta assim de todos os meios pelos quais o Estado regula o cotidiano, sem que para tanto precise solicitar sistematicamente a autorização da sociedade civil. Isso porque ele é um poder *negociado*, *legítimo*, que resulta das regras de funcionamento do próprio regime democrático. O Estado pode, por exemplo, cobrar impostos e taxas, porque a população aceita esse ônus; o pagamento de impostos é um elemento constitutivo do Estado democrático e faz parte das negociações usuais necessárias à organização do cotidiano social (Weiss, 2006). Dessa maneira, Michael Mann considera que quanto maior o poder infraestrutural do Estado, maior sua capacidade de controlar as rotinas e ordenar o cotidiano em seu território (Mann, 1997, p.61). Esse poder do Estado é assim imenso e efetivamente submetido ao crivo da sociedade na ocasião dos escrutínios eleitorais. É o que distingue, aliás, as sociedades capitalistas e democráticas das sociedades históricas, mais vulneráveis ao poder das elites governantes.

As categorias analíticas desenvolvidas por Mann são modelos abstratos; na realidade, os dois tipos de poder identificados pelo autor se conjugam de diversas maneiras (Mann, 1997, p.63). Todavia, constituem ferramentas teóricas interessantes, na medida em que conduzem a uma reflexão sobre as diferentes capacidades de os Estados afetarem as rotinas sociais.

Se a geografia política classicamente se interessou pelos conflitos territoriais e pelas relações de força entre Estados, o poder infraestrutural dos Estados identificado por Michael Mann nos situa em outra dimensão do político — aquela de produção da *legitimidade social* (Levy, 1994). Em se tratando de práticas cooperativas intermunicipais e de canais de participação, passam a nos interessar as *negociações*, as *relações* que derivam do aparelho dos Estados e das instituições da democracia, que legitimam e regulam a política nos limites dos territórios nacionais. A organização político-administrativa dos Estados no espaço constitui assim um ponto de partida para pensarmos as diferenças em relação aos seus poderes infraestruturais e seus efeitos os mais concretos.

A DESCENTRALIZAÇÃO EM DOIS MODELOS DE ESTADOS

No Brasil e na França, a comuna e o município são as escalas de gestão mais próximas do cidadão. O *maire*, figura do prefeito brasileiro na França, é eleito por sufrágio universal indireto. Juridicamente, as escalas de gestão local se inscrevem nas Constituições dos dois países — a de 5 de outubro de 1988 para o Brasil e a de 4 de outubro de 1958 para a França (Chicot, 2006, p.135).

Além disso, pode-se dizer que os processos de descentralização que ocorreram na França e também no Brasil seguiram a mesma lógica de reforço das escalas de gestão locais e de abertura de canais para haver a participação cidadã nessa escala. No entanto, cada modelo de Estado resulta de processos históricos e de interações particulares entre a sociedade, o Estado e seu território.

A França constitui um clássico exemplo de Estado unitário europeu. Na tradição filosófica europeia, o conceito de Estado foi progressivamente elaborado e associado à necessidade de uma instituição política superior, capaz de regular e organizar a sociedade em vista do bem comum. A centralização e a forte burocratização constituíram a marca do Estado francês e de sua capacidade para estabelecer e difundir os valores republicanos por todo o território nacional.

A fina malha administrativa comunal associada à existência de um denso corpo de funcionários contribuiu para a difusão de códigos de conduta e valores comuns, para o ordenamento das práticas sociais e também para a consolidação de um sistema eficaz de provimento de bens e serviços públicos no território.

Não só como espaço de instalação de infraestruturas e de equipamentos, como também de exercício da democracia local, a comuna se torna após a Revolução o lugar de difusão dos símbolos e dos valores da República.* Neste quadro, a construção das *mairies* (que equivalem às prefeituras brasileiras), paralelamente à construção das igrejas, torna-se o sinal mais eloquente da estabilização do regime republicano no território francês (Machelon, 2002). A "Marianne" — a República em busto —, símbolo da vida pública, do direito e das instituições, é onipresente tanto na imprensa quanto nas escolas, nos imóveis do poder público e nas festividades (Agulhon, 2001). Neste contexto, a fina malha administrativa comunal não constitui obstáculo à centralização, pelo contrário. A comuna se estabelece como unidade de base do poder centralizado, contribuindo para sua infiltração socioespacial e para o desenvolvimento da vida política local. Ademais, em um contexto de difusão dos valores republicanos e democráticos, o registro da democracia representativa é intransponível, e a comuna é a célula de base da aprendizagem democrática, tradição que se consolidou e se reproduziu ao longo do tempo.

A respeito, alguns autores reconhecem a força da tradição centralizadora e a dificuldade das instituições francesas para saírem do "velho esquema jacobino de uma sociedade hierárquica e tecnocrática"

---

* Cabe lembrar que, na França, as comunas têm um valor simbólico bastante peculiar, que remonta aos debates ocorridos à luz da Revolução, os quais se referiam, entre outros temas, à reforma da divisão político-territorial francesa, tendo-se em vista assegurar a todos os cidadãos iguais condições de acesso aos serviços do Estado. Definiu-se que os limites comunais preservariam os limites das antigas paróquias existentes durante o Antigo Regime, respeitando-se os valores sociológicos da comuna como espaço de organização da vida comunitária rural. Por outro lado, sobretudo nas cidades então incipientes, a comuna passou a ser o espaço de organização da vida política dos cidadãos iguais em direitos em deveres. Até hoje, as comunas preservam seus significados como espaços de organização do cotidiano, de pertencimento e também de primeira escala de organização da vida política.

(Mabileau, 1994; Bevort, 2002). Entretanto, não é demais lembrar o tamanho ínfimo de algumas comunas, que abrigam conselhos de bairros bastante expressivos e, em razão da proximidade, representativos. Em outros termos, a proximidade do poder público e do cidadão, sobretudo nas comunas menos populosas, favorece o engajamento dos habitantes na vida política local, o que se verifica também em razão do número significativo de eleitos voluntários.*

Em suma, nos termos de Michael Mann, pode-se dizer que, na França, o Estado foi bem-sucedido no exercício de seu poder infraestrutural, por meio da difusão de valores e do ordenamento das rotinas sociais. Nesse quadro, as comunas ganham um significado peculiar, tanto porque constituem o espaço de organização política da vida cotidiana quanto pelos valores simbólicos de seus limites territoriais. O grande número de comunas — mais de 36 mil em um território nacional que é 15 vezes menor do que o brasileiro — foi assim favorável à fixação das bases do modelo de Estado francês unitário e centralizado (Richard e Cotten, 1983, p. 28).

No modelo francês, as leis de descentralização dos anos 1980 respondem a uma demanda de maior proximidade entre o poder decisório e o cidadão. Tais leis se adaptam também a uma crise do Estado centralizado, que se desonera de certas competências e missões em prol das escalas locais e regionais da administração republicana. A relação entre os cidadãos e o Estado é dessa forma modificada, e isso em um contexto em que a unificação europeia amplia seu campo de influência nas agendas políticas nacionais, regionais e locais.

---

* A França possui mais de 36 mil comunas e 375 mil eleitos são voluntários! (Cf. Giblin, B., 2009, p. 9)

A despeito das políticas de regionalização lançadas pelo Estado nos anos 1950, a partir de 1982 uma proposta de reforma mais profunda foi posta em prática. De fato, a lei de março de 1982 define uma nova partilha de competências entre as escalas de gestão territorial. Tais medidas inauguram um processo de desmantelamento da centralização e das tutelas administrativas em vista de uma renovação institucional. Com efeito, a intensificação dos problemas de planejamento urbano, a agravação dos conflitos territoriais e, sobretudo, a inserção da França na União Europeia exigia novas práticas políticas, mais eficazes e adaptadas ao novo contexto interno e às mudanças do quadro econômico externo.

Durante os anos 1990, mudanças de ordem jurídica e política estimularam a propagação das estruturas de cooperação intercomunal. Tais mudanças se referem à evolução da própria legislação, que estabeleceu as diversas modalidades para o desenvolvimento dos chamados Estabelecimentos Públicos de Cooperação Intercomunal (EPCIs). Leis claras e exaustivas foram importantes para sanar incertezas quanto às pretensões do Estado: a cooperação seria fundada sobre o voluntarismo, diferentemente das tentativas de fusão de comunas impostas no passado. Ademais, no contexto europeu, contratos de desenvolvimento territorial são encorajados entre as próprias EPCIs ou ainda entre essas e regiões europeias localizadas em países diferentes. Em síntese, mudanças de ordem institucional e política favoreceram a adoção e a difusão de práticas de cooperação intercomunal na França, estimulando também a participação da sociedade civil nas novas escalas decisórias intercomunais.

No Brasil, por outro lado, o Estado está organizado com base em um sistema federativo, modelo instituído e propagado pelos liberais norte-americanos no século XVIII. Diferentemente do que ocorreu nos Estados Unidos, a estrutura federativa brasileira se estabeleceu na República como instrumento para descentralização do poder político em um Estado já territorialmente constituído e centralizado. Ao longo da história política brasileira, o jogo federativo entre União e unidades federadas se caracterizou pela alternância entre momentos de maior e menor centralização, assim como por intervenções do governo federal nas escalas de atuação subnacionais. Em 1988, com o retorno da democracia, o pacto federativo estabelecido pela Constituição reza pela cooperação entre as escalas de poder e consagra o município como ente federativo. Uma das particularidades do modelo federativo brasileiro é assim a tripla soberania: tanto a União, quanto os estados federados e os municípios são entes federativos, autônomos no exercício de suas competências definidas pela Constituição. Em outras palavras, não há possibilidade de hierarquia ou imposição de normas de uma escala de decisão às outras; cada escala de decisão é soberana no exercício de suas funções e, segundo as normas constitucionais, pode optar por aderir ou não a programas e políticas traçados pelas escalas de decisão superiores.

No contexto da redemocratização, o município foi considerado a escala mais adaptada para estimular a participação da sociedade civil em fóruns de consulta e de decisão na escala local. Com efeito, a Constituição de 1988 instituiu diversos mecanismos de participação cidadã, dentre os quais a possibilidade de iniciativa popular para a concepção de projetos de lei de interesse local, através da manifestação de 5% dos eleitores. Nesse quadro, fóruns de debates e de deliberação local foram também inaugurados, tendo como exemplo os Conselhos Municipais, nos quais a sociedade civil e os movimentos sociais organizados podem participar dos processos decisórios locais. Os Conselhos Municipais podem ser deliberativos ou apenas consultivos, paritários ou não, cabendo a cada município decidir sobre o formato a ser adotado, isso para não mencionar as experiências de Orçamento Participativo, que se difundiram após a regularização desse instrumento no Estatuto da Cidade (Lei 10.257 de 10/07/2001).

A Constituição de 1988 inaugura também um tipo de federalismo cooperativo, que pressupõe competências difusas e compartilhadas entre as três escalas decisórias. Tal característica traz novos desafios para a coordenação de ações e definição de políticas públicas conjuntas entre os entes federados. A complexidade do federalismo brasileiro resulta assim dos laços e negociações que se estabelecem entre governo federal, estados e municípios para o equilíbrio do pacto. Assim, em vista da autonomia de cada ente federativo, ganham relevo as ações deliberadas das escalas de gestão superiores para tornar a descentralização atrativa para as escalas de gestão inferiores (Arretche, 2000). Precisamente, as estratégias de incentivo à descentralização — através da transferência de recursos técnicos, financeiros e humanos — são peças-chave para o sucesso da transferência de atribuições nos mais diferentes setores das políticas públicas. Consequentemente, o processo político é lento e incerto, suscetível ao risco de sobreposição de competências, e, o que é pior, ausência da ação do poder público em certos setores.

Não é demais lembrar que, com um território de dimensões 15 vezes maior do que o território francês, o Brasil conta com pouco mais de 5.560 municípios, desigualmente distribuídos no território nacional. Esse dado é significativo para refletirmos sobre a capacidade infraestrutural do Estado brasileiro e o escopo de abrangência das instâncias de representação política. Afinal, os municípios não apenas asseguram o provimento de bens e serviços públicos no interior do país, como constituem a escala da representação política que dá voz ao local. Nesse bojo, cabe refletirmos sobre os efeitos do aumento do número de municípios para a aprendizagem democrática no interior do país.

Quanto à cooperação intermunicipal, embora inaugurada pela Constituição de 1937, uma legislação que dispõe exaustivamente sobre suas modalidades só foi estabelecida em 2005. A lei dos Consórcios Públicos (Lei 11.107 de 06/04/2005) foi lançada com o objetivo de sanar incertezas e estimular o desenvolvimento de projetos de gestão consorciada na escala supramunicipal. Nesse quadro, a cooperação entre municípios é reconhecida como um instrumento importante para a gestão de equipamentos, infraestruturas e serviços urbanos, além de constituir uma estratégia para que os municípios menos populosos sejam capazes de cumprir suas funções.

Enfim, é interessante ressaltar que a descentralização se operou na França a partir da transferência do Estado de "blocos de competências", enquanto no Brasil o mesmo processo varia de acordo com o setor da política pública considerada e o grau de *adesão* dos municípios. Em todo caso, a comuna desfruta de uma ampla gama de competências, além de poder intervir em nome do "interesse comunal", se as competências das demais coletividades não estabelecerem obstáculos para tal. É interessante notar o caráter gradual da descentralização na França, um processo que se deu a partir da promulgação de leis precisas e exaustivas acerca da transferência de atribuições. As coletividades territoriais permaneceram, no entanto, durante todo o processo enquadradas pelo Estado. No Brasil, a descentralização veio a reboque do retorno da democracia e varia de um subespaço (regional, local) a outro, segundo os conteúdos socioeconômicos e políticos que favorecem ou não a adoção de determinadas tarefas pelos municípios.

Em suma, nos dois modelos de Estado, a descentralização se combina com propostas inovadoras de cooperação intermunicipal e de participação da sociedade civil nos processos decisórios. Certamente, tais experiências são ainda incipientes e questões sobre a eficácia dos consórcios e a legitimidade dos delegados e conselheiros permanecem em suspenso. No entanto, a solução combinada de democracia representativa e participação direta valoriza os espaços políticos locais como os espaços privilegiados para acolher práticas inovadoras e para a aprendizagem democrática, convidando os geógrafos a se inserirem no debate. O olhar comparativo pode ser estimulante nessa tarefa.

PARTICIPAÇÃO E COOPERAÇÃO INTERMUNICIPAL NA FRANÇA E NO BRASIL

No Brasil, ainda que a cooperação entre municípios tenha sido inaugurada em 1934, a propagação dos consórcios se insere necessariamente no contexto atual de consolidação de um tipo de federalismo cooperativo, típico de federalismos maduros e que se distingue do modelo competitivo que predominou nos anos 1980 e 1990. Tanto que a maior parte dos consórcios resulta de políticas de incentivo realizadas pelas escalas superiores, sobretudo pelos Estados, que estimulam a criação de consórcios intermunicipais em suas próprias Constituições. Ademais, os Estados podem prestar apoio técnico, jurídico e financeiro para favorecer a cooperação entre municípios. Dessa forma, diferentemente da França, onde as iniciativas partem dos atores locais, contando-se com forte e direta participação dos *maires*,* no Brasil, os consórcios

---

* Guardamos aqui a terminologia *maires* para nos referirmos aos prefeitos franceses (chefes dos Executivos locais), porque o termo *prefeito*, em francês, remete ao chefe de departamento, cujas funções são meramente administrativas.

são afetados pelas mediações do pacto federativo, sendo muitas vezes criados de acordo com as vantagens ofertadas pelas escalas de gestão superiores. Estados e governo federal são os principais financiadores dos consórcios, dificilmente sustentados apenas com recursos municipais. Dito de outro modo, as trocas federativas e o tratamento verticalizado e setorial das políticas públicas estão na base do formato das práticas cooperativas que se desenvolvem entre os municípios brasileiros. Na França, os departamentos* são encarregados de organizar a cooperação intercomunal em suas circunscrições, mas esse papel tem um caráter mais consultivo do que imperativo; permanece a cargo dos governos locais a decisão sobre os parceiros e os limites territoriais do espaço da cooperação.

Nos dois países, a importância da cooperação é, porém, evidente no quadro de insuficiência de recursos disponíveis nas escalas locais, sobretudo para a implantação e manutenção de equipamentos onerosos. Na França, o tamanho ínfimo de algumas comunas (menos de 50 habitantes em menos de três hectares) dificulta tanto a criação de certos equipamentos urbanos quanto o planejamento territorial. No Brasil, é também a insuficiência de recursos — técnicos, humanos, administrativos e financeiros — que incita à adoção de práticas cooperativas. Por essa razão, os consórcios são tidos como estratégias sedutoras para os municípios menores, notadamente para a prestação de serviços mais onerosos, como no caso dos serviços e equipamentos de saúde. Entretanto, os consórcios parecem pouco atrativos quando se trata

---

* Na França, os departamentos são recortes puramente administrativos que representam o Estado central nas escalas subnacionais.

da prestação de serviços de proximidade, que exigem intervenções mais localizadas dos poderes públicos.

Outro ponto deriva da capacidade tributária das estruturas intercomunais francesas. No Brasil, é inconcebível que um consórcio usufrua da prerrogativa de arrecadar recursos próprios, pelo simples fato de que a arrecadação própria implica o controle de recursos públicos em uma escala de ação diferente daquela de representação política. Assim, os consórcios são financiados por transferências realizadas por município, além das subvenções recebidas das escalas de gestão superiores. Na França, a arrecadação própria das estruturas intercomunais amplia as possibilidades de perequação territorial, por meio de mecanismos de redistribuição do saldo positivo dos recursos arrecadados. Ademais, facilita a integração entre as comunas para a definição de prioridades e favorece a margem de manobra sobre investimentos e ações realizadas no "território da cooperação". Por conseguinte, o atrelamento dos « autônomos » municípios brasileiros às escalas superiores e a relativa autonomia das comunas francesas nos remetem às mediações do pacto federativo brasileiro e às nuanças da cooperação intermunicipal em estruturas político-administrativas distintas. Nessa perspectiva, seriam os municípios brasileiros mais dependentes do que supomos?

De fato, é em relação ao leque de responsabilidades das estruturas intercomunais francesas, associado à possibilidade de arrecadar recursos próprios, que a comparação se torna mais estimulante e suscita questões sobre os significados e limites da cooperação intermunicipal e da participação em modelos de Estado distintos, e em sociedades que atravessaram diferentes processos políticos. Os gestores e delegados que detêm o poder decisório nas estruturas intercomunais francesas são eleitos indiretamente entre os membros das Câmaras Municipais, isto é, que foram eleitos pela população para agir e decidir em benefício dos habitantes comunais. Ora, na escala intercomunal as decisões afetam e devem beneficiar o conjunto dos habitantes do "território da cooperação", mesmo que tais decisões acarretem desvantagens relativas para algumas comunas. O vácuo entre a escala da decisão e a escala da democracia representativa suscita assim certo desconforto quanto à legitimidade dos delegados intercomunais,* responsáveis por competências cada vez mais abrangentes, enquanto as tarefas exclusivas das comunas se limitam cada vez mais a questões de ordem administrativa. Apesar disso, a sociedade civil pode ser convidada a participar e a opinar a respeito de temas polêmicos que concernem às ações intercomunais. Em algumas estruturas intercomunais, consultas públicas costumam ser efetivamente realizadas quando questões pouco consensuais vêm à tona,** mas, em razão da importância atribuída às urnas, essa participação é sempre de caráter consultivo. Por outro lado, projetos de reforma institucional foram aprovados em 2010 para se ampliar a democracia representativa nessa escala (Ministere de L'Interieur, 2010).

Acrescente-se que a democracia representativa que se desenrola na escala comunal, cujas regras permanecem até então inalteradas, parece

---

* Os delegados intercomunais são eleitos indiretamente entre os membros das Câmaras Municipais; os escrutínios diretos para os eleitos intercomunais serão instituídos a partir de 2014, cf. reforma territorial adotada pela Assembleia Nacional Francesa em 17 de novembro de 2010.

** Na França, foram visitadas 11 estruturas intercomunais, distribuídas na Região Rhône-Alpes. As entrevistas de campo foram de caráter qualitativo, e mais detalhes sobre a metodologia e as estruturas intercomunais podem ser consultados em Rodrigues, J. N., 2010.

ser imprescindível no seio da vida política francesa. Além disso, o grande número de comunas possibilita forte proximidade entre eleitos e cidadãos e, por consequência, transparência das ações públicas; o debate acerca da participação direta em fóruns deliberativos ganha pouca expressão na escala local, na qual o engajamento na vida pública ocorre em reuniões e associações de bairro, que contam com forte participação da sociedade civil.

No caso dos consórcios brasileiros, o controle e a participação da sociedade civil ocorrem por meio dos Conselhos Municipais, que podem ser consultivos ou deliberativos, e devem regular e debater temas ligados à gestão consorciada, mas na escala local. A fraca interação entre representantes da sociedade civil na escala intermunicipal dificulta, assim, o debate acerca das ações do consórcio. Além disso, muitos dos nossos entrevistados declararam que os canais de participação são pouco divulgados e os representantes da sociedade são, em grande parte, representantes de categorias profissionais ou de grupos de pressão particulares, que buscam a obtenção de vantagens junto aos representantes dos poderes públicos. Dessa maneira, a participação é pouco abrangente tanto na escala do município quanto na intermunicipal.

Algumas contradições parecem assim se desnudar. Na França, mesmo que os escrutínios por sufrágio universal sejam incontornáveis na escala local, as estruturas intercomunais têm a prerrogativa de arrecadar recursos próprios e desempenham cada vez mais competências que afetam as rotinas da população nessa escala. Em razão disso, o que se discute é a ampliação do sufrágio universal direto à escala intercomunal. Em outros termos, busca-se ampliar as negociações caras à democracia representativa à escala intercomunal, garantindo a todos os habitantes do "território da cooperação" informações acerca das ações empreendidas e a prerrogativa de escolha de representantes nessa escala. No caso brasileiro, a arrecadação de recursos próprios por uma estrutura de gestão diferente daquela da democracia representativa é inconcebível, e os consórcios permanecem como ramificações das administrações locais, apesar de efetivamente já administrarem serviços e recursos que devem estar a serviço do conjunto da população que habita o espaço da cooperação intermunicipal. A consequência é que os municípios permanecem pouco integrados, e a definição de objetivos e prioridades comuns constitui uma dificuldade a ser superada. Igualmente, os conselhos municipais, em maioria *lócus* de representantes de grupos de pressão particulares, atuam nas escalas locais e têm pouca expressão na escala intermunicipal. O destino dos investimentos é geralmente decidido pelos gestores municipais mais influentes e são pouco orientados para o desenvolvimento de um projeto territorial comum.

Em contraponto, é interessante notar o respaldo que a participação direta ganha no Brasil, país que atravessou duas décadas de regime militar, ainda que os mecanismos dessa participação sejam pouco transparentes e expressivos em seus conteúdos. Somem-se a isso as dificuldades práticas relacionadas à extensão de muitos dos nossos municípios. Problemas referentes à acessibilidade e às longas distâncias, à falta de comunicação acerca das datas de reuniões, ao controle da agenda por gestores locais, ao vocabulário técnico pouco acessível ao cidadão comum, à falta de clareza sobre as modalidades da participação são alguns dos mencionados por gestores e conselheiros municipais. Enquanto na França, onde a participação direta tem menor repercussão e legitimidade, é muito mais efetiva por meio de consultas públicas e a divulgação de debates realizados nas escalas intercomunais, em que o objeto de discussão são políticas globais de desenvolvimento territorial. Ademais, por administrarem um maior volume de recursos e em razão de regras claras que definem os limites das competências locais, as estruturas de cooperação desfrutam de ampla autonomia para implementar ações e decisões no território de cooperação intermunicipal.

Tais questões podem ser desmembradas em outras, que tocam necessariamente o problema da falta de clareza sobre as competências locais e os mecanismos de coordenação de ações que se desenvolvem em escalas decisórias distintas. Em última instância, é possível interrogar até que ponto a falta de regras claras e as dificuldades de articulação interfederativa obstruem a capacidade do Estado para exercer seu poder infraestrutural, garantindo uma ubiquidade territorial de bens e serviços públicos e o próprio exercício democrático nas escalas locais. Ou, ainda, os consórcios intermunicipais, ao valorizarem a articulação entre municípios, estados e governo federal, constituem soluções institucionais para superação desses entraves? Sem almejarmos responder a tais questões, limitamo-nos a assinalar que a lógica setorial e fragmentada das políticas públicas é ainda predominante e dificulta o vislumbre de soluções globais, territorializadas e articuladas entre as três esferas de poder. Além disso, pesquisas anteriores (Rodrigues, 2004; Castro, 2005; Rodrigues, 2010) apontaram que a localização dos municípios no território nacional constitui uma mediação importante para que se apreendam diferenças quanto à existência e ao formato de consórcios e conselhos municipais: regiões caracterizadas por tradições associativas e a reprodução de relações mais horizontais do que verticais (Putnam, 1993), como é o caso do Sul do Brasil, apresentaram ampla disponibilidade de consórcios e de conselhos municipais paritários, deliberativos e funcionando em reuniões regulares. Igualmente, o Sul se diferenciou do restante do território nacional em razão da disponibilidade de aparatos que chamamos de "favoráveis ao exercício da cidadania", tais como delegacia de mulheres, juizado de pequenas causas, programas de emprego e renda, entre outros aparatos de cunho participativo e democrático. Tais diferenças remetem aos usos diferenciados da norma em contextos socioespaciais diversificados.

CONSIDERAÇÕES FINAIS

Diante dessas considerações, interroga-se sobre os possíveis aspectos suscetíveis de afetar a capacidade dos municípios brasileiros para a gestão compartilhada e a constituição de consórcios intermunicipais em um contexto democrático, contribuindo para a passagem de um formato de federalismo competitivo para um mais cooperativo, típico de federalismos maduros. Um modelo mais cooperativo, pautado por práticas políticas amplamente negociadas, seria ainda favorável à extensão do poder infraestrutural do Estado, ampliando sua capacidade de prover bens e serviços por todo o território nacional.

Nessa reflexão, a comparação possibilitou a identificação de temáticas similares que derivam das práticas cooperativas intermunicipais que se difundem nos territórios francês e brasileiro. Ao se confrontarem essas duas realidades, foram discutidas experiências em matéria de cooperação intermunicipal e de participação da sociedade civil em dois modelos de Estados e em dois modelos de democracia. Na França, soluções experimentadas no que tange à perequação no espaço intercomunal, ao comprometimento dos eleitos e à competência tributária das estruturas intercomunais enriquecem a reflexão sobre os entraves e os potenciais dos consórcios brasileiros. Ao passo que as enquetes realizadas no Brasil assinalam a persistência de dificuldades, sobretudo no que tange à efetiva autonomia dos municípios para aderirem a práticas inovadoras.

Os municípios raramente se lançam em estruturas de cooperação intermunicipal sem o apoio técnico e financeiro dos Estados, enquanto as comunas, inscritas no modelo unitário e descentralizado francês, parecem desfrutar de uma margem de manobra mais ampla. Acrescente-se que a força da democracia representativa na escala comunal francesa, a criação de espaços de divulgação, consultas públicas e a discussão a respeito da extensão dos escrutínios à escala intercomunal nos levam a refletir sobre as possibilidades de aperfeiçoamento dos nossos canais de participação democrática e de articulação interfederativa. Nessa esteira se incluem as modalidades da participação — se consultiva ou deliberativa — e as oportunidades de efetiva apropriação desses canais pela sociedade civil.

Em suma, as maneiras de conceber a cooperação intermunicipal e a participação estão necessariamente atreladas aos quadros institucionais nos quais essa prática se inscreve. O debate é fecundo e remete às possibilidades e limites de práticas políticas em novos recortes e espaços da democracia. Nesse exercício, a comparação enriquece o olhar sobre os usos e os desdobramentos espaciais da política em modelos de Estados e em sociedades distintos.

REFERÊNCIAS BIBLIOGRÁFICAS

AGNEW J. (ed.). *Political Geography: A Reader*. Londres, Nova York, Sydney, Auckland: Arnold, 1997.

AGULHON, M. Marianne et l'euphorie municipale. In AGULHON, M. *Les Métamorphoses de Marianne: l'imagerie et la symbolique républicaines de 1914 à nos jours*. Paris: Flammarion, 2001.

ARRETCHE, M. *Estado federativo e políticas sociais: determinantes da descentralização*. Rio de Janeiro: Revan, São Paulo: Fapesp, 2000.

BADIE, B.; HERMET, G. *La Politique comparée*. Paris: Armand Colin, 2001.

BEVORT, A. *Pour une démocratie participative*. Paris: Presses de Science Po., 2002.

BORNAND, E. Raisonner par le territoire: les modalités pratiques de la coopération. In: FAURE, A., NEGRIER, E. (orgs.). *Les Politiques publiques à l'épreuve de l'action locale: Critiques de la territorialisation*. Paris: L'Harmattan, 2007, p. 147-152.

CASTRO, I.E.C. O território e o poder autônomo do Estado: Uma discussão a partir da teoria de Michael Mann. *Anais do VII Encontro Nacional da ANPEGE: Complexidade e desafios do pensar geográfico*. Curitiba, 2009.

_____. *Geografia e Política: Territórios, escalas de ação e instituições*. Rio de Janeiro: Bertrand Brasil, 2005.

CHICOT, P.Y. Regards croisés sur les municipios et les communes. *Pouvoirs locaux*. Paris: Institut de la Décentralisation, Vol. 1, n° 68, 2006, p. 135-142.

DETIENNE, M. *Comparer l'incomparable*. Paris: Editions du Seuil, 2000.

DOGAN, M. Y-a-t-il des paradigmes en science comparative? In: THIRIOT, C. et al. (orgs.). *Penser la politique comparée: Un état de savoirs théoriques et méthodologiques*. Paris: Karthala, 2004, p. 19-32.

DOUILLET, A.C. Les Politiques contractuelles de développement local en milieu rural. In: FAURE, F., DOUILLET, A.C. (dir.). *L'Action publique et la question territoriale*. Grenoble: Presses Universitaires de Grenoble, 2005, p. 75-92.

DUPRÉ, M. et al. Les Comparaisons internationales: Intérêt et actualité d'une stratégie de recherche. In LALLEMENT, M., SPURK, J. (dir.). *Stratégies de la comparaison internationale*. Paris: CNRS Editions, 2003, p. 7-18.

DURAN, P. Malaise dans la décentralisation. *Pouvoirs locaux: les cahiers de la décentralisation*, Vol. IV, n° 51, p. 94-98, 2001.

GAZIBO, M; JENSON, J. *La Politique comparée: Fondaments enjeux et approches théoriques*. Paris: Les Presses de l'Université de Montréal, 2004.

GIBLIN, B. Attention, un train de réformes territoriales peut en cacher un autre. *Hérodote: revue de géographie et de géopolitique*. Paris: La Découverte, 4e trim. 2009, p. 3-24.

GOTTMANN J. *La Politique des États et leur Géographie*. Paris: Librairie Armand Colin, 1952.

HALL, J. e SCHOROEDER R. (ed.). *An Anatomy of Power: The Social Theory of Michael Mann*. Cambridge: Cambridge University Press, 2006.

HALL, P. e TAYLOR, R. La Science Politique et les trois néo-institutionnalismes. *Revue Française de Science Politique*, Vol. 47, n° 3, 1997, p. 469-496.

JOUVE, B. Le 'Political Rescaling' pour théoriser l'Etat et la compétition territoriale en Europe. in FAURE, A., LERESCHE,J.P., MULLER, P. e NAHRAT, S. (orgs.). *Action Publique et Changements d'Echelles: Les nouvelles focales du politique*. Paris: L'Harmattan, 2007, p. 45-55.

LELOUP, F., MOYART, L. e PECQUEUR, B. La Gouvernance territoriale comme un nouveau mode de coordination territoriale? *Géographie, Économie, Société*. Vol. 7, p. 321-332, 2005/4.

LEVY, J. *L'Espace légitime: sur la dimension géographique de la fonction politique*. Paris: Presses de la Fondation Nationale des Sciences Politiques, 1994.

MABILEAU, A. *Le Système local en France*. Paris: Montchrestien, 1994.

MACHELON J. P., La Troisième République (jusqu'à la Grande Guerre). In: GOUGERE, L., MACHELON J. P.; e MONNIER, F. (dir.). *Les Communes et le pouvoir: De 1789 à nos jours*. Paris: Presses Universitaires de France (PUF), 2002, p. 351- 441.

MANN, M. *The Sources of Social Power: The Rise of Classes and Nation-States, 1760-1914*. Cambridge, Nova York: Cambridge University Press, 1988.

_____. The Autonomous Power of the State' (1984). In AGNEW, J. (ed.). *Political Geography: A Reader*. Londres, Nova York, Sydney: Auckland, Arnold, 1997, p. 58-81.

MINISTERE DE L'INTERIEUR, DE L'OUTRE-MER ET DES COLLECTIVITÉS TERRITORIALES. *Projet de loi organique relatif à l'élection des membres des conseils des collectivités territoriales et des établissements publics de coopération intercommunale (texte soumis à la délibération du Conseil de Ministres)*. Paris, 2010.

NORTH, D. *Institution, Institutional Change and Economic Performance*. Cambridge: Cambridge University Press, 1990.

PLANCHE, J. *Société civile: Un acteur historique de la gouvernance*. Paris: Editions Charles Léopold Mayer, 2007.

PUTNAM, R. *Making Democracy Work: Civic Traditions in Modern Italy*. Princeton, New Jersey: Princeton University Press, 1993.

RETAILLE, D. *Le monde du géographe*. Paris: Presses de Science Po., 1997.

RICHARD, P.; COTTEN, M. *Les Communes françaises d'aujourd'hui*. Paris: PUF, 1983.

RODRIGUES, J. N. *La Cooperation intercommunale: regards croisés entre la France et le Brésil.* Tese (Doutorado em Geografia). Lyon: Université Jean Moulin Lyon 3, 2010.

_____. *A importância do município como escala de gestão no Brasil contemporâneo.* Monografia de Graduação (Bacharelado em Geografia). Rio de Janeiro: Departamento de Geografia, Universidade Federal do Rio de Janeiro, 2004.

SADRAN, P. La mise en débat de la démocratie locale. *Pouvoirs locaux*, Vol. III, n. 62, p. 30-39, 2004.

SANGUIN, A. L. *La Géographie politique.* Paris: PUF, 1977.

SARTORI, G. Bien comparer, mal comparer. *Revue Internationale de Politique Comparée.* Bruxelas: De Boeck Wesmael, Vol. 1, 1994, n. 1, p. 19-36.

SPURK, J. Epistémologie et politique de la comparaison internationale: quelques réflexions dans une perspective européenne. In: LALLEMENT, M. e SPURK, J. (dir.). *Stratégies de la comparaison internationale.* Paris: CNRS Editions, 2003, p. 71-82.

SCHROEDER, R. Introduction: the IEMP Model and Its Critics. In HALL, J., SCHROEDER, R. (ed.). *An Anatomy of Power: The Social Theory of Michael Mann.* Cambridge: Cambridge University Press, 2006, p. 1-16.

WEISS, L. Infrastructural Power, Economic Transformation and Globalization. In: HALL, J., SCHROEDER, R. (ed.). (dir.). *An Anatomy of Power: The Social Theory of Michael Mann.* Cambridge: Cambridge University Press, 2006, p. 167-186.

DIVISÃO TERRITORIAL E DEMOCRACIA: OS TERMOS DE UM DEBATE

Daniel Abreu de Azevedo

Se é correto que o território é um conceito-chave da Geografia, então, todos os processos que passam por esse território e a partir dele fazem parte do fazer-e-ser em Geografia. A delimitação e o próprio problema dos limites de um Estado, a natureza e evolução das relações internacionais em suas vertentes civil e militar, pacífica e beligerante (Costa, 2010), as territorialidades urbanas (Souza, 2005), enfim, há uma ampla gama de temas que perpassa o território e, por isso, faz parte da agenda geográfica.

Tomando-se por base que o espaço, continente que afeta o conteúdo social, é da mesma forma afetado por esse espaço (Santos, 2008), pode-se avançar a ideia de que a mudança na configuração espacial ou, como se tenta trazer neste artigo, a divisão do território é capaz de afetar diretamente as relações sociais, políticas, econômicas e culturais que se estabelecem nesses limites territoriais. Cazzolato (2011, p.42) aponta que "mover, adequar, alterar delimitações, diminuir, suprimir, fundir ou criar novas unidades territoriais impacta diversos aspectos da vida individual e da sociedade". Portanto, a criação de novos limites territoriais formais a partir da divisão territorial é um tema por excelência da Geografia e há ainda grandes contribuições a serem feitas, o que se deve ao fato de que os territórios não são estáticos e definidos para sempre, isto é, estão em constante modificação. Exemplos podem ser apontados nas mais diferentes escalas: a divisão de alguns países atualmente, como o Sudão do Sul ou o debate sobre a recriação da Palestina, ou, ainda, a proposta de divisão do Estado do Pará em dois outros estados (Tapajós e Carajás); e também a grande explosão de distritos emancipados de seus municípios, que se multiplicaram no Brasil entre 1985-1996.

A bibliografia mostra que o fenômeno da divisão territorial é multiescalar, isto é, acontece em diferentes escalas, desde a divisão de Estados-Nação, até a multiplicação de poderes locais, caso dos municípios no Brasil. Segundo Castro (1996), os geógrafos devem ficar atentos a essas mudanças de escala, que representam não apenas mudanças nos diferentes níveis de análise, mas, sobretudo, níveis de concepção. Apesar de na aparência ser o mesmo fenômeno, suas causas e consequências só podem ser vistas a partir de suas respectivas escalas, não podendo, portanto, estender a explicação de uma escala a outra. No mundo atual, a visibilidade dos fenômenos impõe a perspectiva da escala. Na geografia política, as escalas (local, nacional, regional e global) definem espaços, fenômenos e problemas específicos. Cada uma delas estabelece recortes políticos e define espaços políticos que devem ser compreendidos. Foucher (*apud* Costa, 2010, p.283) afirma que

> as fronteiras [deverão ser] examinadas em diversas escalas, pois são os contornos de conjuntos de natureza e tipo os mais diversos: construções geopolíticas datadas,

multiescalares, multifuncionais — limites políticos, fiscais e muitas vezes linguísticos, militares. [...] Serão abordadas, também, distinguindo-se as questões externas — relações internacionais de proximidade entre Estados, relações entre etnias [...] — ou geopolítica externa; e as questões internas — efeitos internos dos traçados, processos de construção nacional ou regional.

O objetivo deste artigo é trazer o tema da divisão territorial para se pensar de que maneira esse fenômeno pode contribuir para o debate sobre a democracia. Assim, o texto está estruturado para responder de que maneira a democracia pode ser discutida por meio do processo de divisão territorial, em suas múltiplas escalas, com destaque para a criação de novos Estados e municípios no Brasil.

Dessa maneira, busca-se reforçar o argumento de que a divisão territorial é um tema pertinente para os geógrafos e, mais além, também tentar demonstrar a relação que se pode estabelecer entre esse processo espacial e a democracia. A partir desta introdução, o artigo se estrutura da seguinte maneira: inicialmente, tenta-se demonstrar que o debate sobre o processo de emancipação municipal está carregado de ideologia e considerações apriorísticas sobre o tema. Ilustrativo desse fato é o uso corrente na literatura do termo *fragmentação* como sinônimo de *divisão*. Apontaremos que o fenômeno da criação de novos espaços políticos a partir da divisão de outros não pode ser considerado *fragmentação*, pois este é um termo ruim semanticamente e/ou até utilizado com prévias concepções sobre o fenômeno, baseadas em ideologias. Por último, entendendo a democracia a partir de um viés espacial, busca-se compreender de que maneira pode haver confluências entre esse sistema político e o processo de divisão territorial.

DIVISÃO TERRITORIAL E DEMOCRACIA: UMA RELAÇÃO

Percebe-se atualmente no Brasil uma descrença de uma parte da população em relação aos processos de divisão municipal e estadual, o que acaba gerando simplificações e generalizações abusivas. O plebiscito sobre a divisão do Pará em três Estados (Carajás, Tapajós e o novo Estado do Pará, reformulado após as divisões) no dia 11 de dezembro de 2011, pode ser tomado como exemplo. Ao longo da campanha política, pessoas que se opunham à divisão divulgavam frases e slogans do tipo "dividir o Pará é aumentar a corrupção".

O debate sobre a divisão territorial é assim impregnado pelo pessimismo existente na população acerca da política e de seus problemas corriqueiros no Brasil. A criação de novos espaços políticos está sendo denunciada por seus opositores como uma maneira de aumentar a corrupção e/ou favorecimento de oligarquias locais, ou seja, um processo que favoreceria práticas extremamente antidemocráticas. Em uma entrevista no dia 27 de novembro de 2011, no jornal O Globo, o sociólogo Herbert Martins afirma que a divisão do Pará para a criação dos Estados de Tapajós e Carajás é um jogo de interesses de elites regionais. Dessa maneira, o autor se coloca contrário a essa criação.

O mesmo sociólogo é autor de uma tese de doutorado denominada *A fragmentação do território brasileiro* (2003), na qual afirma que o Brasil apresenta uma diferença em relação às ex-colônias espanholas na América do Sul: o fato de a colônia portuguesa ter mantido sua unidade política, enquanto o restante da América do Sul se "fragmentou" em diversos países. Todavia, apesar da coesão política, segundo o autor, "o mesmo não pode ser dito quando se observa o interior do Estado nacional brasileiro. Se o Brasil não se esfacelou 'para fora', isto é, não se transformou em várias repúblicas independentes, fragmentou-se internamente" (Martins, 2003, p.13). Cabe perguntar se realmente o Brasil passou por esse "esfacelamento" interno, pois, se fizermos uma rápida comparação com outros países, o Brasil é pouquíssimo recortado. A título de comparação, o México possui um território quase sete vezes menor do que o Brasil e possui 33 Estados; os EUA (sem o Alasca e o Havaí) é um pouco menor do que o Brasil e possui 48 Estados. O Brasil possui apenas 26. A partir dessa rápida comparação, parece precipitado e simplista afirmar que, no Brasil, ocorreu um processo intenso de "fragmentação e esfacelamento" interno. Junte-se a isso o problema da carga pejorativa que existe na palavra *esfacelamento*, além do erro semântico no uso da palavra "fragmentação" utilizada, muitas vezes, como sinônimo de *divisão*. O emprego das palavras *fragmentação* e *esfacelamento* se dá pela crença prévia de que a divisão territorial brasileira é algo ruim para a população.

Destaca-se aqui o uso do termo *fragmentação*. Grande parte dos autores mostra um descaso com a precisão semântica das palavras *fragmentação* e *divisão*, usando-as como sinônimos. Essa troca não representa apenas uma confusão semântica simples, mas uma intenção ideológica. Daí considerarmos que o termo *fragmentação* é semântica e factualmente inadequado neste tipo de discussão.

Divisão e fragmentação: sinônimos?

O uso do termo *fragmentação* aparece com frequência nos debates que tratam sobre o tema da emancipação municipal. Muitas vezes utilizado de maneira indiscriminada, alternando momentos em que há um maior uso da palavra e outros quando o termo escolhido é *divisão*. Todavia, são sinônimos?

Existe uma vasta bibliografia que se refere à *fragmentação* como prática espacial. O consagrado texto de Roberto Lobato Corrêa (1996) é exemplar. A prática espacial seria o "conjunto de ações espacialmente localizadas que impactam diretamente sobre o espaço, alterando-o no todo ou em parte ou o preservando em suas formas e interações espaciais" (Corrêa, 1996, p.35). Assim, as práticas de "fragmentação e remembramento" são, segundo o autor, duas formas de controlar o espaço. Corrêa destaca que o remembramento de comunas (unidades político-administrativas menores na França) e a fragmentação dos municípios brasileiros possuem o mesmo objetivo: exercer maior controle. As empresas, para ele, realizariam as mesmas práticas. Assim, a fragmentação empresarial deriva da intensificação da atuação da empresa, que leva à implantação de novas unidades vinculadas", enquanto o remembramento deriva, normalmente, de uma política da empresa visando impor outra racionalidade ao seu espaço de atuação. Por meio da aglutinação de unidades locacionais e áreas, origina-se uma outra organização espacial (ibid., p.38). Em concordância, uma grande quantidade de autores que tratam o tema da criação de novos municípios no Brasil adotou de maneira indiscriminada as palavras *fragmentação* e *divisão*.

Podemos citar como exemplos diversos trabalhos que abordam o tema da emancipação municipal. Gomes (2007, p.148), analisando as emancipações no território do Rio Grande do Norte, conclui que o verdadeiro significado da *fragmentação* territorial potiguar tem "caráter essencialmente político", pois a "classe política procura se apropriar do poder político local para se reproduzir enquanto tal", preservando os formatos políticos tradicionais — clientelista, patrimonialista etc. Como a população tem que participar desse processo, é manipulada pelas elites locais a fim de apoiar o processo emancipacionista. Assim, para essa autora, a *fragmentação* passou a ser um dos mecanismos utilizados no sentido de fazer prevalecer o poder local de determinados grupos.

Encontramos outro exemplo em Silvana Silva (2007). A autora relaciona a criação de novos municípios no Mato Grosso com a expansão do *front* agrícola. Para Silva, a *fragmentação* do território mato-grossense ocorre paralelamente à difusão do agronegócio e à corporativização do território. Para ela, o território está sendo instrumentalizado como recurso econômico e político por parte dos grandes latifundiários do Estado, já que o município no Brasil tem o poder de criar suas próprias leis, isto é, alto poder de normatização territorial. Essa *fragmentação* do território é vista com preocupação pela autora, pois, "mesmo que 'involuntariamente', os municípios criam 'espaços de conveniência' para a difusão do capital" (ibid., p.113), sendo, portanto, um aspecto ruim desse processo. Silva acredita que os reais motivos para a criação de novos municípios nesse Estado são provenientes de uma escala muito além da local, transpassando o nacional e chegando ao global. Dito de outra maneira, para a autora, a criação dos novos poderes locais no *front* "vem ao encontro da racionalidade imposta pelo mercado mundial, ou seja, são espaços de poder mundial racionalizados por ordens que escapam ao controle local" (ibid., p.118). Entretanto, a autora ignora a autonomia do político, isto é, que, apesar de influências externas, o local possui sua independência. Cabe lembrar que as emancipações municipais são geradas por diferentes níveis de poder inter-relacionados e, por isso, afirmar que a divisão territorial escapa ao controle local é desconsiderar a própria existência de um espaço político local.

Márcio Cataia (2001) segue a linha de proposta de Silvana Silva, afirmando que a *fragmentação* política do território é gerada pelas linhas horizontais contíguas com os seus vizinhos, mas também por nexos verticais, distantes, ou seja, informações estranhas do lugar. Essas ligações verticais são pontos ligados em rede a serviço dos agentes hegemônicos. A tese desse autor é que as fronteiras, hoje, possuem, além de um caráter horizontal — já bem debatido na geografia política clássica —, uma dimensão vertical. Cataia ainda afirma que quanto mais "espesso é o território em ciência, técnica e informação, maior é a necessidade de regulação que garanta o funcionamento integrado desses três elementos do espaço geográfico" (Cataia, 2001, p.40). Todavia, o que percebemos em Noronha (1997), Wanderley (2008) e Azevedo (2012), é que grande parte das emancipações ocorre exatamente pelo motivo contrário, isto é, pelo abandono e descaso político das sedes municipais em relação a seus distritos.

O que se destaca é o emprego do termo *fragmentação* por esses autores. Muitas vezes associado a opiniões desfavoráveis ao processo de emancipação municipal, *fragmentação* se confunde com *divisão*. O *Dicionário Manual Etimológico da Língua Portuguesa* de Adolpho Coelho (1973) pode nos ajudar a diferenciar *dividir* e *fragmentar*: Dividir: cortar relações de; Fragmentar: o ato de criar fragmentos; fragmentos: partes de um todo. Em outro dicionário etimológico há uma equiparação entre fragmentar e quebrar, "deixar em cacos" (Machado, 1987). Portanto, semanticamente os verbos fragmentar e dividir, mesmo se significam separar, não são sinônimos. Todavia, o que se percebe é que os diversos autores utilizam o termo *fragmentação* em vez de *divisão*.

Devemos ficar atentos aos usos das palavras, pois, parafraseando Bakhthin (1981), a palavra é um fenômeno ideológico por excelência e acaba sendo utilizada como política. Por outro lado, por mais abrangentes que queiramos, nossas visões de conjunto se fazem a partir de um determinado ponto bem particular. A ideologia é "um mirante intelectual que avista os vales gigantesco das ideias, dos valores, das instituições, das relações que estabelecemos, mas desde um lugar bem localizado e particularizado" (Libanio, 1995, p.14). Visto dessa maneira, podemos entender que o mirante permite alcançar o vale, mas se localiza num lugar bem concreto, bem particular. Se estivesse em outro lugar, a visão seria diferente. Por isso, multiplicam-se os mirantes. Como afirma Chatelet (1978, p.10), a ideologia "refere-se à organização dos poderes, das instituições e dos enunciados e das forças que estas colocam em jogo".

Exposto dessa forma, é possível afirmar que o termo *fragmentação* está impregnado de ideologia, como fica evidente em muitos trabalhos que o utilizam. Bons exemplos são alguns estudos de Geografia Urbana, como em Corrêa (2010). O autor destaca que nós, geógrafos, devemos conceber o espaço urbano como sendo simultaneamente "*fragmentado* e articulado, reflexo e condição social, e campo simbólico e de lutas" (p.145, grifo meu). Corrêa afirma que o próprio espaço intraurbano é fragmentado. Seguindo essa linha, outros estudiosos, como Lima e Paracampo (2004), Mendonça (2004) e Bitoun e Miranda (2004), ao analisarem as cidades de Belém, Belo Horizonte e Recife, respectivamente, afirmam que, na maioria das vezes, a fragmentação se mostra como o primeiro momento de apreensão do espaço urbano. Ao chegarmos a uma cidade nova, percebemos as diferentes apropriações do solo urbano, um mosaico de usos e paisagens, o que se daria devido a uma fragmentação econômica e social do espaço.

Assim, os autores percebem a existência de áreas centrais de negócios, zonas industriais, áreas residenciais, o que para eles representa a *fragmentação* do uso do solo urbano. Nesse sentido, Peter Marcuse (2003, p.270) defende sua tese dizendo que "as cidades hoje aparecem fragmentadas — no extremo, quase arrastadas e esquartejadas, dolorosamente separadas".*

Para Corrêa (2003) os atores espaciais fragmentam a cidade, como aponta o trabalho de Peter Marcuse (2003) para os dois conjuntos de cidades dentro de uma só nos EUA da década de 1990: a) Cidades de Negócios; b) Cidades Residenciais. A sobreposição dessas duas tipologias forma um complexo caleidoscópio. Nas Cidades de Negócios, há áreas ocupadas por grandes empresas ("Controlling City"); outras por serviços de consultoria, advocacia, publicidade etc. (The city of advanced services); áreas de produção industrial (The city of direct production); da economia informal (The city of unskilled labus); e, por fim, as áreas dos desempregados (The workless city). Marcuse mostra, com isso, a fragmentação econômica do espaço, mas afirma que a fragmentação social está profundamente ligada a esta e, portanto, não se apresentam como dicotômicas. Nas Cidades Residenciais, o autor apresenta mais quatro divisões: The Gentrified City, os bairros nobres, com grande renovação urbana; The Suburban City, os subúrbios americanos, com suas casas e jardins de classe média; The tenement city, caracterizada como uma área abandonada pela classe média que vai para o subúrbio, transformando-a em grandes cortiços alugados para pobres; The abandoned city, áreas para pessoas extremamente pobres, os excluídos, sem-teto e outros.

O interessante é notar que todos esses autores consideram a fragmentação como um processo inerente do capitalismo, pois essas múltiplas cidades dentro de uma só, nessa perspectiva, são fruto de uma

---

* "cities today seem fragmented partitional — at the extreme, almost drawn and quartered, painfully pulled apart" (Tradução livre do autor).

condição geral do processo de valorização gerado no capitalismo no sentido de viabilizar os processos de produção, distribuição, circulação, troca e consumo, e, com isso, permitir que o ciclo do capital se desenvolva e possibilite a continuidade da produção; logo, sua reprodução (Carlos, 2001).

Portanto, para alguns autores, a *fragmentação* "exprime-se na divisão territorial do trabalho que se caracteriza diretamente por especializações produtivas, mas também por outras características sociais, culturais e políticas espacialmente variáveis" (Corrêa, 2010, p. 189). Utilizar esse termo para se referir à divisão territorial é acreditar que esse processo é consequência direta e única da divisão territorial do trabalho, que "deixa em cacos" (mediante significado etimológico da palavra) o território e a sociedade. Esses cacos ou fragmentos são produzidos por agentes e seus processos espaciais que viabilizam a reprodução do capital e, por causa disso, vão gerar, consequentemente, áreas fragmentadas no mesmo espaço urbano. Essa fragmentação do espaço intraurbano é, portanto, negativa, e, por isso, deve-se lutar contra, a partir da destruição ou, pelo menos, de uma grande modificação no sistema capitalista.

Nessa mesma perspectiva se faz uso do termo *fragmentação* como sinônimo de divisão territorial. Para muitos autores esse é um processo que deve ser evitado, pois serve apenas para a reprodução da classe política dominante, criando seus próprios nichos políticos. Todavia, a criação de novos espaços políticos não significa "fragmentar", pois não se trata de "partes de um todo", como o termo leva a crer; trata-se, na verdade, do ato de cortar relações com um espaço político e criar outro, com total autonomia político-administrativa. O limite é, de acordo com Miyamoto (1995), uma linha divisória de espaços. São criados novos espaços políticos, independentes dos quais já faziam parte. Esse novo limite vai estabelecer a soberania desse novo ente, servindo, portanto, para assinalar sua pertinência, suas competências e os patrimônios nele incluídos. Lia Osório Machado afirma que "os limites constituem um fator de separação entre unidades territoriais" (Machado, 2011, p.5), ou seja, ao criar um limite entre dois territórios, cria-se também uma descontinuidade política, o limite jurídico da soberania e da competência territorial de um ente político (Ribeiro, 2011). Esses limites dividem territórios e, consequentemente, também ações e processos, a partir do momento que o novo espaço político criado será governado por novos atores políticos.

Em outras palavras, a mudança na forma — os limites de um território — modifica inteiramente os fluxos que ali percorrem, como, por exemplo, de impostos, serviços, população etc. É na consideração do espaço como forma-conteúdo (Santos, 2008) que também devemos ficar atentos para diferenciar esses termos. Há uma mudança de forma e, portanto, não há fragmentação, isto é, pedaços que se unem a uma mesma forma, mas, sim, divisão.

No caso da discussão sobre o problema da divisão municipal e estadual, os autores que utilizam o termo *fragmentação* analisam o processo com essa carga ideológica e, portanto, como não democrático, fruto de manipulação das elites. Esses, *a priori*, não consideram o ganho democrático que em médio prazo a divisão poderia trazer.

Wanderley (2008), por exemplo, analisa os efeitos sobre o bem-estar social promovidos pelas emancipações em Minas Gerais. O autor critica a visão de causalidade apontada em autores como Magalhães (2007) e Fleury (2003) entre uma maior quantidade de municípios, o aumento de cargos disponíveis e o aumento de gastos com a máquina pública local e, consequentemente, o agravamento dos problemas relacionados à oferta dos serviços prestados à população. Em seu trabalho, Wanderley (2008, p.17) conseguiu estabelecer as mudanças proporcionadas pelas emancipações municipais no Estado de Minas Gerais. Para o autor, "constata-se sistematicamente resultado bastante robusto de melhoria das condições sociais locais nos municípios emancipados". Por fim, o autor tece críticas às propagandas da mídia que afirmam que as emancipações trariam mais custos do que benefícios e, por isso, deveriam ser evitadas. Mais ainda, ele afirma que a grande maioria dos distritos que deseja a emancipação é precária em infraestrutura e se encontra abandonada pela sede municipal.

Ao analisar as emancipações municipais ocorridas no Maranhão, Ayres (*apud* Alves e Alves, 2008), conclui que os distritos que almejavam a emancipação eram os piores em termos de infraestrutura de transporte e que, após a emancipação, houve melhorias robustas nesse ponto.

Steinberger e Maniçoba (2008) realizaram uma pesquisa com os novos municípios da região Norte e constataram que são mais bem-atendidos com oferta de água potável do que os municípios de origem. Mais do que isso: essa ligação dos domicílios com a rede de água se estabeleceu após a emancipação. Para as autoras, a criação de novos municípios foi benéfica para a região. O trabalho é interessante, pois não deseja quantificar os motivos da emancipação e sim os resultados. Dessa maneira, mesmo que na região Norte os motivos tenham sido políticos, a qualidade de vida da população melhorou. Assim, para elas, "é possível perceber que esses dois processos, o de produção e organização espacial e o de integração social, aliados a outros, os processos de crescimento econômico e de formação política, constituem-se os vetores de um todo bem mais complexo que é o desenvolvimento" (Steinberger e Maniçoba, 2008, p.712).

Em trabalho anterior (Azevedo, 2012), demonstrou-se que as emancipações municipais no Rio Grande do Sul e Piauí desenvolveram consequências distintas: os novos municípios do Estado gaúcho melhoraram significativamente o seu Índice de Desenvolvimento Humano, superando a média dos antigos municípios, enquanto nos municípios piauienses as emancipações não significaram aumento robusto na qualidade de vida da população. Além disso, constatou-se que os novos municípios do Rio Grande do Sul possuem mais preocupações com a criação de Conselhos Municipais — instituições que ajudariam na promoção da democracia e cidadania — do que os novos municípios do Piauí.

Esses exemplos confirmam que qualquer visão apriorística sobre o processo de divisão territorial não ajuda em seu entendimento. Assim, pretende-se demonstrar que o emprego do termo *fragmentação* para a emancipação municipal é, se não um erro semântico, valer-se de considerações apriorísticas de que a divisão territorial é algo a ser evitado. Essa perspectiva desconsidera que o território é produzido por uma teia de relações sociais, mais ou menos dinâmicas, que só se tornam operáveis por meio do consentimento ativo dos governados. Não é um poder *sobre* os outros, na sua expressão mais primária, mas um poder exercido *com* os outros. Dessa maneira, considerar a divisão territorial apenas como um processo de dominação e subordinação de um grupo em relação a outros é não perceber que o poder "não está tanto acima de nós, quanto está em torno ou entre nós. É uma força imanente e não externa"* (Allen,

---

* "*is not so much above us, as around and among us. It is an immanent not an external force*". (Tradução livre do autor.)

1999, p.202). Mais ainda, é considerar *poder* sempre como algo ruim, ou seja, algo que deveríamos expurgar da sociedade. Nesse sentido, Massey afirma que

> First, it offers a reminder that 'power' is not always bad; it is not always and everywhere a power over people. As power comes from doing, different discourses, different arrangements and representations may emerge tangentially from supposedly dominant powers* (Massey, 1999, p.172).

Além de desconsiderar o poder como algo inerente às relações sociais e que não está acima, mas entre nós, usar o termo *fragmentação* para os processos de divisão territorial em qualquer escala é desconsiderar o próprio papel do espaço, isto é, aquele que pode servir para a reprodução das desigualdades, mas também para o seu combate. Utilizar *fragmentação* é ou um total descaso com as diferenças semânticas das palavras, ou assumir o uso de uma palavra impregnada de sentidos ideológicos; essa perspectiva parece assim tomar como um dado a perversidade da divisão territorial. Esse é o viés de muitos dos trabalhos consultados sobre criação de novos Estados e municípios no Brasil: grande parte dos autores mostra um descaso com a precisão semântica das palavras *fragmentação* e *divisão*, preferindo ora uma, ora outra, quando não se trata de trabalhos que efetivamente consideram perversa a criação de novos municípios, que ignoram as possibilidades abertas aos novos espaços políticos.

---

* "Em primeiro lugar, isso nos lembra que "poder" não é sempre mau; não é sempre e em todo lugar um poder sobre as pessoas. Como "poder" vem do fazer, diferentes discursos, diferentes arranjos e representações podem emergir tangencialmente de poderes supostamente dominantes". (Tradução livre do autor.)

Dessa maneira, não se pode reduzir a criação de novos municípios a uma simples adequação do território às práticas capitalistas de empresas, que tentam, a partir desses novos espaços políticos, suas afirmação e materialização. Se tais empresas desempenham importante papel nesse processo, o mesmo se pode dizer das populações residentes nesses espaços que, na maioria das vezes, se sentem preteridas em relação ao poder dos seus Estados ou municípios de origem. Visto isso, não há nada de ilícito no requerimento a uma divisão territorial. Ao contrário, como já dito, a divisão e o remembramento territorial são práticas espaciais que fazem parte do próprio desenvolvimento da sociedade, pois "transforma-se o espaço ao se transformar a sociedade", a partir do momento em que "apropriar-se de um espaço é reconstruir sua lógica temporal, é uma reativação do mecanismo de articulação entre tempo e espaço, diferente do anterior" (Nicolas, 1996, p.86).

Em suma, o processo de divisão territorial e, mais especificamente, as divisões estadual e municipal no Brasil podem ser vistas também como uma variável nas pesquisas sobre democracia. Em outros termos, é possível pensar em democracia pela divisão territorial e a partir dela.

Pensar a democracia a partir da divisão

Para concluir, é importante destacar que a divisão territorial também pode ser uma prática espacial utilizada para um aprimoramento da democracia, por meio de dois vieses: (a) o próprio processo necessário para alcançar a divisão territorial; (b) a criação de um novo espaço político capaz de atender às demandas da população e favorecer a cidadania e a democracia.

No primeiro sentido, pode-se destacar o plebiscito que ocorreu no Pará no dia 11 de dezembro de 2011. Foi a primeira vez na história que foi criado um plebiscito para que a população ajudasse a decidir se é melhor ou não a criação de um novo Estado brasileiro. Todavia, esse fenômeno já acontece desde 1988 para a criação de novos municípios no Brasil. Percebe-se, com isso, que o plebiscito é um dado relativamente novo da democracia em nosso país.

Foi a Constituição de 1988 que transformou os parâmetros da democracia e, consequentemente, da cidadania no Brasil, pois permitiu a combinação da democracia direta com a democracia representativa. A mudança já se dá no 1º artigo da Constituição: "Todo o poder emana do povo, que o exerce por meio de representantes eleitos ou *diretamente*, nos termos desta constituição" (Brasil, 1988, grifo meu). A novidade está presente na palavra "diretamente". Além, portanto, de restabelecer a democracia representativa após 21 anos de ditadura, voltando às eleições diretas e secretas a partir de um sufrágio universal (a última barreira, a exclusão dos analfabetos, passa a não mais existir), a Constituição inclui características inéditas de democracia direta.

Nesse sentido Benevides (1991) afirma que há, hoje, no Brasil uma democracia semidireta. Portanto, além do voto para escolha de seus representantes, novos direitos políticos são incluídos direta ou indiretamente na Constituição, refletindo essa democracia semidireta, como, por exemplo, o plebiscito e o referendo (além de outros).

Vê-se, com isso, que o *plebiscito* é um instrumento por excelência da democracia brasileira, e o próprio ato de se instaurar favorece os vínculos democráticos a partir do momento que a população é chamada a tomar decisões diretas além das eleições para cargos do Legislativo e Executivo. A existência do *plebiscito* na Constituição brasileira é uma vitória de uma

Assembleia Constituinte que lutou por uma participação maior da população na política. É um recurso institucional para a participação política, uma mudança na forma de pensar a democracia no Brasil.

O plebiscito no Pará foi um instrumento importante na consolidação da democracia no país. Novamente, aqui, aparecem algumas considerações importantes a se ressaltar. Ainda na reportagem ao jornal O *Globo*, o sociólogo Herbert Martins afirmou:

> Não tenho dúvida de que o poder econômico vai falar mais alto. O plebiscito, *a priori*, dá uma fachada de democracia, de que estamos movendo um debate com a sociedade, mas nós sabemos como a política brasileira é fisiológica e como o povo vai na valsa. Imagina o apelo emocional que existe nessas campanhas. Esse plebiscito, na verdade, é uma disputa eleitoral.

Apontar o plebiscito como uma farsa na democracia porque a população é inebriada ou, como o autor afirma, "vai na valsa" pelas elites políticas, não é criticar apenas esse mecanismo, mas sim todo o sistema democrático. Opor-se a esse tipo de recurso, porque a população poderia ser usada como massa de manobra por políticos, é elevar a crítica a outro nível: a todo o sistema democrático de direito. A disputa pelo voto do "sim" ou "não" no plebiscito para a divisão do Pará é extremamente válida e legítima do ponto de vista democrático. Além disso, ajuda no fortalecimento da própria democracia.

Apesar de haver discordância sobre a forma que o plebiscito deve assumir, como, por exemplo, se deve ser realizado apenas nas áreas que desejam se separar ou no Estado/município todo, este é, sim, um importante mecanismo agregado à Constituição de 1988 no Brasil em defesa da democracia, tão ensejada após o fim da ditadura militar.

Dessa maneira, a complexidade do tema deve ser destacada, ou seja, não devemos cair em simplismos que não ajudam, mas atrapalham. O espaço pode ser utilizado como um agente gerador de permanências ou também para quebrar desequilíbrios. O requerimento a um plebiscito para divisão de um Estado ou municípios no Brasil não pode ser analisado simplesmente como uma prática espacial para dominação/subordinação de grupos sociais. Segundo Lia Machado,

> se é fato, muito antigo no país, que a autonomia municipal é incentivada por políticos locais com o intuito de criar 'currais eleitorais', **isso não deve ser confundido com o desejo real da população de obtê-la**, basicamente, por entender que a autonomia municipal pode ser a via de acesso a serviços sociais básicos, construção de infraestrutura, oferta de emprego público, a escolha de representantes que defendem suas reivindicações de 'desenvolvimento econômico da região', frase presente em faixas e cartazes das campanhas por autonomia municipal pelo Brasil afora (Machado *apud* Coelho, 2008, p.257, grifo meu).

A sociedade é formada por grupos que possuem interesses distintos e cabe à política o papel de evitar o caos civil, gerando debates e contendo paixões, para que os diferentes consigam conviver. Afinal, a política surge no entre-os-homens (Arendt, 2009). Posto isso, as brigas políticas travadas no Parlamento são úteis e legítimas da sociedade.

Assim, devem-se também complexificar os votos em um plebiscito ou na própria briga interna no Legislativo. Nesse sentido, Martins (2003) demonstra o porquê da derrota da demanda autonomista do Triângulo Mineiro e a vitória do Norte de Goiás para a formação do Estado do Tocantins na Constituinte de 1988. Nesse último, os mais diferentes grupos da sociedade goiana — tanto as elites do Norte quanto do Sul, os parlamentares e a população — aceitaram a divisão do Estado; enquanto a criação do Estado do Triângulo Mineiro afetava diretamente as elites centrais de Minas Gerais, grande parte dos parlamentares que temiam a perda de poder e a população mineira, que não concordava em perder impostos provenientes daquela região. O resultado foi a criação do Estado de Tocantins e o arquivamento do processo da criação do Triângulo.

Esse mesmo fenômeno se repetiu na tentativa da divisão do Pará. Considera-se um erro afirmar que o Pará disse "não" à criação dos novos dois Estados; esse "não" deve ser problematizado. O site do quotidiano O Globo, no dia seguinte ao do plebiscito (dia 12 de dezembro de 2011), "indicava que as possíveis capitais de Carajás e Tapajós votaram pela divisão. Marabá tinha 93,68% de 'sim' para a divisão, e Santarém tinha 98,85% para dividir. Belém, no entanto, tinha 94,07% para o 'não' em relação à criação de Tapajós e 95,09% de 'não' para Carajás". Isso nos mostra que a população das áreas que desejavam se emancipar votou quase por unanimidade no "sim". Entretanto, a maior parte da população paraense está localizada em Belém e em seu entorno, área-mãe que seria dividida, que votou "não". Por essa razão, apesar do profundo desejo de emancipação de Carajás e de Tapajós revelado nas urnas, a divisão do Pará não prosseguiu. Não houve unanimidade entre as elites, legisladores e população no Pará e, por isso, a vontade de ter seus próprios espaços políticos foi desconsiderada.

Como já se afirmou, há fortes discordâncias sobre esse tipo de plebiscito que engloba toda a população do Estado e não apenas as áreas que desejam a emancipação, pois pode acabar gerando uma vitória constante da maioria sobre a minoria, ferindo, com isso, o mais puro princípio democrático. Para Noronha,

> a população interessada, que vive o dia a dia de suas localidades, que demanda serviços públicos e que venha a se sentir negligenciada por uma sede municipal

distante, é a única parte do processo capaz de decidir o futuro de sua comunidade. Este é o principio básico do conceito de democracia (1996, p.116).

É nisso que deve compreender o debate, ou seja, qual é a melhor maneira de utilizar esse mecanismo de democracia direta no Brasil de acordo com as peculiaridades espaciais brasileiras.

Entretanto, o que ficou claro a partir dessa votação é o descaso político que vive a maior parte da população desses locais que desejam emancipação. Herbert Martins (2003) afirmou, a partir das proposições de Mann, que a falta do poder infraestrutural do Estado favorece consideravelmente os requerimentos à divisão territorial. Muitas vezes, aparece um descompasso entre a importância já estabelecida ou crescente daquelas áreas em relação aos investimentos recebidos, que se revela em todos os discursos a favor da criação de novos Estados e municípios, como no caso dos municípios do Rio Grande do Norte (Gomes, 2007), do Rio de Janeiro (Noronha, 1997), Espírito Santo (Lima, 2000), Paraná (Alves, 2006), Mato Grosso (Silva, 2007), Piauí e Rio Grande do Sul (Azevedo, 2012); ou ainda no requerimento para a criação de novos Estados, a exemplo do Tocantins (Martins, 2003) e atualmente o Pará.*

A partir dessa discussão, pode-se perceber o segundo sentido que deriva da relação entre divisão territorial e democracia. A criação de novos espaços políticos pode favorecer a democracia, pois aproxima o cidadão do centro da política, que muitas vezes está a milhares de quilômetros — como é o caso do interior do Pará e a capital Belém, no litoral. Acrescente-se a isso a construção de toda máquina institucional

---

* http://www.estadodocarajas.com.br

de um novo Estado ou município capaz de gerar grandes desenvolvimentos sociais nessas áreas, favorecendo os direitos sociais do cidadão.

Em três pesquisas distintas já apontadas (Alves, 2008; Steinberger e Maniçoba, 2008; Wanderley, 2008) chegou-se a uma mesma conclusão: a criação de novos municípios favoreceu a população local, a partir da criação de novos aparatos institucionais que contribuíram com a cidadania. Uma das maiores e recorrentes críticas à criação de novos municípios e Estados é o aumento do gasto público. Sem dúvida, foi para esse aspecto que a mídia mais se voltou ao longo do debate sobre a divisão do Pará. Pense-se que o verdadeiro aumento de gasto público se deve a uma construção de uma nova capital, de novos instrumentos de governo, como polícia, empregos públicos, escolas e hospitais próprios etc. Concorda-se, assim, com Noronha (1996) quando o autor afirma que:

> Diz-se também que os novos municípios vão fazer com que os Estados gastem mais com saúde, educação, água, esgoto e outros serviços públicos, já que as áreas emancipadas não as possuem a contento. É óbvio que essas áreas não dispõem de tais serviços, e é esta a principal razão para as tentativas de emancipação. O fato de os governos estaduais empregarem recursos nessas localidades apenas após a emancipação é a prova do êxito desse processo, pois tudo o que as comunidades almejam é uma melhor prestação de serviços, seja diretamente pela Prefeitura, seja através de pressões de seus agentes políticos — prefeitos e vereadores — junto a outras esferas de governo. O argumento, ao invés de apresentar um obstáculo ao processo de emancipação, justifica-o plenamente (p.113).

Outras pesquisas interessantes como as realizadas por Luis Roque Klering (1992) sobre a criação de novos municípios no Rio Grande do Sul mostram que "o desmembramento vem, geralmente, para melhorar a vida dos cidadãos dos distritos que se emanciparam". Segundo o autor, dados socioeconômicos desses novos municípios mostram que foi benéfica para a população local a criação de seus próprios espaços políticos locais.

O que parece claro a partir dessa discussão é que a divisão territorial, tanto para criação de novos municípios como para criação de novos Estados, pode favorecer o desenvolvimento socioespacial da população, afetando positivamente a qualidade da democracia no Brasil. Como afirma O'Donnell:

> Existe uma estreita conexão, [...], entre direitos civis e direitos políticos (e, mais recentemente, também com os direitos sociais), **não me parece coerente omitir o problema da efetividade da cidadania política quando se aplica a indivíduos privados de muitos direitos sociais e civis e, portanto, incapazes de fazer opções minimamente razoáveis** (O'Donnell, G. 1999, p.32, grifo meu).

Em suma, a divisão territorial é um processo capaz de beneficiar práticas democráticas e, por essa razão, deve-se ficar atento a qualquer explicação que desconsidere que os usos que se fazem do espaço podem servir tanto para romper quanto para reproduzir desigualdades. Pensemos o espaço como resultado do processo histórico e base material e social das ações humanas: em uma sociedade que luta para ser cada vez mais democrática, deve-se interferir no espaço para que este seja visto também como um ente dinamizador da sociedade. Em outros termos, "não é possível pensar o território como algo sobre *o qual se atua*, e sim como algo *com o qual se interage*" (Becker, 2000, p.18, grifo meu).

Conclui-se, com isso, que o uso do termo *fragmentação* para o processo de divisão territorial deveria ser repensado; a discussão que se realizou mostra que análises profundas sobre o tema estão sendo preteridas em prol de considerações apriorísticas. Dessa maneira, este artigo segue o proposto por Bernardes (1977, p.51): "É o leitor que, de cada vez, tem de decifrar o sentido das palavras pela sua posição no sistema ideológico em que estão empregadas" e, a partir disso, clareá-las para ajudar na melhor compreensão dos fenômenos.

REFERÊNCIAS BIBLIOGRÁFICAS

ALLEN, J. Spatial Assemblages of Power: From Domination to Empowerment. In: MASSEY, D; ALLEN, J. ; SARRE, P. (org). *Human Geography Today*. Polity Press, 1999, p.194-218.

ALVES, A. C. O processo de criação de municípios no Paraná: As instituições e a relação entre Executivo e Legislativo pós 1988. *Revista Paranaense de Desenvolvimento*, Curitiba, n° 111, 2006, p.47-71, jul./dez.

ALVES, M. R. F.; ALVES, J. E. D. Federalismo e fragmentação municipal: O legado da Constituição de 1988 para a Zona da Mata. *Anais do XIII Seminário sobre a Economia Mineira*, 2008.

ARENDT, H. *O que é Política*. Rio de Janeiro: Bertrand Brasil, 2009.

AZEVEDO, D. A. *Divisão municipal e o exercício da cidadania em espaços desiguais: estudos de caso do Piauí e Rio Grande do Sul*. Dissertação (Mestrado em Geografia) — Programa de Pós-Graduação em Geografia, Universidade Federal do Rio de Janeiro, Rio de Janeiro, 2012.

BAKHTIN, M. *Marxismo e filosofia da linguagem*. São Paulo, Hucitec, 1981.

BECKER, B. K. Reflexões sobre políticas de integração nacional e de desenvolvimento regional. In: Kinzo, M. D.. (org.). *Reflexões sobre políticas de integração nacional e de desenvolvimento regional*. Brasília: MI, 2000, Vol. 1, p.9-35.

BENEVIDES, M. V. M. *A cidadania ativa*. São Paulo: Ática, 1991.

BITOUN, J.; MIRANDA, L. Estrutura espacial da diferenciação sócio-ocupacional na Região Metropolitana do Recife 1980-2000. In: RIBEIRO, L. C. Q. (org.). *Metrópoles: entre a coesão e a fragmentação, a cooperação e o conflito*, 2004. CD-ROM.

BERNARDES, J. *Marx crítico de Marx: Livro primeiro*. Lisboa: Edições Afrontamento, 1977.

BRASIL. *Constituição da República Federativa do Brasil*. Brasília: Câmara dos Deputados, 1997.

CARLOS, A.F.A. *Espaço-Tempo na metrópole*. São Paulo: Contexto, 2001.

CASTRO, I. E. O problema da escala. In: CASTRO, I. E.; GOMES, P. C. C.; CORRÊA, R. L. (org.). *Geografia: Conceitos e temas*. Rio de Janeiro: Bertrand Brasil, 1996.

CATAIA, M. *Território nacional e fronteiras internas: A fragmentação do território brasileiro*. Tese (Doutorado em Geografia) — Unicamp: Campinas, 2001.

CAZZOLATO, J. D. *Novos estados e a divisão territorial do Brasil: Uma visão geográfica*. São Paulo: Oficina de textos, 2011.

CHATELET, F. *Histoire des idéologies*. Paris: Hachette, 1978

COELHO, A. *Dicionário manual etimológico da língua portuguesa*. Lisboa: P. Plantier, 1973.

COELHO, M. C. N. A CVRD e a (re)estruturação do espaço geográfico na área de Carajás (Pará). In: CASTRO, I. E; GOMES, P. C. C; CORRÊA, R. L. *Brasil: Questões atuais da reorganização do território*. Rio de Janeiro: Bertrand Brasil, 2008, p.245-282.

CORRÊA, R. L. Espaço: Um conceito-chave da Geografia. In: CASTRO, I. E; GOMES, P. C. C; CORRÊA, R. L (org.). *Geografia: Conceitos e temas*. Rio de Janeiro: Bertrand Brasil, 1996.

_____. *Espaço urbano*. São Paulo: Ática, 2003.

_____. *Trajetórias geográficas*. Rio de Janeiro: Bertrand Brasil, 2010.

COSTA, W. M. *Geografia política e geopolítica*. São Paulo: EdUsp, 2010.

FLEURY, S. F. Emancipação de municípios: Um exame de indicadores. *Revista do Legislativo*, nº 37, jul.-dez./2003.

GOMES, R. C. C. *Fragmentação e gestão do território no Rio Grande do Norte*. Tese (Doutorado em Geografia) — Instituto de Geociências e Ciências Exatas — Unesp, Rio Claro, 2007.

KLERING, L. R. Emancipações políticas do Rio Grande do Sul na década de 80: Razões, histórico e diretrizes. In: *Emancipações para prosperar*. Porto Alegre: Assembleia Legislativa, 1992.

LIBANIO, J. B. *Ideologia e cidadania*. São Paulo: Moderna, 1995.

LIMA, J. J. F; PARACAMPO, M. V. Desigualdades socioespaciais na Região Metropolitana de Belém. In: RIBEIRO, L. C. Q. (org.). *Metrópoles: Entre a coesão e a fragmentação, a cooperação e o conflito*, 2004. CD-ROM.

LIMA, M. H. P. *O Processo de emancipação municipal no estado do Espírito Santo*. Dissertação (Mestrado em Geografia) — Programa de Pós-Graduação em Geografia, Universidade Federal do Rio de Janeiro, Rio de Janeiro, 2000.

MACHADO, J. P. *Dicionário etimológico*. São Paulo: Biblioteca Luso-Brasileira, 1987.

MACHADO, L. O. *Sistemas, fronteiras e território*. LAGET: Correio Eletrônico: <http://igeo-server.igeo.ufrj.br/fronteiras/>. Acesso em ago. 2011.

MAGALHÃES, J. C. Emancipação político-administrativa de municípios no Brasil. In: A. X. Y. Carvalho, C. W. Albuquerque, J. A. Mota & M. Piancastelli (Eds.), *Dinâmica dos municípios*. Rio de Janeiro: Ipea, 2007.

MARCUSE, P. Cities in Quarters. In: BRIDGE, G; WATSON, S. *A Companion to the City*. Nova York: Blackwell, 2003.

MARTINS, H. T. *A fragmentação do território nacional: A criação de novos estados no Brasil (1983-1988)*. Tese (Doutorado em Antropologia e Sociologia) — Programa de Pós-Graduação em Sociologia e Antropologia, Universidade Federal do Rio de Janeiro, 2003.

MASSEY, D. Spaces of Politics. In: MASSEY, D; ALLEN, J; SARRE, P. (org). *Human Geography Today*. Polity Press, 1999, p.279-294.

MENDONÇA, J. G. Segregação socioespacial na metrópole belo-horizontina. In: RIBEIRO, L. C. Q. (org.). *Metrópoles: entre a coesão e a fragmentação, a cooperação e o conflito*. 2004. CD-ROM.

MIYAMOTO, S. *Geopolítica e poder no Brasil*. Campinas: Papirus, 1995.

NICOLAS, D. H. Tempo, espaço e apropriação social do território: Rumo à fragmentação na mundialização? In: SANTOS, M. et al. (orgs). *Território: Globalização e fragmentação*. São Paulo: Hucitec, 1996, p. 85-101.

NORONHA, R. Criação de novos municípios: O processo ameaçado. Rio de Janeiro: *Revista do IBAM*, vol.43m, n? 219, 1996, p.110-117, abr.-dez.

_____. Emancipação municipal: Implicações espaciais da divisão político-administrativa do território fluminense. Dissertação (Mestrado e Geografia) — Programa de Pós-Graduação em Geografia, Universidade Federal do Rio de Janeiro. Rio de Janeiro, 1997.

O'DONNELL, G. Teoria democrática e política comparada. Rio de Janeiro: *Scielo Dados*. Vol. 42, n? 4, 1999.

RIBEIRO, L. P. *Zonas de fronteira internacionais na atualidade: uma discussão*. LAEGT: Correio Eletrônico: <http://igeo-server.igeo.ufrj.br/fronteiras/>. Acessado em ago. 2011.

SANTOS, M. *Por uma geografia nova*. São Paulo: EdUsp, 2008.

SILVA, S. C. *A Família de municípios do agronegócio: Expressão da especialização produtiva no front agrícola*. Dissertação (Mestrado em Geografia) — Unicamp. Campinas, 2007.

SOUZA, M. L. *ABC do desenvolvimento urbano*. Rio de Janeiro: Bertrand Brasil, 2005.

STEINBERGER, M.; MANIÇOBA, R. Efeitos da centralização e descentralização no processo brasileiro de municipalização: O caso da região Norte. *Economia, Sociedad y Território*, enero-abril 2008, año/Vol. V, n.º 29, El Colégio Mexiquense, A.C. México. p.703-729.

WANDERLEY, C. B. Emancipações municipais brasileiras ocorridas na década de 90: Estimativa de seus efeitos sobre o bem-estar social. *Trabalho apresentado no XVI Encontro Nacional de Estudos Populacionais*, Minas Gerais, 2008.

PARTE 2

Morar e Votar

GEOGRAFIA ELEITORAL E AS ESTRATÉGIAS TERRITORIAIS DA IGREJA UNIVERSAL DO REINO DE DEUS

Danilo Fiani Braga

O crescimento dos grupos evangélicos — sobretudo pentecostais — nas três últimas décadas tem sido um dos fenômenos de maior relevância na sociedade e na política não só brasileiras, como em diversos países da América Latina. Desde a década de 1980 essa crença passou a ter um número cada vez maior de adeptos e tem chamado a atenção de jornalistas, cientistas sociais e demais pensadores da realidade social brasileira.

De fato, dados do "Novo Mapa das Religiões", elaborado pelo Centro de Pesquisas Sociais da Fundação Getúlio Vargas, indicam um total de 20,3% de evangélicos no país e um acréscimo de 11 pontos percentuais com relação aos dados de 1991. Nesse universo, os pentecostais (incluindo os neopentecostais) podem ser apontados como os principais atores — senão os únicos —, uma vez que representam aproximadamente dois terços dos evangélicos no país. Além disso, outro fator, de natureza essencialmente política, atribui maior relevância ao fenômeno destacado: a entrada vigorosa desses grupos na política nacional. E, não obstante serem numerosas as denominações pentecostais no Brasil, uma merece destaque no cenário político: a neopentecostal Igreja Universal do Reino de Deus (Iurd).

Segundo o *Atlas da filiação religiosa e indicadores sociais no Brasil* (Jacob et al., 2003), a Iurd é a terceira maior crença pentecostal em número de fiéis (2,1 milhões), a despeito de ter sido fundada, conforme cita Beozzo (2003), apenas em 1977, década em que o movimento neopentecostal se estabelece no Brasil. O que atribui relevância ainda maior a essa igreja é que, não bastasse seu rápido crescimento, a mesma tem conseguido, nos últimos anos, bons resultados na arena política, com uma significativa representação no Congresso Nacional e nas demais câmaras parlamentares do país (Estados e municípios), fatos certamente subsidiários de sua especial capacidade organizacional e de mídia.

Considerando-se a relevância política da Iurd perante os grupos pentecostais brasileiros, este estudo tem por objetivo analisar as estratégias territoriais dessa organização religiosa para sua crescente conquista de fiéis e eleitores. Nesse sentido, a primeira seção faz uma avaliação das causas para o crescimento da Iurd e seu êxito eleitoral, sendo sucedida por uma discussão a respeito da organização territorial da igreja e da natureza territorial de suas atividades e localização dos templos. A terceira seção faz uma análise das influências espaciais concernentes ao voto evangélico. Por fim, a geografia eleitoral dos votos *iurdianos* no ano de 2002 (ano em que a Iurd obteve maior êxito eleitoral, com 54 deputados estaduais e federais eleitos, sendo 12 pelo Estado do Rio de Janeiro, mais um senador, também no RJ), no município do Rio de Janeiro, fornece um retrato que ajuda a compreender a maneira como essa igreja efetiva seus objetivos políticos por intermédio de sua atuação no território.

PENTECOSTALISMO E IGREJA UNIVERSAL:
RAZÕES PARA O CRESCIMENTO E SUCESSO ELEITORAL

O rápido crescimento do movimento pentecostal no país a partir dos anos 1970 e 1980, fato a que contribui o surgimento das seitas neopentecostais, deve-se tanto a características e princípios próprios do pentecostalismo quanto a especificidades na dinâmica socioespacial brasileira.

A emoção coletiva característica dos cultos pentecostais advém de uma configuração doutrinária libertária, que se aproxima da realidade social e aparentemente supera a relação dicotômica entre o secular e o sagrado, característica das instituições religiosas tradicionais — como a Igreja Católica e as Igrejas Protestantes chamadas "Históricas" (Cesar, 2000). Dessa forma, segundo Cecília L. Mariz, o pentecostalismo reencanta o protestantismo quando traz a possibilidade de milagres e curas no cotidiano (Mariz, 2000).

A aproximação com o "mundo secular" e os problemas do cotidiano associada a práticas de culto mais populares e carismáticas atraem com muito vigor as camadas mais pobres da sociedade, partindo também dessas os quadros religiosos, cuja formação dispensa formalismos e valoriza apenas o dom da palavra e o conhecimento bíblico. De fato, como é ressaltado por muitos autores (Sampaio Machado, 1994, Cesar, 2000, Mariz, 2000, Souza e Magalhães, 2002), essas camadas da sociedade são a principal fonte de fiéis para as Igrejas pentecostais. Reforça esse aspecto o surgimento, no Brasil, das doutrinas "neopentecostais", cujo maior expoente é a Igreja Universal do Reino de Deus:

o neopentecostalismo, além de trazer menor rigidez nos costumes, funda a chamada "teologia da prosperidade", que prega não somente a salvação espiritual como também "financeira" de seus fiéis, ao contribuírem com os dízimos (Cesar, 2000).

A respeito disso, Patrícia Birman (2003) demonstra que as igrejas pentecostais e principalmente a Igreja Universal do Reino de Deus, ao conduzirem suas práticas, constroem um novo imaginário de nação que confronta o imaginário tradicional católico. A Igreja Universal combate a ideia tradicional do "popular", comum ao repertório católico conservador, que acaba por vincular os segmentos populares a um lugar hierárquico inferior. A imagem paternalista do "povo sofrido", longamente cultivada pela Igreja católica, é combatida pelo novo *ethos* iurdiano, que cria uma "imagem de religião associada à riqueza, à opulência, ao cosmopolitismo e à globalização" (p.242). O crente iurdiano é chamado a ascender socialmente por meio do trabalho e de seu esforço. Contra o "humilde devoto", o "homem de negócios", segundo a autora, passa a ser uma espécie de tipo ideal criado pela Iurd, no bojo de um novo imaginário nacional em que os valores da igualdade e do individualismo ganham uma maior importância.

Seguindo essa linha, Souza e Magalhães (2002) afirmam que é difundido o pensamento, dentro das igrejas pentecostais e sobretudo na Iurd, de que "só não é abastado quem não quer". O fiel, ao pagar o dízimo, deve exigir de Deus tudo aquilo que prometeu, pois está no direito de receber. Assim afirma o bispo Edir Macedo (*apud* Souza e Magalhães, 2002, p.97): "(...) Tudo aquilo que Ele promete na sua palavra é uma dívida que tem com você (...). Quando pagamos o dízimo a Deus, Ele fica na obrigação (porque prometeu) de cumprir a Sua Palavra, repreendendo os espíritos devoradores (...)". O fiel é então convocado a perseverar, a trabalhar, a pagar os dízimos e a *cobrar* o retorno de Deus, que vira, conforme ressaltam as autoras, um "instrumento nas mãos do fiel". Quando esse retorno não vem, isso é devido à presença do Diabo ou de encostos (os "espíritos devoradores" citados acima), que devem ser extirpados pela pregação.

No tocante à participação na política, vale destacar o papel que têm a Iurd e outras Igrejas pentecostais ao semearem, entre classes mais carentes, a importância do voto para a reivindicação de seus direitos e para a mudança de seus cotidianos (Oro, 2003, p.65). Conforme demonstra Machado (2006), ao citar pesquisa realizada pelo DataUFF no início dessa década, o segmento da sociedade no qual se verificou maior interesse pelo comparecimento às urnas foi o das mulheres de classes mais pobres, de baixa escolaridade e pentecostais. Também Oro, ao citar trabalho de Alexandre B. Fonseca, mostra que, para muitas pessoas, participar de uma igreja como a Iurd significa a primeira experiência de se conversar sobre política e de se valorizar o voto (Oro, 2003, p.65). Não resta a menor dúvida, todavia, dado o caráter "barato" do voto religioso, da intencionalidade por detrás desse "despertar para a cidadania". No entanto, é inegável que se trata de um diálogo importante cuja responsabilidade acaba sendo, em muitos casos, assumida com mais evidência pelo setor religioso do que pelo Estado.

Não podemos desconsiderar, ainda no conjunto das igrejas pentecostais, o fato de que, conforme demonstra Machado (2006), praticamente todas essas igrejas têm no assistencialismo um poderoso capital eleitoral. A autora alerta, contudo, para o fato de que este não é prerrogativa dessas religiões, mas de grande parte dos políticos brasileiros. Ainda sobre esse aspecto, a autora cita a "Associação Beneficente Cristã", órgão assistencialista pertencente à Iurd que, por ser unificado, demonstra ainda um enorme poder centralizador desta perante outras Igrejas.

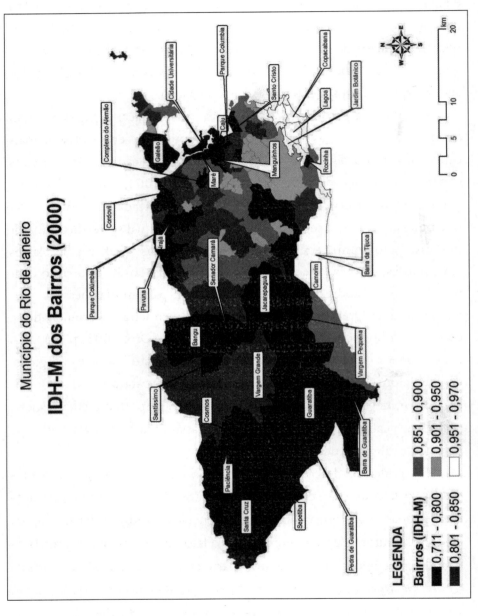

152 | Espaços da Democracia

Essas afirmações expostas se tornam mais visíveis ao analisarmos a distribuição dos templos da Iurd pelo município do Rio de Janeiro. De fato, como demonstram os Mapas 1 e 2, os bairros que compreendem a menor proporção de fiéis por templo da Iurd tendem a ser os que registraram menores Índices de Desenvolvimento Humano (IDH), fato que corrobora com a tese de Mônica Machado Sampaio (1992), ao afirmar que, assim como os pentecostais têm nas classes mais pobres sua principal clientela, a maior parte de seus templos será localizada nas periferias das grandes cidades, tradicionalmente mais carentes.

Mapa 2

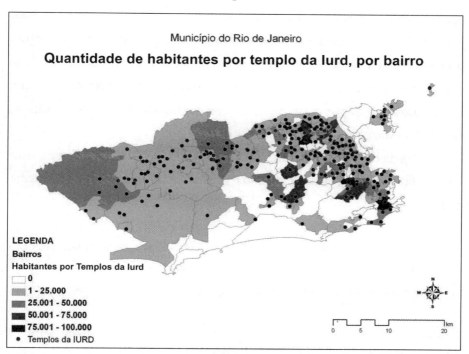

Fonte: PNUD (ONU).

A principal razão, contudo, que garante a supremacia instrumental da Iurd frente a outras denominações seria sua capacidade organizacional *centralizada*. A cúpula da Igreja define não apenas as candidaturas que vão concorrer aos cargos disputados nas eleições, como também a distribuição das mesmas por regiões. É bem verdade que, conforme demonstra Ari Pedro Oro (2003), outras igrejas procuraram seguir o exemplo da Iurd, copiando certas estratégias dessa organização. No entanto, o autor demonstra que é apenas a Igreja Universal que consegue, ao mesmo tempo, estabelecer arbitrariamente suas "candidaturas oficiais", pelas decisões de sua cúpula, e exercer uma forte pressão para direcionar o voto dos fiéis ao seu favor.* Para ilustrar, o autor cita uma passagem do bispo Rodrigues, então principal estrategista político da Iurd, no *Jornal do Brasil* em 2001: "Nossa força é que temos uma hierarquia, há uma hierarquia que é seguida à risca" (Rodrigues *apud* Oro, 2003, p.56). Isso significaria dizer que o poder da instituição prevalece sobre o dos indivíduos, e que os pastores eleitos por meio da Iurd não seriam donos de seus mandatos, mas estes estariam sob a tutela da igreja.

Maria das Dores Machado, em seu livro *Religião e política*, concorda com Oro e, fazendo um contraponto da Iurd perante outras igrejas, afirma que

> (...) tirando os membros dessa denominação [a Iurd] que, como vimos, indica os candidatos, fornece assessoria política e realiza uma efetiva campanha política de seus representantes, nos demais casos o empreendimento político tem um caráter

---

* Oro cita algumas táticas utilizadas pela Universal para a forte conquista dos votos de seus fiéis, como o efeito de dar um certo sentido religioso ao voto, assemelhando este à exorcização dos demônios na política.

mais individual, ainda que receba aval e apoio de determinados setores da comunidade confessional (Machado, 2006, p.128).

Considerado o caráter centralizado da administração *iurdiana*, é de supor, igualmente, a mesma postura com relação à atuação da igreja no território, ou seja, a existência de um pensamento estratégico territorial definido *a priori*.

ORGANIZAÇÃO TERRITORIAL DA IGREJA UNIVERSAL

Território é "uma parcela de terreno utilizada como forma de expressão e exercício do controle sobre outrem" (Gomes, 2002, p.12). A acepção eminentemente política do conceito, tal qual também o faz Robert Sack, parece-nos dar contornos muito mais precisos à compreensão do comportamento pentecostal, em vez de outras concepções correntes que ampliam largamente seu escopo, correndo às vezes o risco de não diferenciá-lo do espaço social como totalidade.

As definições do geógrafo Robert David Sack para os conceitos de territorialidade e território são bastante precisas no que se refere à dimensão do poder. Para ele: "Relações espaciais humanas são os resultados da influência e do poder. A territorialidade é a forma espacial primária que o poder toma" (1986, p.26).* Nesse sentido, para Sack, a territorialidade é a tentativa, empreendida por um indivíduo ou um grupo, de afetar, influenciar ou controlar pessoas, fenômenos e relações, através

---

* Tradução do autor. Texto original: "*Human spatial relations are the results of influence and power. Territoriality is the primary spatial form power takes.*"

da delimitação e controle de uma área geográfica à qual se denomina *território* (ibid., p.19). Ficam claras, portanto, as concepções do território como área sobre a qual é exercido um poder, e da territorialidade como estratégia de manutenção desse poder.

A forma material mais visível de controle do espaço pelos grupos religiosos é o *templo*. No caso da Igreja Universal do Reino de Deus, é frequentemente notável como seus templos se destacam na paisagem, seja pela eventual pujança de sua arquitetura, pelos seus ditames e letreiros bastante visíveis, ou mesmo pela sua conhecida logomarca. A ocupação de espaços públicos para a prática de cultos, como praças e saídas do metrô, e a utilização temporária de espaços privados também são conhecidas territorialidades pentecostais — os chamados "territórios móveis", conforme definidos por Sack (op. cit.).

A enorme capacidade midiática da Igreja Universal possibilita, até mesmo, novas formas de conquista territorial. Esse é o caso do evento denominado "Fogueira de Israel", descrito por Patrícia Birman (2003). Trata-se da peregrinação de bispos da Igreja Universal até Israel, levando consigo doações e pedidos de milagres dos fiéis, para serem queimados em uma "fogueira santa" no "centro sagrado do mundo". Segundo a autora, trata-se de uma *corrente* "que vincula pessoas de dentro e de fora da Igreja, bem como pessoas de territórios estigmatizados a espaços públicos 'centrais' e transnacionais" (p.243). Essa corrente, transmitida pelos meios de comunicação da Igreja e realizada por meio de grandes espetáculos em templos e espaços públicos, faz com que seus membros se sintam parte de uma "comunidade afetiva", "cuja abrangência pretende ultrapassar por suas conexões sucessivas o plano local, no qual estão situados os fiéis" (ibid., p.244). Dessa maneira, a conquista territorial exercida pela

Iurd não se restringe ao plano material, mas é feita — e transmitida — de maneira virtual.

A "Fogueira de Israel" nos leva até a reconsiderar a afirmação de Rosendahl (1999, p.27) que, ao estudar a dinâmica das peregrinações, não as caracteriza como atividades comuns do protestantismo. Se de fato não são efetuadas no protestantismo histórico, o neopentecostalismo, com a flexibilidade que lhe permite incorporar práticas características de outras religiões, engendra uma espécie de peregrinação que, embora virtual, tem fortes efeitos territoriais e sobre o imaginário e inspiração religiosa dos fiéis.

A notável capacidade organizacional do grupo Iurd nos leva a questionar, inclusive, a territorialidade *informal e fugaz* tal qual definida por Sampaio Machado (1992, 1994) e atribuída por esta aos grupos pentecostais. Tem-se que, para estes, a fundação dos templos se dá de maneira descentralizada, não havendo um pensamento espacial prévio à sua localização como parte de um conjunto organizado. Isso explicaria o porquê, no pentecostalismo, de os templos por vezes se localizarem muito próximos uns dos outros, às vezes inexistirem em certas áreas, e ocuparem e desocuparem lugares com muita frequência. O próprio fiel pode tomar a iniciativa de criar pontos de pregação, o que, longe de ser uma deficiência, seria, segundo a autora, a grande "mola impulsionadora" do movimento pentecostal.

Sem discordar desta concepção como uma generalização, isso não parece ser aplicável à Iurd. Essa organização, conforme já mencionado, é dotada de alta capacidade de centralização, tanto no aspecto político, quanto no aspecto organizacional, uma vez que a igreja é dotada de uma alta cúpula que controla todos os seus meios de comunicação e à qual são submetidos todos os seus templos.

Com base nesses indícios, a *territorialidade informal e fugaz* defendida por Machado não se aplicaria, de todo, para o caso da Iurd. Se isso pode ser verdade no tocante à *forma*, uma vez que os templos são livremente implantados em todo tipo de construção, desde pequenas lojas e galerias até grandes construções, o mesmo não pode ser dito quanto a sua territorialidade. Nesse sentido, sugere-se a ideia de que o território, no caso da Iurd, é previamente conhecido, com uma determinação de "cima para baixo" para a implantação de novos templos. E, como veremos, os resultados obtidos pela geografia eleitoral também sugerem tal hipótese.

O "VOTO EVANGÉLICO":
INFLUÊNCIAS ESPACIAIS NA DECISÃO DE VOTO

De acordo com definição de Taylor e Johnston (1979), uma vez que se tem nas cidades, *a priori*, uma segregação de origem socioeconômica, os padrões espaciais do voto refletem tal segregação, o que servirá de norte para as análises dos padrões de votação aqui feitos, pois, ao saber a natureza socioeconômica das zonas eleitorais no município do Rio de Janeiro, podemos inferir qual a característica do voto destinado aos políticos ligados à Iurd.

Ainda nessa mesma linha, os autores apontam para um ponto ainda mais sutil na relação vizinhança x comportamento eleitoral. A vizinhança é um espaço das relações e contatos sociais, sendo um ambiente dentro do qual os eleitores formam opiniões a respeito de como votar:

> (...) Esse padrão de contatos sociais pode ser um elemento importante do ambiente social dentro do qual eleitores formam suas ideias sobre como votar, uma vez que

diferentes meios sociais podem envolver diferentes induções a respeito da discussão política (Taylor e Johnston, 1979, p.23).*

Esse efeito é normalmente chamado de *neighbourhood effect* que, de acordo com Cox (1969), significa um processo de "conversão por conversação", resultante de fluxos de opinião a respeito de informações politicamente relevantes que percorrem as redes sociais locais. Trata-se, conforme nos apresenta Castro (2005), do "efeito de vizinhança", que varia espacialmente, uma vez que a sociedade compreende diversos interesses políticos, que são territorializados também de maneira diversa.

A não ser que em um estado de total isolamento, todo indivíduo faz parte de estruturas sociais que constrangem seu comportamento. Ainda, a pertinência a uma determinada estrutura ou grupo social — que pode ser o trabalho, a vizinhança, uma religião/templo, um clube — molda o comportamento do indivíduo, ao passo que este almeja aprovação do grupo em questão:

> Indivíduos exercem seus papéis na sociedade como membros de grupos e comunidades. (...) Completo assentimento é muito improvável, no entanto. Entre a maioria que compartilha das mesmas orientações, as visões tendem a se reforçar por meio de conversações (...). Aqueles que são a minoria podem achar a atmosfera de opiniões fortemente contra eles. E então eles têm as seguintes opções (...): (1) sair do grupo (...); (2) tentar ser ouvidos (...); e (3) lealdade, que (...) ocorre

---

* Tradução do autor. Texto original: *"This pattern of social contacts may be a major element of the social environment within which voters make up their minds on how to vote, for different social milieux may involve different biases in terms of political discussion and advice."*

quando eles aceitam a visão do grupo. Essa última é o efeito estrutural (Taylor e Johnston, 1979, p.227).*

Com relação ao chamado "efeito estrutural", os autores sugerem cinco possíveis contextos sociais que têm dimensão espacial e que provocam efeitos estruturais: a casa, a vizinhança, a escola, locais de lazer e organizações formais (como os sindicatos). A entrada de grupos religiosos na política faz com que os templos e as igrejas — bem como qualquer local de pregação —, por serem ambientes de socialização, tenham o poder de conformar uma opinião política definida e direcionar o voto de seus integrantes.

Sem desconsiderar as outras estratégias territoriais da Iurd, tomamos a localização dos templos, por seu caráter material e quantificável, como instrumento de análise das estratégias da igreja para a obtenção de votos. Apesar de havermos reconhecido, conforme já explicitado, que a Iurd se dota de diversas territorialidades que não apenas a implantação de templos, a relação templo-votos, conforme veremos a seguir, embora seja *per se* limitadora, é bastante esclarecedora.

---

* Tradução do autor. Texto original: "Individuals act out their various roles in society as members of a number of groups and communities. (...) Complete conformity is very unlikely, however. Among the majority who share the same orientations, views are likely to be reinforced by conversation (...). Those in the minority may find the group climate of opinion strongly against them. Then they have a number of options (...): (1) exit (...); (2) voice (...); and (3) loyalty, which (...) occurs when he accepts and adopts the group view. The latter is the structural effect".

GEOGRAFIA ELEITORAL DOS CANDIDATOS LIGADOS À IURD NO ANO DE 2002

Padrões Espaciais de Votação

De acordo com a "taxonomia de padrões espaciais" proposta por Ames (2003), há duas grandes dimensões com que se pode classificar a dispersão espacial dos votos de um determinado candidato (ou de uma legenda). A primeira dimensão trata da dualidade *dominância/compartilhamento* e é medida pela proporção de votos que um candidato tem dentro de cada distrito ou zona eleitoral. Nesse sentido, um candidato tem perfil *dominante* se, em determinadas zonas eleitorais, ele obtém a maioria dos votos, sendo mais difícil para outros candidatos adentrarem e conquistarem votos.

O oposto seria um perfil *compartilhado*, em que o candidato se elege sem ser dominante em nenhuma área. Isso é muito comum quando se trabalha com distritos muito populosos ou então quando existem muitos candidatos em disputa no mesmo distrito. O sistema eleitoral brasileiro — proporcional de lista aberta — permite que sejam muitos os candidatos a ocupar cargos no legislativo, e isso acirra a disputa e torna mais difícil a dominância, sobretudo nas grandes cidades, que atraem mais atenção e concorrência eleitoral.

A segunda dimensão da taxonomia proposta por Ames trata da dualidade *concentração-dispersão* e procura identificar a distribuição espacial dos votos em um distrito eleitoral. Trata-se do estudo do território eleitoral *per se*. Assim, se o candidato concentra seus votos apenas em um determinado grupo de zonas eleitorais contíguas, o mesmo tem um padrão de votação *concentrado*. Se, em contrapartida, os votos estiverem diluídos por todas (ou grande parte) as zonas eleitorais em questão, o padrão é *disperso*.

Geografia Eleitoral da Iurd no Município do Rio de Janeiro, em 2002

Conforme mencionado por Oro (2003), outras denominações religiosas evangélicas têm se utilizado de algumas práticas eleitorais adotadas pela Igreja Universal. Acrescente-se que, se não é possível dizer que essa foi a primeira denominação a fazer uso de seus recursos para alcançar méritos eleitorais, foi a primeira que fez uso extensivo destes, chamando a atenção de outras denominações para atuarem de forma semelhante. Em virtude disto, a competitividade tem se acirrado entre os grupos evangélicos, tornando maior o número de religiosos e denominações interessadas nos cargos legislativos, e complexificando as chamadas "bancadas evangélicas".

O ano de 2002, contudo, parece ter sido o momento de culminância de um processo que marca a entrada intensiva dos evangélicos pentecostais na política. E esse contexto se deve, sobretudo, ao destacado êxito eleitoral da Iurd perante outras denominações, sendo o Rio de Janeiro o principal Estado em que tal fato ocorreu: foram sete deputados estaduais, cinco deputados federais e um senador. Por essa razão, escolhemos este ano para a geografia eleitoral aqui apresentada, uma vez que o maior número de votos e políticos eleitos nos permite avaliar com maior compleição o território eleitoral da igreja.

Antes de proceder à análise dos padrões eleitorais encontrados, cumpre ressaltar que cada mapa eleitoral representa duas dimensões das votações: a dominância por zona eleitoral, representada em coropletas, e a quantidade de votos relativa ao total de votos do candidato, representada por barras pretas verticais, com valores percentuais. A primeira representação nos permite avaliar o grau de dominância territorial, uma vez que indica o percentual de votos obtidos de acordo com o total de eleitores em cada zona eleitoral; a segunda indica, para cada zona eleitoral, o percentual de votos obtidos relativos à votação total do candidato no município (para retratar a concentração ou dispersão espacial dos votos, no total). Como a quantidade de eleitores em cada zona eleitoral não varia muito, as duas informações normalmente são congruentes, havendo apenas diferenças pouco significativas para a análise.

Como de praxe para as eleições parlamentares no Brasil, a quase totalidade dos políticos aqui analisados apresenta um padrão eleitoral *compartilhado*, uma vez que dificilmente se consegue a maioria dos votos em uma dada zona eleitoral. O que importa, para a análise aqui realizada, é o fato de eles terem obtido uma votação *concentrada* territorialmente, conforme se verifica pela análise do Quadro 1, que compreende os candidatos a deputados estaduais ligados à Iurd e eleitos.

Todos os políticos ali representados receberam votação concentrada em determinada área da cidade, sendo insignificante o resultado eleitoral em demais regiões. Além disso, chama ainda mais atenção o fato de essas áreas serem praticamente *incongruentes*. Isso indica que, além de os candidatos não "competirem" com relação a seus redutos eleitorais, estes possivelmente são definidos *a priori*, em uma concepção estratégica desenvolvida ou subsidiada pela alta cúpula da Iurd. Outro fato relevante: cobrem quase todas as áreas da cidade, sobretudo aquelas em que se concentram os templos da igreja.

O mesmo padrão pode ser notado pela análise do Quadro 2, com os candidatos à Câmara Federal. Com exceção do bispo Carlos Rodrigues, que, com sua aparência física perturbadoramente ascética, era, àquela época, um dos quadros mais populares da Igreja Universal, mantém-se o padrão concentrado dos votos e o fato de os redutos eleitorais não se mesclarem. E mesmo para aquele candidato há certa concentração dos votos em cujo território os outros candidatos praticamente não "entram".

A votação de Marcelo Crivella para o Senado (Mapa 3) assim como os somatórios das votações para a Assembleia Legislativa do RJ e para a Câmara Federal são um retrato fiel do "território iurdiano" no Rio de

Janeiro. Isso porque, se compararmos com a relação habitantes/templo demonstrada pelo Mapa 2, nota-se que é justamente nas áreas onde se concentram os templos da igreja que esta obtém mais votos. Da mesma forma, a igreja obtém mais votos nas áreas com menor desenvolvimento humano. É notável a gradação dos resultados eleitorais obtidos ao passo que se avança a norte e a oeste no território da cidade, enquanto que na Zona Sul os resultados são bem menos relevantes — exceções feitas, claro, a bairros como São Conrado, em que se localiza a Rocinha, e à parte mais central e meridional da Zona Norte, em que se localizam os Complexos de Favelas do Alemão e da Maré, regiões em que a Iurd obteve significativo êxito eleitoral.

Mapa 3: Geografia Eleitoral do candidato eleito
Marcelo Crivella no ano de 2002 — Senado Federal

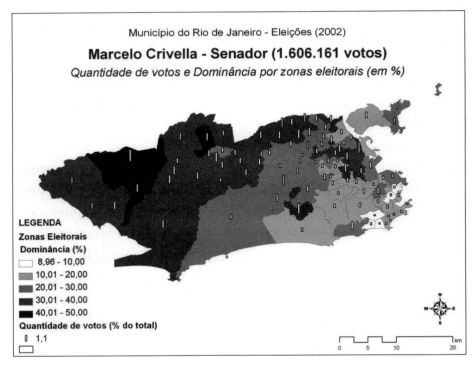

Quadro 1: Geografia Eleitoral dos candidatos eleitos ligados à Iurd no ano de 2002 — Assembleia Legislativa do Estado do Rio de Janeiro

MAPAS — QUADRO 1, MAPAS 1 A 8

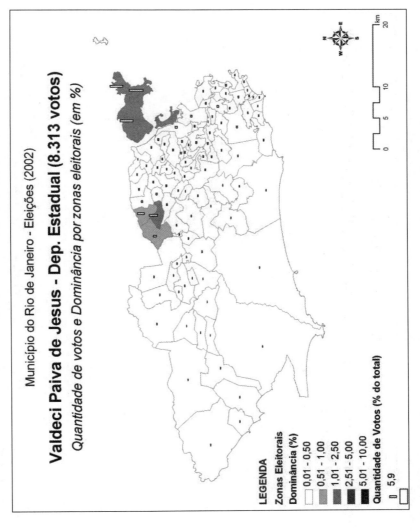

Morar e Votar | 165

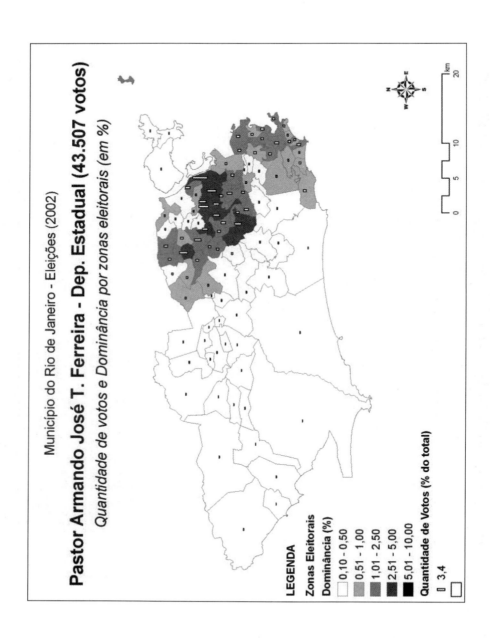

166 | Espaços da Democracia

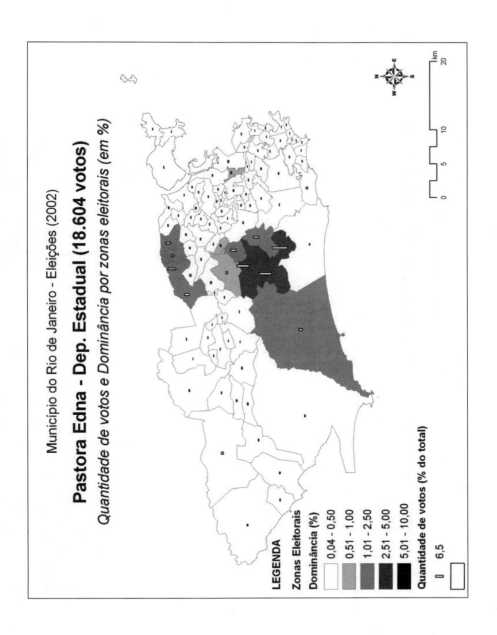

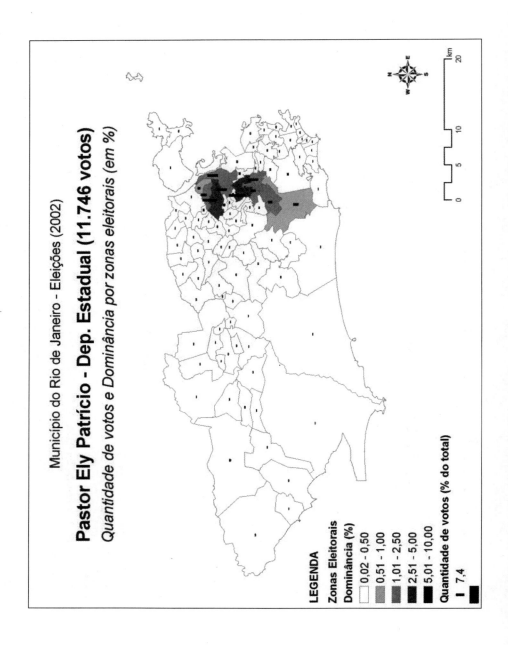

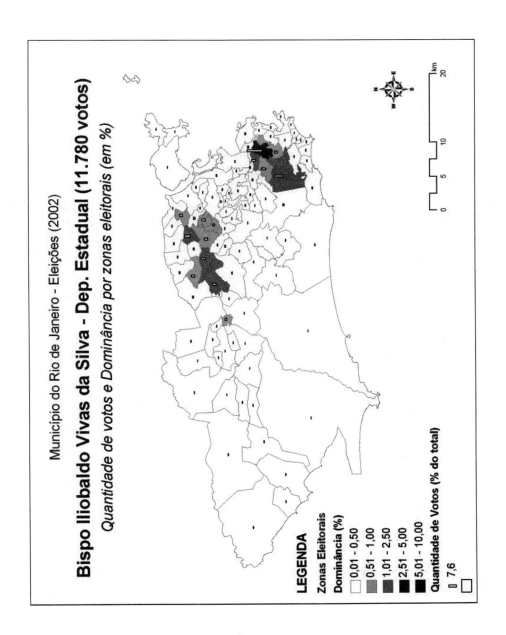

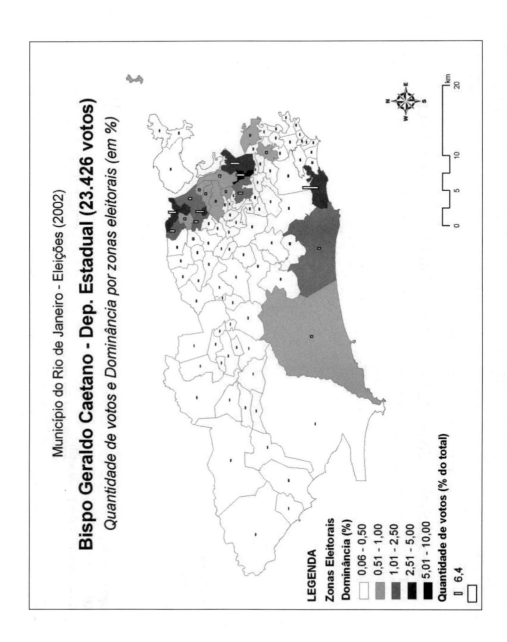

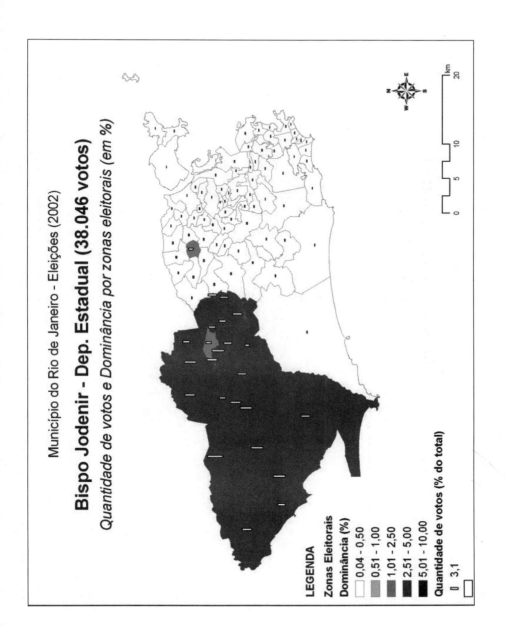

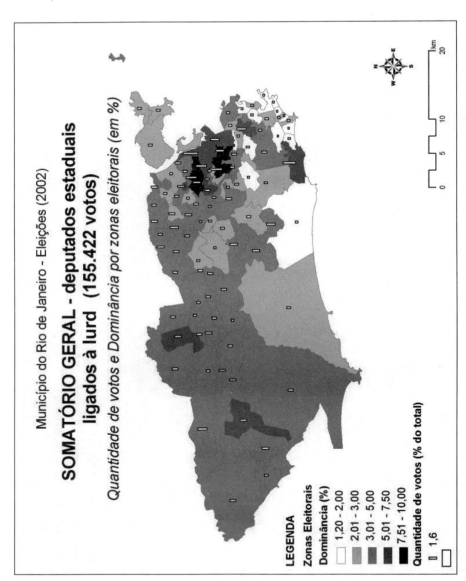

Fonte: Tribunal Regional Eleitoral do Estado do Rio de Janeiro, 2002.

172 | Espaços da Democracia

Quadro 2: Geografia Eleitoral dos candidatos eleitos ligados à Iurd no ano de 2002 — Câmara Federal

MAPAS — QUADRO 2, MAPAS 1 A 6

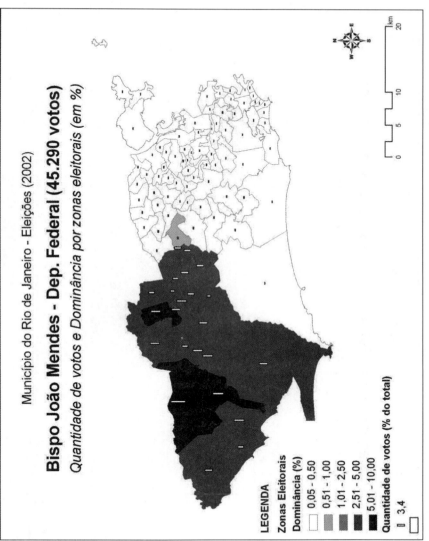

(elaboração própria. Endereços dos templos localizados no website da IURD: www.arcauniversal.com)

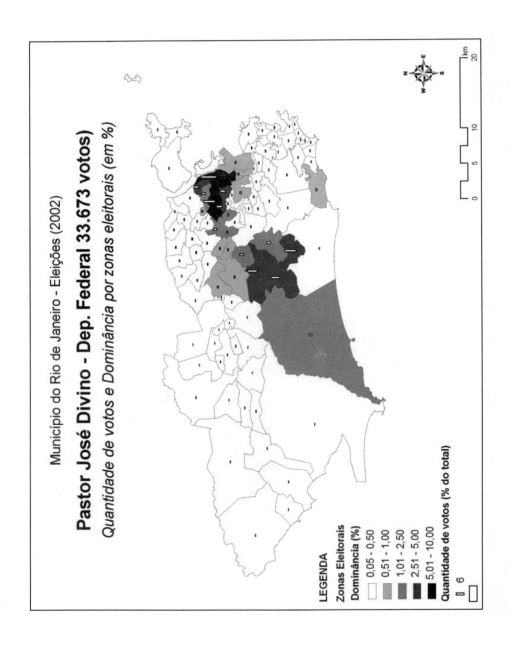

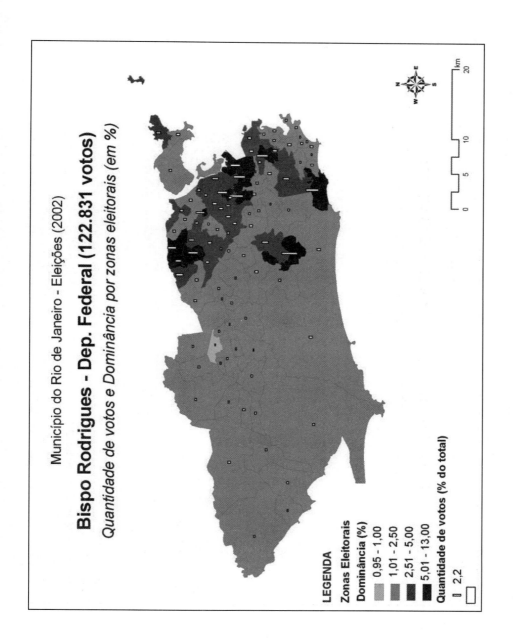

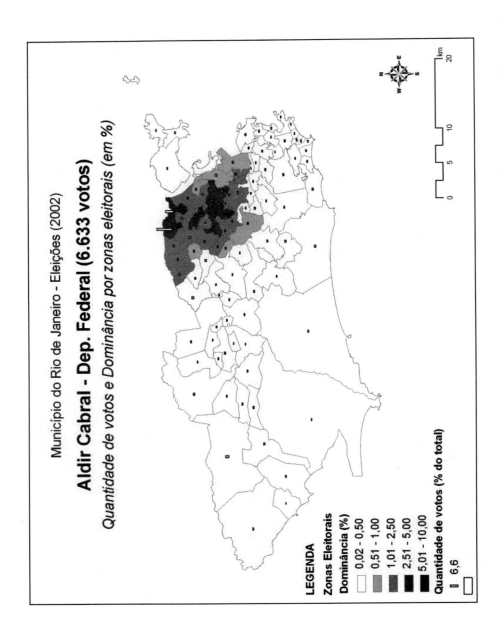

176 | Espaços da Democracia

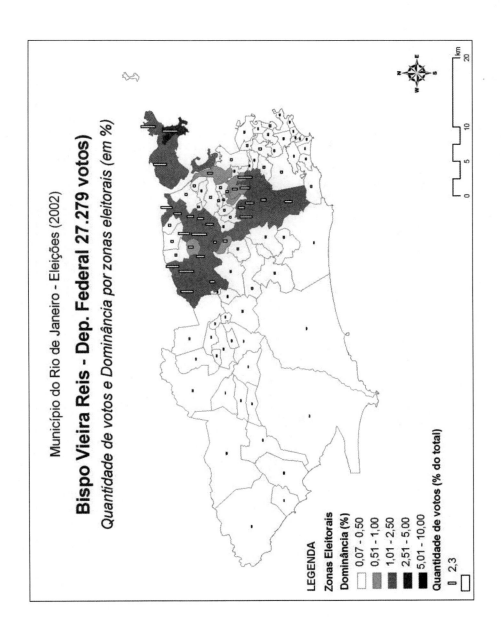

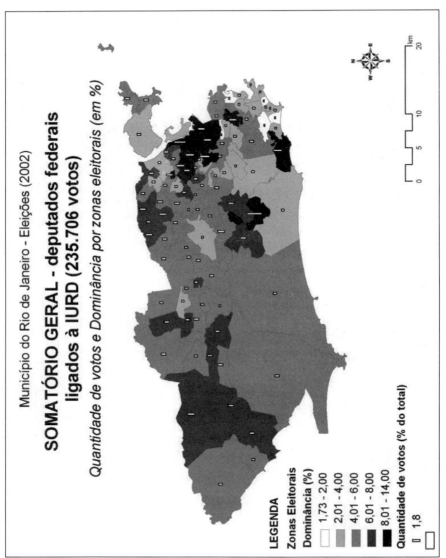

Fonte: Tribunal Regional Eleitoral do Estado do Rio de Janeiro, 2002.

178 | Espaços da Democracia

CONSIDERAÇÕES FINAIS

A geografia eleitoral demonstrada por este estudo nos permite considerar verdadeiras as hipóteses aqui levantadas sobre o *modus operandi* político da Iurd, como, por exemplo, a maior presença nas áreas com menor desenvolvimento humano e a existência de uma estratégia político-territorial definida *a priori*.

Com relação à primeira hipótese, destacam-se as principais zonas eleitorais (ZE) em que a Iurd obteve êxito, sendo informadas também as principais áreas englobadas (uma vez que os limites das zonas quase nunca repetem os limites dados pelos bairros): 2 (São Cristóvão, Caju), 8 (Jacarezinho e arredores), 21 (parte do Complexo do Alemão, arredores), 161 (compreende, dentre outros, partes da Maré, Manguinhos, Vila do João), 168 (Inhaúma), 169 (Higienópolis, Maria da Graça, Del Castilho), 179 (Cidade de Deus, Anil, Gardênia Azul, Pechincha), 188 (Grotão, Penha), 193 (Benfica, Mangueira), 211 (Rocinha, Vidigal, Gávea, São Conrado), 229 (Estácio, Catumbi, Rio Comprido), 230 (Bangu, Santíssimo, Vila Kennedy) e 241 (Inhoaíba, Cosmos, Paciência, Vila Sta. Lúcia, Vila Guaratiba, Jd. Cinco Marias). Como se pode perceber, todas as ZE supracitadas compreendem áreas de menor desenvolvimento humano, se comparadas aos bairros com alto IDH da Zona Sul da cidade. Sobretudo, compreendem as principais favelas da cidade. Nesse sentido, os dados indicam que, de fato, a distribuição dos votos retrata, com bastante fidelidade, a distribuição espacial dos templos da igreja pelo município.

A segunda dimensão revelada pela geografia eleitoral indica que a estratégia territorial não se restringe à localização dos templos, mas também às áreas de atuação dos *candidatos*, fato que se percebe pela análise dos redutos eleitorais, muito pouco conflitantes.

De todo modo, vale destacar que, embora na eleição anterior e nas subsequentes os padrões eleitorais aqui encontrados se repitam, é em 2002 que se evidenciam com mais clareza as conclusões ora expostas. Isso porque se buscou tratar aqui apenas dos candidatos eleitos, que, teoricamente, teriam recebido maior atenção da cúpula da igreja. No entanto, levanta-se a necessidade de se ampliar o debate sobre o assunto, tanto no que se refere aos políticos ligados à Iurd, incluindo eleitos e não eleitos, quanto a outras denominações evangélicas. Considerando que, como se pôde conferir pelos resultados demonstrados, a geografia eleitoral nos fornece um valioso retrato das estratégias territoriais dos atores políticos no Brasil, a ampliação da discussão pode nos fornecer um conhecimento ainda mais profundo do comportamento político dos grupos religiosos no país.

REFERÊNCIAS BIBLIOGRÁFICAS

AMES, B. *Os entraves da democracia no Brasil*. Rio de Janeiro, FGV, 2003.

BEOZZO, J.O. Política, Igrejas e Religiões. In: MENDES, C et. al. (orgs.). *Os evangélicos na política*. Rio de Janeiro: Centro Alceu Amoroso Lima para a Liberdade, 2003, p. 29-68.

BIRMAN, P. Imagens religiosas e projetos para o futuro. In: BIRMAN, P. (org.). *Religião e espaço público*. São Paulo: Attar, 2003, p. 235-255.

CASTRO, I. E.*Geografia e política: Território, escalas de ação e instituições*. Rio de Janeiro: Bertrand Brasil, 2005.

CESAR, W. O mundo pentecostal brasileiro. *Cadernos Adenauer: Fé, Vida e Participação*. São Paulo: Fundação Konrad Adenauer, n. 9, p. 53-68, 2000.

COX, K. (1969). The Voting Decision in a Spatial Context. *Progress in Human Geography*, Vol. 1, p. 81-117, 1969.

GOMES, P. C.C. *A condição urbana: Ensaios de geopolítica da cidade*. Rio de Janeiro: Bertrand Brasil, 2002.

JACOB, C. et al. *Atlas da filiação religiosa e indicadores sociais no Brasil*. Rio de Janeiro: Ed. PUC-Rio, 2003.

MACHADO, M. D. C. *Política e religião: A participação dos evangélicos nas eleições*. Rio de Janeiro: FGV, 2006a.

MARIZ, C. L. Uma análise sociológica das religiões no Brasil: Tradições e mudanças. *Cadernos Adenauer: Fé, Vida e Participação*. São Paulo: Fundação Konrad Adenauer, n° 9, p. 33-52, 2000.

NERI, M. C. *Novo mapa das religiões*. Rio de Janeiro: FGV-CPS, 2003.

ORO, A. P. A política da Igreja Universal e seus reflexos nos campos religioso e político brasileiros. *Revista Brasileira de Ciências Sociais*. São Paulo, Vol. 18, n. 53, 2003.

PNUD. *Atlas do Desenvolvimento Humano no Brasil*, 2000. Meio Digital. http://www.pnud.org.br

ROSENDAHL, Z. *Hierópolis: O sagrado e o urbano*. Rio de Janeiro: Editora UERJ, 1999.

SACK, R. D. *Human Territoriality: Its Theory and History*. Cambridge: Cambridge University Press, 1986.

SAMPAIO MACHADO, M. *A territorialidade pentecostal: Um estudo de caso em Niterói*. Dissertação de Mestrado. Rio de Janeiro, Universidade Federal do Rio de Janeiro, 1992.

_____. A lógica da reprodução pentecostal e sua expressão espacial. In: SANTOS, M. et al. (orgs.). *Fim de século e globalização*. São Paulo: Hucitec, 1994.

SOUZA, E. C. B. e MAGALHÃES, M. D. B. Os pentecostais: entre a fé e a política. *Revista Brasileira de História*. São Paulo: ANPUH, Vol. 22, n° 43, p. 85-105, 2002.

TAYLOR, P. J. e JOHNSTON, R. J. *Geography of Elections*. Middlesex: Penguin Books, 1979.

TRIBUNAL REGIONAL ELEITORAL DO ESTADO DO RIO DE JANEIRO. *Resultados eleitorais das eleições estaduais e federais de 2002*. Meio digital.

A GEOGRAFIA ELEITORAL DOS GRUPOS CRIMINOSOS NA CIDADE DO RIO DE JANEIRO

Vinícius Ventura e Silva Juwer

As eleições constituem em diversos países uma importante ferramenta da democracia. Eleições periódicas, livres e justas compõem um dos pilares fundamentais das democracias representativas ao redor do mundo. Desse modo, qualquer fenômeno que modifique o comportamento eleitoral deve ser estudado com atenção, pois pode representar mudanças significativas na sociedade. Neste sentido, a Geografia Eleitoral contribui para compreender os aspectos que influem no processo de decisão do eleitor, mediante uma abordagem que busca compreender a relação entre território e voto. O presente texto tem por objetivo analisar as possíveis relações entre o controle territorial por parte de grupos criminosos e um padrão de votação particular, que ajudaria a eleger candidatos suspeitos de pertencimento a essas organizações. Para tanto, tomaremos como estudo de caso o exemplo da comunidade de Rio das Pedras na Zona Oeste do Rio de Janeiro.

Não é segredo que a cidade do Rio de Janeiro possui uma complexa dinâmica de controle territorial. O Estado que já tinha nas facções criminosas de tráfico de drogas um grave problema, viu-se diante de um novo agente que passou a controlar diversos espaços do território carioca: as "milícias". As chamadas "milícias" vêm crescendo de importância, dominando áreas cada vez maiores e impondo seus métodos de controle e lucro. Segundo o relatório final de 2008 da Comissão Parlamentar de Inquérito (CPI), criada pela Assembleia Legislativa do Estado do Rio de Janeiro (Alerj) para investigar o assunto, as milícias são grupos armados compostos por agentes do poder público e pessoas cooptadas nas comunidades, inclusive ex-traficantes, que usam a força e o terror para dominar uma determinada região e explorar, de maneira ilegal, diversas atividades. As milícias, assim como o tráfico de drogas, costumam se instalar em comunidades carentes, tais como favelas, assentamentos ilegais e invasões, provocando constantemente confrontos com facções do tráfico na disputa por novos pontos de controle.

Além dos problemas de segurança causados pela ação desses dois agentes (milícias e tráfico), a concentração de votos em candidatos com ligações com o crime organizado é um preocupante fenômeno que passou a ser notado nas áreas onde os dois grupos mantêm influência. A comunidade de Rio das Pedras constitui uma das localidades onde pôde ser observado esse padrão. No distrito eleitoral do qual a comunidade faz parte e naqueles que se localizam imediatamente em seu entorno, o candidato Josinaldo Francisco da Cruz, conhecido como Nadinho de Rio das Pedras, alcançou um desempenho eleitoral muito forte nas ocasiões em que se candidatou. No entanto, Nadinho era acusado e investigado por fazer parte da milícia que atua na área, sendo supostamente o líder da organização. Seu desempenho eleitoral e sua ligação com o crime nos incitaram assim a interrogar sobre como a criminalidade afeta a Geografia Eleitoral.

A discussão será encaminhada da seguinte forma: primeiro, retomaremos alguns elementos que constituem a Geografia Eleitoral. Serão também debatidos o fortalecimento das facções de crime organizado no Rio de Janeiro, assim como o processo de ocupação e controle que se desenvolveu especificamente na comunidade de Rio das Pedras. Por fim, será apresentado e discutido o mapeamento dos votos do candidato Nadinho, buscando apontar os elementos capazes de explicar a concentração de seus votos na comunidade. Esperamos assim contribuir para uma reflexão sobre as relações existentes entre a Geografia Eleitoral e o crime organizado.

GEOGRAFIA ELEITORAL

Nas últimas eleições, a partir principalmente da década de 2000, pôde ser observada muito claramente em jornais, em revistas, na internet e em outros meios de comunicação uma invasão de mapeamentos com base em informações eleitorais, destacando a distribuição de votos de determinados candidatos no espaço. Considerando que esse mapeamento é parte integrante da Geografia Eleitoral (Johnston, 2002), não é exagero dizer que esse campo geográfico nunca esteve tão próximo da sociedade, e, ao mesmo tempo, tão distante dos próprios geógrafos. A geografia brasileira há algum tempo abandonou a discussão teórica e os estudos empíricos em torno da relação entre política e território no âmbito eleitoral, com a maioria dos estudos sendo realizados por cientistas políticos, que, aproveitando o vácuo deixado pelos geógrafos, tomaram frente nas pesquisas, limitando-se, porém, à construção cartográfica e a uma análise apenas superficial dos resultados espaciais.

Para Johnston (2002), a construção de mapas deve ser encarada como uma ferramenta indispensável no processo de pesquisas eleitorais geográficas. Posição defendida também por Castro (2005) e por Agnew (1996) com importantes ressalvas, sublinhando que o mapa não pode ser ele, sozinho, o resultado final da pesquisa geográfica. O mapa deve, portanto, ser *parte de um processo* de espacialização da escolha e da influência política.

O mapeamento das informações eleitorais se torna importante a partir do momento que possibilita a visualização do aspecto espacial. Dados de eleições têm sido constantemente disponibilizados no país, porém, em sua grande maioria, apenas por meio de números e tabelas, que por vezes escondem padrões que só são revelados no momento que um trabalho cartográfico é elaborado. No caso brasileiro, o Tribunal Superior Eleitoral (TSE) disponibiliza gratuitamente pelo seu site oficial uma completa seção de estatísticas eleitorais, com uma grande variedade de informações de eleições, tanto recentes como antigas. Apesar disso, chama a atenção o fato de não ser possível encontrar no site um único mapeamento, o que sem dúvida facilitaria a interpretação dos dados que ali existem.

Desse modo, o já comentado baixo número de trabalhos que investigam os resultados eleitorais não pode ser atribuído à falta de informações disponíveis, as quais existem e são de fácil acesso, assim como as ferramentas de mapeamento, cada vez de mais simples operação. A explicação para esse hiato nos estudos eleitorais, em especial por parte de geógrafos, passa então por um descrédito, uma resistência e uma discriminação sem sentido que a política vem sofrendo no campo de estudos da pesquisa geográfica no Brasil nas últimas décadas.

Os padrões espaciais de votação

Antes de entrar de maneira definitiva no estudo de caso, faz-se necessária uma rápida discussão de um dos conceitos utilizados, que irá possibilitar um melhor entendimento do tema: o padrão de distribuição espacial dos votos.

Um dos autores relevantes no estudo da Geografia Eleitoral, o americano Ames (2003), em seu trabalho sobre a democracia no Brasil, discute os diferentes padrões espaciais passíveis de serem encontrados numa análise de votação. Para Ames, esses padrões espaciais resultam da junção de duas dimensões. A primeira dimensão busca a ideia da dominância, correspondente à percentagem de votos que coube a um candidato sobre o total de votos em determinada área. Essa percentagem representa a dominância do candidato em determinado recorte espacial. Quanto mais alta a percentagem, maior é a tendência que o candidato domine a área. Já os que apresentam médias ponderadas mais baixas, têm os votos compartilhados com outros candidatos. Desse modo, *dominância* e *compartilhamento* apresentam a primeira dimensão do apoio eleitoral espacial.

A segunda dimensão calcula a distribuição espacial das áreas com bom desempenho do candidato. Essas áreas podem estar concentradas, como localidades vizinhas ou próximas, ou dispersas geograficamente. Assim, a distribuição pode ser *dispersa* ou *concentrada*.

Combinando essas duas dimensões, Ames obtém quatro padrões espaciais apresentados no seguinte quadro:

Padrões de distribuição espacial		% de votos no distrito eleitoral	
		Compartilhado	Dominante
Distribuição espacial	Dispersa	Dispersa-compartilhada	Dispersa-dominante
	Concentrada	Concentrada-compartilhada	Concentrada-dominante

Fonte: Adaptado de Ames (2003)

Nesse sentido, alguns estudos já se utilizaram destes padrões na tentativa de classificar o fenômeno objeto de estudo. O mesmo será feito neste trabalho para o candidato Nadinho de Rio das Pedras.

O FORTALECIMENTO DOS GRUPOS CRIMINOSOS

Como já destacado, este trabalho se caracteriza por ser um exercício de Geografia Eleitoral. Porém, devido ao estudo de caso, o controle territorial e a violência acabam sendo temas adjacentes. Apesar de o foco aqui não ser aprofundar a discussão em torno dos grupos criminosos e de seu impacto na cidade do Rio de Janeiro como um todo, é necessário esclarecer, ainda que de maneira geral, alguns pontos que ajudarão a compreender melhor a questão central de nossa reflexão.

A cidade do Rio de Janeiro se notabilizou nas últimas décadas por ser palco de disputas territoriais entre o poder público e as organizações criminosas. No que tange ao início do controle territorial por parte de grupos armados, Caruso (2009) marca o fim da década de 1970 como o ponto inicial para esse domínio na cidade, com a criação do Comando Vermelho. Nas décadas de 80 e 90 apareceram concorrentes a esse comando. Entretanto, essas organizações trabalhavam com a mesma estrutura criminosa, com base na coerção dos moradores e no domínio total das favelas, com financiamento sobretudo da venda de drogas. Segundo o autor, essa estrutura de domínio apenas começou a ser questionada na década de 2000, quando surgiu um novo paradigma de domínio das favelas: as milícias.

As milícias

Apesar de Zaluar & Conceição (2007) e Alves (2008) mostrarem que esses grupos, conhecidos hoje como milícias, já existem desde a década de 1970, Caruso (2009) justifica a escolha da década de 2000 como um marco por apresentar o que ele considera um crescimento explosivo da atuação desses grupos armados, espalhando-se para outras comunidades, tomando até localidades já dominadas pelo tráfico de drogas.

As formas de lucro desses grupos, verdadeiros agrupamentos paramilitares mantidos e gerenciados por militares, policiais militares, civis e até integrantes do Corpo de Bombeiros Militar (Da Silva, 2007), se baseiam em taxas cobradas dos moradores locais em troca de "segurança", além de taxas cobradas do transporte alternativo, do monopólio da venda de gás na localidade, da instalação e mensalidade de tevê a cabo e internet ilegais, entre outras (Dreyfus, 2009). Como justificativa, apresentam um discurso de legitimação referido à proteção dos habitantes e à instauração de uma ordem que, como toda ordem, garante certos direitos e excluem outros, mas permite gerar regras e expectativas de normatização de conduta (Cano, 2008).

Porém, a partir da década de 2000 alguns desses criminosos passaram a almejar também cargos públicos. Diante da candidatura de alguns elementos desses grupos, que tentaram entrar na vida política, Cano (2008) lista as vantagens que seriam obtidas com uma suposta eleição. Para o autor, seria possível:

1- Estabelecer contatos políticos de alto nível;
2- Obter imunidade parlamentar contra possíveis processos criminais;
3- Canalizar recursos públicos para essas áreas sob seu controle, o que por sua vez, dentro da cultura personalista eleitoral brasileira, acabaria fortalecendo a popularidade e legitimidade desses líderes.

Dessa forma, um assento no poder Executivo ou Legislativo passa a ser muito atraente, até para esses elementos.

Aqui cabe uma reflexão. Muitas vezes vemos o senso comum defender a ideia de que os cargos políticos não apresentam mais importância significativa, levando muitos eleitores a esnobar seu próprio voto e diminuir a importância das eleições em si. Se assim o fosse, o que levaria esses indivíduos que, já possuindo o controle territorial de uma área, a querer um assento numa dessas casas? A indiferença da população nessas situações acaba apenas colaborando para que a estratégia desses criminosos e de outros políticos com objetivos privados seja bem-sucedida.

A comunidade de Rio das Pedras

Como já destacado, o estudo de caso deste trabalho será desenvolvido sobre a análise do fenômeno eleitoral que pôde ser observado durante toda a década de 2000 na comunidade de Rio das Pedras.

Rio das Pedras, comunidade localizada na Baixada de Jacarepaguá, Zona Oeste da cidade do Rio de Janeiro, é apontada no Censo de 2010 com uma população de 54.793 moradores. No início da década passada, segundo o censo de 2000, a população atingia 39.862 pessoas, evidenciando um significativo crescimento ao longo do período analisado. De acordo com Burgos (2004), em comparação com outras favelas, Rio das Pedras apresenta uma ocupação recente, do final da década de 1960, sendo constituída principalmente por imigrantes nordestinos. A partir da década de 1990, Rio das Pedras vivenciou essa grande expansão, impulsionada principalmente pelo crescimento populacional e econômico de bairros próximos como Barra da Tijuca e Jacarepaguá (Kasahara, 2004).

Vários autores, incluindo Chaves (2009) e Larangeira (2008), consideram uma importante marca da comunidade a ausência do tráfico armado de drogas, disseminado na cidade do Rio de Janeiro. Para esses autores, contudo, o poder das facções do tráfico foi substituído pelo poder de um grupo miliciano, que detém o controle da localidade. Essa característica foi confirmada pela já mencionada CPI das Milícias da Alerj de 2008.

O relatório final da CPI aponta Rio das Pedras como um dos locais onde esses grupos paramilitares agem. Esse relatório até lista as formas de intimidação do grupo de Rio das Pedras, que incluiriam a expulsão da residência e a subtração dos imóveis dos moradores.

A CPI também cita os possíveis indivíduos que formariam esse grupo. Entre essas pessoas está destacado o envolvimento do ex-presidente da Associação de Moradores de Rio das Pedras, Josinaldo Francisco da Cruz ("Nadinho") com a milícia. Segundo a CPI, apesar de algumas fontes apontarem o surgimento da milícia de Rio das Pedras na década de 1980, a milícia atuaria na região nos moldes atuais desde 1998. Segundo o relatório, Nadinho teria liderado o grupo durante anos, antes de ser expulso. Em nenhuma fonte fica claro o ano exato do desligamento de Nadinho da milícia, apenas ficando sugerido que ocorreu após 2005 e antes de 2008. Anexadas ao relatório estão também inúmeras denúncias contra Nadinho, o que inclui porte ilegal de arma de fogo, assassinatos, envolvimento com negócios de máquinas de caça-níqueis, falsificação, entre outros.

Após a reestruturação da milícia, por volta do ano de 1998, Nadinho resolveu se candidatar ao cargo de vereador nas eleições de 2000. Não foi eleito nessa oportunidade, assegurando apenas o cargo de suplente. Contudo, novamente nas eleições de 2004 se candidatou a vereador, dessa vez sendo eleito. Após cumprir seu mandato, tentou a reeleição em 2008, mas não conseguiu atingir a votação necessária para se manter no cargo. Dessa forma, este trabalho parte da análise dessas três eleições específicas, estudando a distribuição espacial dos votos de Nadinho.

O ex-vereador acabou sendo assassinado no ano de 2009, num crime que teria, segundo as primeiras investigações da polícia, motivação na disputa pelo controle da milícia e, consequentemente, pelo controle de toda a região de atuação do grupo.

COMPORTAMENTO ELEITORAL EM RIO DAS PEDRAS

Como este estudo trata de questões relativas à Geografia Eleitoral, utilizando as zonas eleitorais da cidade do Rio de Janeiro como referência, torna-se importante conhecer essa divisão. A primeira coisa a se esclarecer é que as zonas eleitorais possuem um recorte diferente dos bairros. Como o objetivo da divisão é apresentar zonas eleitorais com um número de eleitores parecido, sem grandes discrepâncias, são desenhadas de maneiras distintas. Alguns bairros muito populosos possuem mais de uma zona eleitoral, enquanto outros, menos populosos, são agrupados.

Para facilitar o entendimento da questão, podemos observar o mapa a seguir, com a divisão por zonas eleitorais da cidade do Rio de Janeiro. No mapa, destaca-se a localização da comunidade de Rio das Pedras, nosso objeto de estudo, assim como são identificados os números das zonas eleitorais que se localizam em seu entorno.

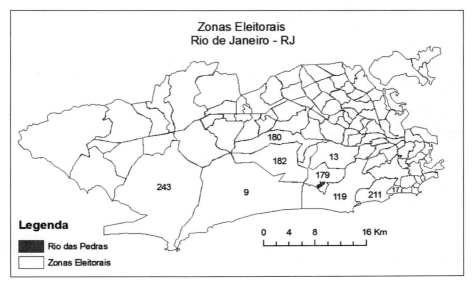

Fonte: Elaboração própria a partir de dados do Instituto Pereira Passos (IPP), 2010; e do Tribunal Regional Eleitoral do Rio de Janeiro (TRE-RJ), 2010.

Com base nos estudos em Geografia Eleitoral e no atual cenário de controle territorial da cidade do Rio de Janeiro, em especial em Rio das Pedras, estabeleceu-se uma análise do comportamento eleitoral na comunidade durante toda a década de 2000.

O candidato Nadinho de Rio das Pedras foi escolhido para ter sua votação estudada em razão da forte ligação com o grupo criminoso que atua na região. Serão examinados apenas os três resultados eleitorais de quando Nadinho foi candidato a vereador, em três períodos diferentes:

1 Candidato a vereador em 2000. Integrante da milícia em reestruturação, ainda na busca de se fortalecer.
2 Candidato a vereador em 2004. Chefe da milícia, já mais estruturada e com maior poder.

3   Candidato a vereador em 2008. Afastado, não fazia mais parte da milícia, apesar de esta continuar muito forte na comunidade.

Dessa forma será possível compreender quão grande foi a influência do grupo criminoso no resultado final de cada uma das eleições.

Apesar de ter sido candidato a deputado estadual em 1998, deixaremos essa eleição de fora da análise, já que não seria possível a comparação com os demais pleitos. Isso acontece pelo fato de a eleição para deputado estadual abranger todos os municípios do Estado, enquanto a de vereador restringe ao município do Rio de Janeiro.

Eleições 2000

Josinaldo Francisco da Cruz, o Nadinho, como dito anteriormente, tentou se eleger pela primeira vez vereador do município do Rio de Janeiro em 2000. É importante destacar que, em 2000, a milícia da qual o candidato era acusado de fazer parte tinha menos de dois anos de existência nos moldes da organização atual, ainda buscando se fortalecer e se legitimar entre os moradores da comunidade de Rio das Pedras.

Filiado ao Partido Trabalhista do Brasil (PT do B), Nadinho utilizou o número 70625.

Nessa ocasião, conquistou 8.085 votos, não sendo suficiente para ser eleito diretamente.

Porém, o número bruto de votos não transmite todas as informações necessárias para o presente trabalho. É imprescindível analisar a distribuição espacial desses votos.

Como já discutido, a dominância de um candidato em determinado distrito eleitoral é um importante elemento a ser utilizado na análise da Geografia Eleitoral. Nesse caso, Nadinho nas eleições de 2000 atingiu

6,5% de todos os votos da zona eleitoral 179, que compreende a comunidade de Rio das Pedras. Nas zonas eleitorais adjacentes, 13 e 119, atingiu 5% e 1,6%, respectivamente, de todos os votos para vereador.

Nesse momento é indispensável fazer uma importante observação no que tange ao conceito de dominância que está sendo tratado neste trabalho. Esse percentual que é utilizado diz respeito ao número de votos que o candidato auferiu sobre os votos válidos recebidos por todos os vereadores na zona eleitoral. Por exemplo: Nadinho recebeu 2.790 votos na zona 179. Contudo, foram computados nesta mesma zona 43.050 votos válidos para vereador. Desse modo, os 2.790 votos de Nadinho representam 6,5% dos votos válidos para vereador da zona 179.

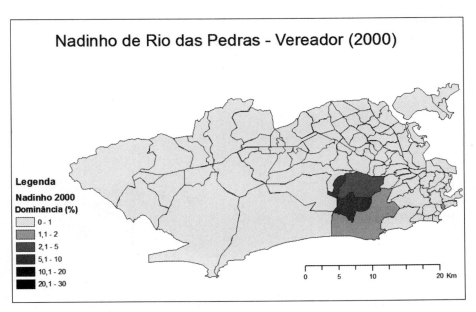

Fonte: Elaboração própria a partir de dados do Tribunal Superior Eleitoral (TSE), 2010.

Eleições 2004

Em 2004, Nadinho novamente tentou se eleger vereador. Dessa vez, contudo, a organização criminosa à qual pertencia já estava instalada há mais de seis anos em Rio das Pedras, tendo assim uma maior influência na comunidade, contando com a confiança de alguns moradores e, como é natural nesse tipo de relação, com o receio de muitos outros.

Filiado ao Partido da Frente Liberal (PFL), Nadinho utilizou o número 25100.

Nessa ocasião, conquistou 34.764 votos, conseguindo ser eleito com facilidade.

Veja o mapeamento dos votos do candidato nesta eleição:

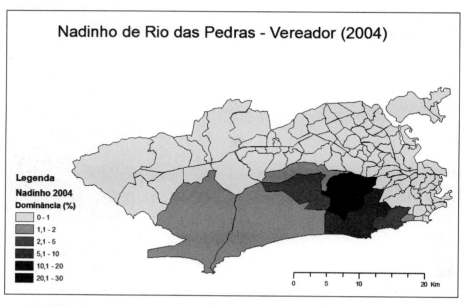

Fonte: Elaboração própria a partir de dados do Tribunal Superior Eleitoral (TSE), 2010.

Caminhando lado a lado com o aumento de importância que a milícia apresentou na região, nesse mapa fica claro o fortalecimento que Nadinho teve nas zonas eleitorais próximas a Rio das Pedras. Na zona 179, onde está localizada a comunidade, Nadinho atingiu incríveis 24% dos votos válidos. Nas zonas eleitorais adjacentes, 13 e 119, atingiu 12,2% e 5,1%, respectivamente, de todos os votos para vereador.

É possível notar também que o candidato conseguiu dinamizar sua votação por outras zonas eleitorais da região de Jacarepaguá, da Barra e do Recreio. Mesmo assim, o número bruto de votos que garantiram a ele um lugar na Câmara de vereadores partiu da zona 179, onde está a favela de Rio das Pedras, e das zonas 13 e 119, imediatamente em seu entorno. Essas três zonas, sozinhas, foram responsáveis por 23.257 votos, do total de 34.764, ou seja, 66,9% da votação final de Nadinho.

Eleições 2008

Em 2008, Nadinho, após cumprir seu mandato, tentou se reeleger. Porém, segundo dados da CPI das Milícias, o vereador estaria nesse momento afastado do grupo criminoso, não fazendo mais parte da organização e buscando retomar o seu controle. Não há informações sobre a data específica ou os motivos que motivaram a saída de Nadinho, que chefiou todas as atividades da milícia durante muitos anos.

Dessa forma, a eleição de 2008 é uma oportunidade de verificar a votação de Nadinho sem o apoio da milícia que controlava o território.

Filiado ao Democratas (DEM), Nadinho utilizou novamente o número 25100.

Nessa eleição, conquistou apenas 16.838 votos, não sendo suficiente para ser reeleito.

Observe a distribuição dos votos de Nadinho na ocasião:

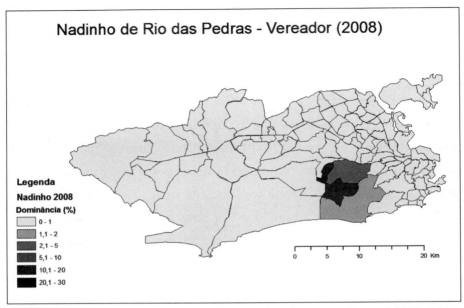

Fonte: Elaboração própria a partir de dados do Tribunal Superior Eleitoral (TSE), 2010.

Fica claro que sem o apoio da milícia que controla a comunidade a capacidade de angariar votos de Nadinho caiu drasticamente. Na zona 179, sua dominância caiu para 15,4%. Nas zonas eleitorais adjacentes, 13 e 119, caiu para 5,9% e 2%, respectivamente, de todos os votos para vereador.

Análise dos resultados

Segundo a classificação proposta por Ames (2003), a situação de Nadinho poderia ser classificada no ano de 2004 como tendo um padrão de distribuição espacial *concentrada-dominante*, com o candidato controlando áreas contíguas. Já nas eleições de 2000 e 2008, com menor influência da milícia, o padrão pode ser considerado *concentrado-compartilhado*, visto que apesar de ainda manter a maioria dos seus votos restritos a zonas contíguas não obteve nelas uma percentagem de dominância muito elevada.

A produção dos mapas deixa clara a diferença da capacidade de Nadinho de conseguir votos entre os períodos analisados. Para facilitar essa comparação, observe o quadro a seguir:

Nadinho de Rio das Pedras						
Eleição	Dominância			Total de votos	Relação entre Nadinho e a milícia	Situação do candidato
	Zona 179	Zona 13	Zona 19			
2000	6,5%	5%	5,1%	8.085	Integrante/milícia recém-criada	Não eleito
2004	24%	12,2%	1,6%	34.764	Integrante/milícia recém-criada	Eleito
2008	15,4%	5,9%	5,9%	16.838	Integrante/milícia consolidada	Não eleito

Elaboração própria, 2010.

Em 2004, ano que Nadinho foi eleito, o candidato, que contava com o apoio do grupo criminoso já fortalecido, conseguiu uma votação bastante expressiva, que caiu para menos da metade quando esse grupo retirou seu apoio, em 2008. Mesmo assim, Nadinho continuou com uma votação nada desprezível, fruto dos anos de convivência que teve com os moradores. Porém, é inegável que o fato de não gozar do apoio dos milicianos contribuiu para uma grande perda de votos na região da favela de Rio das Pedras.

É fundamental destacar neste momento que essas zonas eleitorais não abrangem apenas eleitores que são moradores da comunidade de Rio das Pedras. A zona 179, por exemplo, além de incluir a comunidade, também computa os votos de partes da Cidade de Deus, Pechincha, Anil, Gardênia Azul, Freguesia e Jacarepaguá, que não estão vulneráveis às ações do grupo criminoso em questão. Dessa forma, um alto percentual de dominância de Nadinho numa zona eleitoral é ainda mais preocupante, pois os votos de eleitores que não tiveram influência de criminosos na sua decisão se misturam ao que acontece especificamente na comunidade.

Sabendo disso, e objetivando o enfoque em Rio das Pedras, escolheu-se a eleição de 2004 para um estudo ainda mais detalhado, buscando perceber a dominância de Nadinho em locais de votação (escolas, CIEPs etc.) que se localizam apenas dentro ou imediatamente no entorno da comunidade. Observe a tabela a seguir com estes locais:

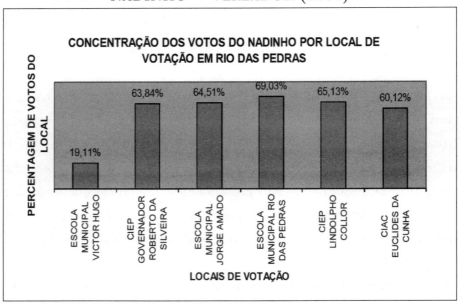

Fonte: Alerj, 2008.

Essa tabela revela dados impressionantes. Nadinho, que em 2004 tinha atingido 24% de dominância na zona 179, um número considerado muito elevado, recebeu em alguns locais de votação que estão circunscritos a essa mesma zona quase 70% de todos os votos válidos computados. Com exceção de uma escola, Nadinho atingiu em todas as outras uma dominância superior a 60%.

Fazendo a média desses locais de votação, é possível afirmar que Nadinho atingiu aproximadamente 60% de dominância sobre os eleitores de Rio das Pedras em 2004. Esse tipo de concentração de votos foge muito do que é normalmente visto, explicitando uma situação perigosa. De alguma forma, Nadinho se utilizou do controle territorial proporcionado pela ação da milícia para angariar votos.

A cooptação de votos

A partir desses dados, torna-se indispensável pensar nas estratégias que possibilitaram esses resultados impressionantes. Diante da dificuldade de apurar o caso específico de Nadinho e de Rio das Pedras, optou-se por fazer um apanhado de alguns artifícios utilizados pelas milícias em geral do Rio de Janeiro para conseguir votos.

O caso de Nadinho e de Rio das Pedras está longe de ser o único onde o poder de uma organização criminosa influencia uma eleição. Entre denúncias e investigações, a CPI das Milícias apontou inúmeros outros casos onde há suspeita desse tipo de relação entre grupos criminosos e políticos.

Quando estudados os métodos aplicados por esses candidatos para exercer esta influência nos eleitores, alguns ganham destaque. Puderam ser apuradas algumas práticas que com certeza contribuíram para que se chegasse a essa situação na cidade, tais como:

a) *Ameaças diretas de retaliação para toda a comunidade caso o candidato apoiado não seja eleito ou não atinja um número predeterminado de votos* — Da mesma maneira que foi possível verificar o número de votos por locais de votação para essa pesquisa, os candidatos conseguem fazer o mesmo. Esses dados são públicos e fornecidos pelo TSE e pelo TRE de cada Estado. Assim, apesar de o voto ser secreto, há a possibilidade de controle sobre os votos de determinada área. Dessa forma, há ameaças de retaliação à comunidade caso o candidato apoiado não seja eleito ou não atinja um número predeterminado de votos (O Globo, 2008c);

b) *Propaganda irregular* — As regras para a propaganda eleitoral foram alteradas e ficaram mais rígidas nos últimos anos. Porém, nesses locais, devido ao controle criminoso, a fiscalização é praticamente inexistente, sendo possível encontrar diversas formas de promoção ilegais (O Globo, 2008d);

c) *Impedir outros candidatos de fazerem campanha na localidade* — Com o controle da localidade só é permitida a campanha eleitoral do(s) candidato(s) apoiado(s) pelo grupo criminoso, violando o direito de qualquer concorrente. Demais candidatos são impedidos de entrar e realizar *corpo a corpo*, assim como não é admitida nenhuma forma de propaganda deles (O Globo, 2008b);

d) *Aplicar políticas assistencialistas com fins eleitoreiros* — A troca de favores e pequenas "ajudas" para a população não é exclusividade de candidatos acusados de envolvimento com facções do crime organizado, porém essa prática também existe nos locais controlados por eles (O Globo, 2008a).

Estas práticas estão longe de ser as únicas que esses grupos utilizam. Inúmeras denúncias chegam ao poder público em todos os anos de eleições, e as aqui citadas são apenas pequenos exemplos do que ocorre nesses locais. Porém, já é suficiente para deixar evidente que a ocorrência de eventos dessa natureza é facilitada quando o poder exercido pelos criminosos se reflete em um domínio territorial.

CONSIDERAÇÕES FINAIS

Este estudo trouxe a hipótese de que o controle territorial de grupos criminosos armados na cidade do Rio de Janeiro estaria possibilitando uma concentração de votos em candidatos com ligações com essas organizações. Como estudo de caso foram escolhidos a comunidade de Rio das Pedras e o candidato Nadinho, citados pela CPI das Milícias da Alerj.

Visto que a democracia representativa está fundada na participação popular e na livre escolha de seus representantes, a influência de grupos criminosos (seja por simples sugestão ou por coação violenta) que possibilita uma concentração de votos e que em muitos casos atinge seu objetivo, elegendo os candidatos por eles escolhidos, representa uma cicatriz no processo de democratização brasileira. Nesses termos, a democracia passa por uma transformação e acaba se tornando a *não democracia*.

Alguns autores se acostumaram a denominar as áreas onde ocorre esse fenômeno de *currais eleitorais*. Essa expressão apareceu inicialmente na República Velha fazendo referência aos "coronéis" do interior rural brasileiro que, graças ao seu domínio econômico, exerciam um grande poder na escolha que os eleitores de sua região faziam.

Contudo, hoje em dia, no início do século XXI, na tentativa de afirmação e amadurecimento da democracia brasileira, a situação em algumas áreas da cidade do Rio de Janeiro nos remete ao nosso passado. O domínio econômico dos "coronéis" na área rural, porém, foi substituído pelo domínio territorial dos grupos criminosos na área urbana, apresentando risco para um país em busca da consolidação de um regime totalmente democrático.

REFERÊNCIAS BIBLIOGRÁFICAS

AGNEW, J. Mapping Politics: How Context Counts in Electoral Geography. *Political Geography*, vol. 15, p. 129–146, 1996.

ALERJ. *Relatório final da comissão parlamentar de inquérito destinada a investigar a ação de milícias no âmbito do estado do Rio de Janeiro.* Rio de Janeiro, 2008.

ALVES, J. C. S. Milícias: Mudanças na economia política do crime no Rio de Janeiro. In: JUSTIÇA GLOBAL (Org.). *Segurança, tráfico e milícia no Rio de Janeiro.* Rio de Janeiro: Fundação Heinrich Böll, 2008, p. 33-36.

AMES, B. *Os entraves da democracia no Brasil.* Rio de Janeiro: FGV, 2003.

BURGOS, M. Favela, cidade e cidadania em Rio das Pedras. In: _____ (org.). *Rio das Pedras, uma favela carioca.* Rio de Janeiro: PUC-RIO/ Loyola, 2004, p. 21-90.

CANO, I. Seis por meia dúzia? Um estudo exploratório do fenômeno das chamadas 'milícias' no Rio de Janeiro. In: JUSTIÇA GLOBAL (Org.). *Segurança, tráfico e milícia no Rio de Janeiro.* Rio de Janeiro: Fundação Heinrich Böll, 2008, p. 48-103.

CARUSO, T. *Assaltantes, traficantes e milícias. Teoria e evidência das favelas do Rio de Janeiro.* Rio de Janeiro, 2009.

CASTRO, I. E. *Geografia e política: Território, escalas de ação e instituições.* Rio de Janeiro: Bertrand Brasil, 2005.

CHAVES, M. A. da C. Rio das Pedras: da polícia mineira a milícia. *Revista Eletrônica Boletim do TEMPO*, Rio de Janeiro, Ano 5, n. 1, 2009.

DA SILVA, M. B. *Milícia, privatização da segurança pública.* 2007. Disponível em: <http://www.direitonet.com.br/artigos/x/37/47/3747/>. Acesso em: 05 set. 2010.

DREYFUS, P. *Do estado de medo ao Estado de direito: problemas e soluções do crime organizado e controle territorial armado no Rio de Janeiro.* Rio de Janeiro: Friedrich Ebert Stiftung, 2009.

INSTITUTO PEREIRA PASSOS (IPP). *Shape das favelas do município do Rio de Janeiro.* 2010.

JOHNSTON, R. Manipulating Maps and Winning Elections: Measuring the Impact of Malapportionment and Gerrymandering. *Political Geography*, Great Britain, Vol. 21, 2002, p. 1–31.

KASAHARA, Y. Favela e bairro: A dinâmica de expansão de Rio das Pedras. In: BURGOS, M. (org.). *Rio das Pedras, uma favela carioca*. Rio de Janeiro: PUC-RIO: Loyola, 2004, p. 91-104.

LARANGEIRA, E. *Milícia 1. Comunidade de Rio das Pedras. Oásis ou miragem*, 2008. Disponível em: <http://www.emirlarangeira.com.br/polemica_pdf/milicia1.pdf>. Acesso em: 12 set. 2010.

O GLOBO. *De olho no voto e no lucro*. Rio de Janeiro, 28 agosto de 2008 (a), p.18.

_____. *Tropas ocupam 'currais' do crime*. Rio de Janeiro, 11 set. 2008(b), p.3.

_____. *Um 'campo de concentração na Zona Oeste'*. Rio de Janeiro, 16 set. 2008(c), p.8.

_____. *De volta a Rio das Pedras, TRE flagra propaganda irregular de Nadinho*. Rio de Janeiro, 19 set. 2008 (d), p.10.

TOLEDO JUNIOR, R. O lugar e as eleições: A expressão territorial do voto no Brasil. *GeoTextos*, Vol. 3, 2007, p. 171-183.

TRIBUNAL REGIONAL ELEITORAL (TRE-RJ). *Zonas eleitorais e suas delimitações por bairros*, 2010.

TRIBUNAL SUPERIOR ELEITORAL (TSE). *Resultados de eleições 2000, 2004 e 2008*. Disponível em: <http://www.tse.jus.br/eleicoes/eleicoes-anteriores>. Acesso em: 13 fev. 2011.

ZALUAR, A.; CONCEIÇÃO, I. Favelas sob o controle das milícias no Rio de Janeiro. Que paz? *São Paulo em Perspectiva*, Vol. 21, nº 2, 2007, p. 89-101, jul./dez.

PARTE 3

Democracia Além do Voto

DEMOCRACIA ALÉM DO VOTO, CONSERVAÇÃO ALÉM DA NATUREZA: O MOVIMENTO SOCIOAMBIENTAL E O APRENDIZADO POLÍTICO

Manuelle Lago Marques

O movimento socioambiental, originado na década de 1980, esteve acompanhado de uma aliança inédita aos ambientalistas e uma aliança estratégica aos movimentos sociais e aos líderes sindicais da Amazônia. Em um momento em que os rumos do planeta eram definidos pós-conferência de Estocolmo e os rumos do Brasil eram redelineados pós-ditadura militar, essa nova linha de pensamento propunha alternativas de organização do território.

Com os projetos de colonização de terras da Amazônia incentivados pelo governo federal, um grupo de extrativistas do Acre buscava meios de proteger seus seringais. Organizados oficialmente a partir de 1985 por meio do Conselho Nacional de Seringueiros (CNS), eles buscavam a garantia de utilização de suas terras por um modo de aproveitamento próprio, diferente das investidas governamentais. Pretendia-se, assim, viabilizar a manutenção de um modo de vida tipicamente local com uma prerrogativa: a manutenção da floresta em pé.

Colocava-se, dessa maneira, uma força de atração para o movimento ambiental internacional: a conservação da natureza por meio da valorização da escala local. Se há anos se procurava ampliar o poder de ação na Amazônia, entendendo-a como um bem mundial, por que não incentivar as populações locais — necessitadas de difusão de sua causa — a zelar por um patrimônio até então negligenciado pelas políticas brasileiras?

Entendendo esse patrimônio como natural e relacionando sua preservação a um modo de ocupação distinto daquele até então evocado pelo governo brasileiro, surge a parceria entre o movimento ambiental e o movimento social. Parceria essa que, ao menos por alguns anos, trouxe para discussão a ampliação da capacidade política de grupos até então com pouca representatividade.

O fim da ditadura militar, na metade da década de 1980, oferecia assim duas grandes oportunidades: a legitimação do aprendizado político e a sugestão de um novo modo de organização do território amazônico. Antes mesmo de serem iniciados os processos para uma nova eleição presidencial no país, o movimento seringueiro vislumbrava diferentes maneiras de defender seus interesses. Bloqueavam-se máquinas desflorestadoras, realizavam-se assembleias, criavam-se sindicatos, propunham-se ideias, reivindicava-se proteção. E a proteção viria, sobretudo, numa esfera política. Com a emergência do seringueiro e sindicalista Chico Mendes — um dos principais líderes do movimento — em diversos fóruns e instituições internacionais, e também com seu posterior assassinato, a causa obteve repercussão nacional.

As requisições, atendidas pelo Projeto de Assentamento Extrativista (PAE), inserido no Plano Nacional de Reforma Agrária (PNRA), posteriormente seriam incentivadas pela Política Nacional do Meio Ambiente (PNMA) e pelas Reservas Extrativistas (Resex). Fato que oficializa a vinculação da inicial função social da terra com a função ambiental.

As articulações políticas, evidentes no movimento socioambiental, compõem uma das principais estratégias políticas na democracia. Essas articulações foram fundamentais na transformação de um movimento local em um modo de organização do território e constituem um dos principais enfoques desse estudo. Na tentativa de refletir sobre esse movimento político que associa a conservação do meio ambiente com as populações locais busca-se observar os frutos e os meios políticos da implantação do socioambientalismo. Pretende-se, assim, resgatar informações de sua origem territorial e relacioná-las aos pressupostos e aos instrumentos da democracia no Brasil.

Adianta-se a importância que o aprendizado político atingido nas últimas décadas com o socioambientalismo teve para a organização política e social da Amazônia. Ademais, procura-se no presente texto associar os ativistas e as instituições das décadas de 1980 e de 1990 com os agentes atuais do movimento socioambiental, vislumbrando seus ajustes na política brasileira.

Tendo isso em vista, pretende-se organizar o texto da seguinte maneira: (i) a discussão sobre a democracia e a conservação da natureza por meio da geografia; (ii) o movimento socioambiental; (iii) as relações do movimento socioambiental com a redemocratização da política brasileira, exemplificada através das Reservas Extrativistas; (iv) as concepções atuais e os frutos do movimento socioambientalista; e (v) as particularidades da política ambiental e sua função politizadora em pequenas comunidades amazônicas.

DEMOCRACIA E GEOGRAFIA DA CONSERVAÇÃO DA NATUREZA: INCLUSÃO SOCIAL E TERRITÓRIO

A conservação da natureza esteve associada, por décadas, à preservação de espécies da flora e da fauna e também à manutenção de locais onde a natureza se mantinha intocada, cuja relação poderia ser a de contemplação, a de preservação e a de lazer (Diegues, 2008). A relação dual, muitas vezes colocada como oposta entre homem e natureza, manteve-se por muitos anos. No entanto, essa relação sofreu profundas alterações, sobretudo com a associação entre movimentos sociais e o movimento ambientalista. A discussão a respeito do ecologismo profundo se coloca então em xeque (Ferry, 2009).

Nesse sentido, entendendo a inclusão social como um processo político de democratização e também o processo de ambientalização dos conflitos sociais como um dos propulsores da participação social e política nas questões de conservação da natureza, pode-se analisar o meio ambiente como questão pública (Lopes, 2004). Desse modo, a politização e a representação fazem com que os agentes envolvidos se coloquem e se institucionalizem (Léna, 2002), defendendo seus interesses.

Sentindo-se apartados e pressionados pelos projetos desenvolvimentistas, as populações 'marginalizadas' viram no Estado democrático, bem como no enfoque ambientalista que se dava aos processos espaciais e sociais no fim da década de 80, uma saída para a representação política e para a proteção de seus territórios. Para tal, uma das soluções fora o reconhecimento de suas condições particulares para uma autonomia jurídica.

Colocando em foco sua diferenciação cultural, social e econômica, a representatividade política da diferença foi um dos meios de conquistar voz ativa frente às políticas governamentais.

Entretanto, apesar dessa mobilização e da grande atenção dada pelos órgãos internacionais aos processos brasileiros de áreas protegidas, a dificuldade da democratização de uma efetiva participação política segue existindo de forma ativa. Um dos motivos para esse fato seria a complexa estrutura administrativa do governo brasileiro, que coloca empecilhos à eficiência da representação política (Castro, 1996). Apesar dessa complexidade, a criação de órgãos diretamente voltados à gestão das áreas protegidas e à interlocução com as populações tradicionais trouxe aos processos socioambientais de base local um contato mais direto com a esfera federal, sobretudo na última década.

Interessa notar, portanto, que a politização de grupos em vias de obter uma representatividade e de atingir seus objetivos de proteção ao território permite tanto uma maior organização social, como também a reivindicação por outros recursos. Mesmo tendo sido um grande avanço, não se pode observar, por exemplo, que as Reservas Extrativistas, um dos frutos do movimento socioambiental, seja uma solução totalmente eficaz, ou mesmo que sejam tomadas ações como funcionais politicamente, uma vez que o diálogo entre instituições governamentais e não governamentais e entre instituições locais e federais acontece de maneira problemática. Nesse sentido, poderíamos diferenciar dois processos: o processo de acesso às políticas e o de gestão política do território.

Não se compreende, assim, o território sem considerá-lo uma arena de conflitos e tampouco um espaço político (Castro, 2009). As questões políticas e territoriais que orientam as práticas de proteção da natureza e de inclusão social podem ser, dessa maneira, questionadas por sua legitimidade. Até que ponto as comunidades locais se organizam e se orientam por motivos e incentivos próprios? Como instituições como Organizações Não Governamentais (ONGs), grupos econômicos e também o Estado induzem os processos sem um real engajamento e consciência dos grupos mais afetados pelas práticas protecionistas — entendidos pelas populações locais? Quais as dificuldades que esses elementos podem oferecer na gestão articulada do território amazônico?

É com base numa análise das várias instituições e também numa perspectiva multiescalar que a análise da democracia e da gestão do território deve ser realizada, levando em consideração que a participação política da população inclui inúmeras questões a serem debatidas. A ambientalização dos conflitos políticos inclui, assim, uma dinâmica particular de atores e de legitimidade (Lopes, 2006). Assim sendo, a gestão do território através de áreas protegidas — em vias de promover a inclusão social pelo uso das terras por determinadas populações — traz, para alguns grupos locais, uma rica experiência em participação política e organização social, que, apesar da grande influência de agentes externos, não perde seu caráter democrático e representativo.

Nesse sentido, a relação que se coloca entre a geografia, a conservação da natureza, a proteção de grupos culturais minoritários e a democracia se imbrica a partir do território. Ainda, a partir do território, poderíamos relacionar questões referentes à sua gestão, à sua formação e aos seus diversos conteúdos, inseridos e dinamizados pelos agentes das mais diversas escalas políticas.

O MOVIMENTO SOCIOAMBIENTAL

Juliana Santilli, em seu livro *Socioambientalismo e novos direitos* (2005), faz uma retomada de todo o movimento socioambiental e suas conquistas no campo do direito. A autora ressalta a premissa básica do socioambientalismo, a de que as políticas públicas ambientais somente terão sucesso se contemplarem o desenvolvimento local e equitativo.

Segundo Santilli, o surgimento do socioambientalismo pode ser identificado com o processo histórico de redemocratização do país; e seu fortalecimento, com a Conferência das Nações Unidas sobre Meio Ambiente e Desenvolvimento no Rio de Janeiro (Eco-92). O ápice de sua estruturação estaria situado entre 1984 e os anos 1990, e a implementação de políticas socioambientais foi maior na primeira década dos anos 2000.

O movimento teve início com duas principais frentes: os povos indígenas e as populações tradicionais, que, juntos, formaram a Aliança dos Povos da Floresta. Na intenção de proteger as terras de seringais dos projetos de colonização da Amazônia foi proposto um modo de reforma agrária em que se aliava a garantia das terras aos pequenos produtores e aos extrativistas juntamente com a manutenção da floresta. Esse ideal foi tomado por muitos como uma forma de aplicação do desenvolvimento sustentável, o que facilitou sua disseminação em diversos estudos e políticas, sejam nacionais e/ou internacionais.

Autores como Gonçalves (1998) e Allegretti (2002) analisaram todo o movimento dos seringueiros nas décadas de 1980 e 1990 e acompanham até hoje as conquistas e dificuldades por eles encontradas. Allegretti (2002, p.735) cita que o ambientalismo político de base local utiliza as vantagens comparativas da existência de recursos estratégicos em seus territórios para a negociação de modelos alternativos para o desenvolvimento. Segundo ela, como "forma de pressão política, forma alianças e exige o cumprimento da legislação ambiental e, como estratégia econômica, procura identificar nichos de mercado para seus produtos, em decorrência de sua origem sustentável".

Um dos principais frutos desse movimento foi a Reserva Extrativista (Resex). Com vistas à proteção legal e fundiária de territórios utilizados por comunidades tradicionais para o extrativismo, áreas eram delimitadas e seu uso era concedido às populações locais. Sob os termos jurídicos, interessa notar que a função socioambiental da propriedade começou a ser requerida e exigida como um direito e um dever fundamental. Cyrillo (2003) questiona a aplicabilidade da Constituição, que prevê a manutenção de um meio ambiente equilibrado, sob o ponto de vista da função socioambiental da propriedade. Uma breve caracterização da inserção dessas questões está colocada a seguir, exemplificada, entre outros itens, a partir das Reservas Extrativistas.

O SOCIOAMBIENTALISMO E A REDEMOCRATIZAÇÃO DAS POLÍTICAS BRASILEIRAS — AS RESERVAS EXTRATIVISTAS

A abordagem do meio ambiente na Constituição federal, bem como em políticas próprias a essa temática, tomou maior dimensão a partir da década de 1980. Quando analisadas as Constituições de 1934, de 1967 e de 1988, fica evidente o diferente enfoque dado aos atributos naturais no Brasil. Grosso modo, a abordagem varia entre a posse das riquezas, a defesa do território nacional, a preservação da natureza e a atribuição de direitos e deveres aos cidadãos em relação aos recursos naturais.

No caso da Constituição do Estado Novo (Brasil, 1934), observa-se que as referências feitas ao meio ambiente se davam no sentido de legislar sobre os bens ambientais, cabendo à União, e por vezes aos Estados, a proteção das belezas naturais e de suas riquezas, como a mineral e a hídrica. Nessa ocasião, a citação em relação aos silvícolas dizia respeito ao seu direito de permanência em terras historicamente ocupadas sem o direito de aliená-las.

No período da ditadura militar, a Constituição de 1967 ressaltava as terras indispensáveis à defesa nacional e ao seu desenvolvimento econômico, de modo a estipular o recolhimento de impostos sobre lucros de fontes naturais exploradas por empresas privadas. Nesse sentido, praticamente a totalidade dos recursos minerais e hídricos pertencia à União (Brasil, 1967).

Na Constituição vigente (Brasil, 1988), a questão do meio ambiente é mais bem discriminada, de modo que todo um capítulo foi destinado a esta temática. No Capítulo VI é estipulada a proteção de áreas para conservação da natureza, o licenciamento ambiental para empreendimentos e também a definição de áreas consideradas patrimônio natural, como a Floresta Amazônica. A Constituição de 1988 garante, assim, direitos e deveres aos cidadãos em relação ao meio ambiente, estipulando também punições e normatizações para o acesso e o usufruto dos recursos naturais.

Ribeiro (2005, p.327) chama a atenção para o fato de que, a partir da Constituição de 1988, a questão ambiental passou a ser compartilhada por todo o sistema federativo (a União, os estados e os municípios), "o que possibilitou o aumento da capacidade institucional do poder público no monitoramento da questão ambiental", trazendo assim, para o âmbito federativo local, o interesse e a responsabilidade da gestão ambiental.

A proposição dos seringueiros de uma área protegida para a garantia de seu modo de vida a partir da conservação de áreas naturais é anterior ao fim da ditadura militar, porém tomou força quando, em 1985, foi criado o Conselho Nacional dos Seringueiros (CNS). O quadro das políticas ocorridas no sentido de criação e de gestão das Reservas Extrativistas pode ser observado adiante na p. 220 (Quadro 1). Por meio dele se visualiza a inserção inicial da proposta dos seringueiros na Política Nacional de Reforma Agrária (PNRA) de 1985. Desse modo, pela Portaria 627 de 30 de julho de 1987, o Projeto de Assentamento Extrativista (PAE) foi indexado à PNRA, conforme segue:

Considerando que a atividade extrativista se afirma como alternativa para os projetos de assentamento executados pelo Incra, de modo particular na Amazônia, resolve:

I — Criar a modalidade de Projeto de Assentamento Extrativista, destinado à exploração de áreas dotadas de riquezas extrativas, através de atividades economicamente viáveis e ecologicamente sustentáveis, a serem executadas pelas populações que ocupem ou venham a ocupar as mencionadas áreas;

II — Estabelecer que a destinação das áreas para tais projetos dar-se-á mediante concessão de uso, em regime comunal, segundo a forma decidida pelas comunidades concessionárias — associativista, condominial ou cooperativista;

III — Constituir o Grupo Executivo do Projeto de Assentamento Extrativista, composto por um representante das diretorias de Assentamentos, de Planejamento Operativo e de Recursos Fundiários, para, sob a coordenação do primeiro, conduzir as atividades operativas dos Projetos dessa modalidade, ficando o Grupo autorizado a solicitar das demais instâncias administrativas da Autarquia eventual colaboração na execução de suas atividades.

IV — Incumbir a Diretoria de Assentamentos de orçar, provisionar e controlar os recursos destinados ao atendimento dos Projetos de Assentamento Extrativista (Incra, 1987).

No entanto, a reivindicação do CNS era não somente que se cumprisse a função social da terra, mas também que fossem atreladas à política questões de defesa do meio ambiente e da manutenção do extrativismo como um de seus principais instrumentos, assegurando às populações tradicionais seu direito à terra. Em 1989 as Reservas Extrativistas foram inseridas na Política Nacional do Meio Ambiente (PNMA), inserção esta incentivada pelas pressões internacionais e nacionais decorrentes do assassinato, em 1988, do principal líder seringueiro — Chico Mendes. Essa inserção se fundamenta legislativamente no Artigo 9º da PNMA, que cita que são instrumentos da Política: "VI — a criação de espaços territoriais especialmente protegidos pelo Poder Público Federal, estadual e municipal, tais como áreas de proteção ambiental, de relevante interesse ecológico e de reservas extrativistas."

Assim, na década de 1990, a institucionalização das Resex foi repassada para o Instituto Nacional do Meio Ambiente e dos Recursos Naturais (Ibama), de modo que coube ao Centro Nacional de Desenvolvimento Sustentado das Populações Tradicionais (CNPT) ser o órgão gestor das reservas, responsável assim por sua implantação. As Resex foram então delimitadas pela atual normatização como

> [...] uma área utilizada por populações extrativistas tradicionais, cuja subsistência baseia-se no extrativismo e, complementarmente, na agricultura de subsistência e na criação de animais de pequeno porte, e tem como objetivos básicos proteger os meios de vida e a cultura dessas populações, e assegurar o uso sustentável dos recursos naturais da unidade (Brasil, 2000).

A partir de 2000, no entanto, quando criado o Sistema Nacional de Unidades de Conservação da Natureza (SNUC) pela Lei 9.985 de 18 de julho daquele ano, a concepção de Reserva Extrativista foi mais bem desenvolvida, de modo a estabelecer diversos critérios, etapas e maneiras de tornar sua concepção e gestão institucionalmente participativa. Essas ferramentas democráticas são abordadas a seguir.

Quadro 1: Cronologia de ações, políticas e normatizações
relacionadas às Reservas Extrativistas

Ano	Referência	Disposição
1981	Lei 6.938, de 31 de agosto de 1981	Dispõe sobre a Política Nacional de Meio Ambiente (PNMA)
1985	Primeiro Encontro Nacional dos Seringueiros (Brasília)	Criação do Conselho Nacional do Seringueiros (CNS). Oficialização do pedido de criação das Reservas Extrativistas
1985	Decreto 91.766, de 10 de outubro de 1985	Aprova o Plano Nacional de Reforma Agrária (PNRA)
1987	Portaria 627, de 30 de julho de 1987	Criação do Projeto de Assentamento Extrativista (PAE), incorporando oficialmente a ideia da Reserva Extrativista ao Plano Nacional de Reforma Agrária (PNRA)
1989	Lei 7.804, de 18 de julho de 1989	Inserção das Reservas Extrativistas na Política Nacional do Meio Ambiente (PNMA)
1990	Decreto 98.897, de 30 de janeiro de 1990	Regulamentação das Reservas Extrativistas, sendo a instituição responsável o Instituto Brasileiro do Meio Ambiente e dos Recursos Naturais (Ibama)

1992	Portaria 22-N, de 10 de fevereiro de 1992	Define o Centro Nacional de Desenvolvimento Sustentado das Populações Tradicionais (CNPT) como o órgão gestor das questões relativas às Reservas Extrativistas
2000	Lei 9.985, de 18 de julho de 2000	Institui o Sistema Nacional de Unidades de Conservação da Natureza (SNUC), no qual as Reservas Extrativistas compõem uma das sete categorias de Unidades de Conservação de Uso Sustentável
2002	Decreto 4.340, de 22 de agosto de 2002	Regulamenta o Sistema Nacional de Unidades de Conservação da Natureza (SNUC), detalhando, entre outros aspectos, as providências para a criação e gestão das Reservas Extrativistas
2007	Instrução Normativa n. 1, de 18 de setembro de 2007	Disciplina as diretrizes, normas e procedimentos para a elaboração de Plano de Manejo Participativo de Unidade de Conservação Federal das categorias Reserva Extrativista e Reserva de Desenvolvimento Sustentável
2007	Instrução Normativa n. 2, de 18 de setembro de 2007	Disciplina as diretrizes, normas e procedimentos para formação e funcionamento do Conselho Deliberativo de Reserva Extrativista e de Reserva de Desenvolvimento Sustentável
2007	Instrução Normativa n. 3, de 18 de setembro de 2007	Disciplina as diretrizes, normas e procedimentos para a criação de Unidade de Conservação Federal das categorias Reserva Extrativista e Reserva de Desenvolvimento Sustentável.

2008	Instrução Normativa n. 4, de 7 de abril de 2008	Disciplina os procedimentos para a autorização de pesquisas em Unidades de Conservação Federais das categorias Reserva Extrativista (Resex) e Reserva de Desenvolvimento Sustentável (RDS) que envolvam acesso ao patrimônio genético ou ao conhecimento tradicional associado.
2009	Portaria Interministerial 436, de 2 de dezembro de 2009	Ministério do Planejamento, Orçamento e Gestão e Ministério do Meio Ambiente – delegou à Secretaria de Patrimônio da União – SPU, por meio das Superintendências Estaduais do Patrimônio da União para proceder a transferência da gestão das terras arrecadadas e matriculadas em nome da União e dos bens da União mediante Termo de Entrega para o MMA. Este, por sua por sua vez, promove a concessão do direito real de uso destas terras ao ICMBio.
2010	Portaria Conjunta n. 4, de 25 de março de 2010	Define os procedimentos de Concessão de Direito Real de Uso das terras públicas federais sob domínio ou gestão do Incra, sobrepostas às Unidades de Conservação, para o ICMBio.

Fonte: estruturado com base em Brasil, Ibama, ICMBio e ISA.

CONCEPÇÕES ATUAIS E FRUTOS DO MOVIMENTO SOCIOAMBIENTAL

As concepções desenvolvidas nesses últimos anos foram, entre outras, a de multiplicar formas de participação popular. Além das inserções no campo do meio ambiente e da até então limitada atuação política de entidades de base, a redemocratização do Brasil reconheceu diversas atividades políticas da população.

Tomando como exemplo as Reservas Extrativistas, os avanços de cunho democrático no meio socioambiental variaram, a partir do ano 2000, desde os modos de criação da Unidade de Conservação até os modos de sua gestão. No caso das Resex poderíamos elencar as seguintes predisposições para uma ativa participação popular em seu estabelecimento e funcionamento (SNUC, 2000; e ICMBio, 2007):

(i) Criação de uma unidade política local e escolha de um representante para negociações e representatividade legal da comunidade. Normalmente a instituição representativa se dá pelas associações;

(ii) Solicitação formal das comunidades envolvidas ao governo federal (no caso de unidades federais), pelo Instituto Brasileiro de Conservação da Biodiversidade (ICMBio), requisitando a criação de uma Reserva Extrativista. O preceito dessa solicitação é que uma Resex somente seja criada se as comunidades envolvidas assim o quiserem, de modo que sua criação seja uma demanda da população a ser atingida e não somente uma atividade governamental;

(iii) Procedimentos de visita à área por parte dos órgãos governamentais responsáveis, juntamente às negociações sobre os limites territoriais e os principais objetivos da Reserva entre os comunitários, as associações e os órgãos públicos responsáveis;

(iv) Realização de audiências públicas para verificar o consentimento da comunidade em relação à criação da Reserva;

(v) Criação da Unidade de Conservação com a expedição da Concessão de Direito Real de Uso (CDRU) aos comunitários, o que lhes oferece a garantia de uso do território delimitado pela Reserva;

(vi) Formação de um Conselho Deliberativo, que usualmente conta com representantes da comunidade, com as associações locais, com o membro do ICMBio responsável pela Unidade e de outras instituições atuantes na região, como Organizações Não Governamentais. Em alguns casos há também a participação de secretarias dos governos estaduais e municipais;

(vii) Elaboração do Plano de Manejo da Unidade por meio da participação da comunidade e do Conselho Deliberativo. Nesse Plano são delimitadas as práticas que poderão ser realizadas na área, como o cultivo, a pesca, o extrativismo, entre outras;

(viii) Gestão da Reserva a partir da proatividade das comunidades envolvidas. Nesse caso, parcerias comerciais podem ser feitas desde que aprovadas pelo Conselho e pelo ICMBio. É comum a atividade de ONGs nessas situações, tanto para beneficiamento de produtos como para a realização de contatos entre produção e mercado consumidor, por exemplo.

Tais instrumentos democráticos, utilizados para a gestão de territórios naturais e culturais, estão estabelecidos por meio das instruções normativas e portarias citadas no capítulo anterior e, sendo incluídos no Sistema Nacional de Unidades de Conservação, relacionam-se a outras categorias de UCs além das Reservas Extrativistas. Unidades de Conservação de Uso Sustentável, como as Reservas de Desenvolvimento Sustentável. (RDS) e as Áreas de Proteção Ambiental (APA), também contam com alguns desses instrumentos. Em alguns casos, como nas APAs, o conselho não é deliberativo, mas sim consultivo.

O avanço dessa forma articulada — natureza-população — de organização do território foi fundamentado e estimulado a partir da criação de programas governamentais que visavam à criação de um mosaico de Unidades de Conservação ao longo do território nacional. Tomado por alguns autores como um período único e de curto prazo, a criação de Unidades na Amazônia Legal fica clara na Figura 1.

Figura 1: Número de Unidades de Conservação
Federais criadas entre 1950 e 2010 na Amazônia Legal

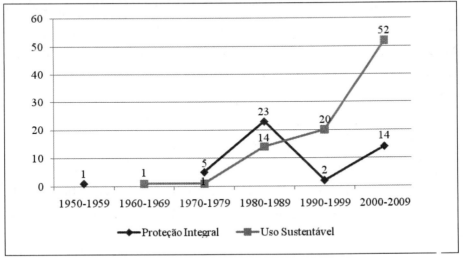

Fonte: dados aproximados, gerados a partir dos *shapes* de Unidades de Conservação do Ministério do Meio Ambiente (MMA, 2011)

Democracia Além do Voto | 225

Nessa figura podemos perceber a consistente ascendência do número de criação de Unidades de Conservação na Amazônia Legal a partir da década de 1980. A atuação mais efetiva na delimitação e oficialização de UCs de Uso Sustentável se deu na última década, entre 2009 e 2010, de modo que a partir da década de 1990 o número de UCs de Uso Sustentável criadas ultrapassou as UCs de Proteção Integral, transformando-se numa política prioritária.

O Programa de Áreas Protegidas da Amazônia (Arpa) foi um dos maiores responsáveis por tal fato. Tal programa tem como objetivo "expandir, consolidar e manter uma parcela significativa do Sistema Nacional de Unidades de Conservação (SNUC) no Bioma Amazônia" (MMA, 2008). O Arpa teve sua criação por meio do Decreto 4.326 de 2002. Sua coordenação é realizada pelo Ministério do Meio Ambiente (MMA), sua implementação pelo Instituto Chico Mendes de Conservação da Biodiversidade (ICMBio), pelos governos estaduais da Amazônia e pelo Fundo Brasileiro para Biodiversidade (Funbio). O Programa é ainda apoiado pelo Fundo para o Meio Ambiente Global (GEF), pelo Banco Mundial, pelo WWF-Brasil, pelo Banco Alemão de Desenvolvimento (KfW) e pela Agência de Cooperação Técnica Alemã (GTZ). Com o enfoque na expansão e na consolidação do SNUC, a parceria entre governo federal e Organizações Não Governamentais se tornou numérica e ativamente expressiva.

O Arpa conta com três fases, tendo sido a primeira realizada entre os anos de 2002 e 2009. Correspondente ao pico de criação de Unidades de Conservação da Figura 1, as metas da Fase I foram atingidas, segundo o site do Programa, além do previsto (Quadro 2).

Quadro 2: Metas e resultados atingidos pelo Programa
Áreas Protegidas da Amazônia em sua primeira fase (2002-2009)

Meta	Resultado	Expectativa
1 - Criar 9 milhões de ha em 16 UCs de proteção integral.	Resultado — 13,2 milhões de ha em áreas de proteção integral criadas.	61% além da meta
2 - Criar 9 milhões de ha em 27 UCs de uso sustentável.	Resultado — 10,8 milhões de ha em áreas de uso sustentável criadas.	20% além da meta
3 - Consolidar 7 milhões de ha de 20 UCs de proteção integral.	Resultado - 8,5 milhões de ha de áreas de proteção integral consolidadas até final de 2009.	21% além da meta
4 - Estabelecer um fundo fiduciário para apoiar as UCs consolidas pelo Arpa e capitalização em US$ 14 milhões.	Resultado - Fundo Áreas Protegidas (FAP) estabelecido com capitalização de US$ 24,8 milhões.	77% além da meta

Fonte: Programa Arpa, 2012

A Fase I do Programa estava vinculada, dessa forma, à criação e à delimitação de Unidades de Conservação na Amazônia Legal, além do estabelecimento de um fundo fiduciário destinado às unidades territoriais voltadas à conservação. A Fase II, com duração entre 2010 e 2013, procura, além de criar mais algumas unidades de conservação, consolidar as já existentes por meio de Planos de Manejo e injeção financeira e de pessoal para sua manutenção. Já a terceira fase, a ser implantada entre 2014 e 2016, pretende a consolidação final de todas as unidades e alterações em relação ao financiamento das mesmas, com maior enfoque no custeamento governamental das unidades. Fato este que evidencia a forte e presente participação internacional, tanto no custeamento como na implantação desse programa e desse objetivo socioambiental.

Apesar de atingidas as metas, a real efetividade das Unidades pode ser questionada, sobretudo no que diz respeito à sua perspectiva democrática. Segundo os resultados da aplicação do método Rapid Assessment and Priorization of Protected Area Management (Rappam) pelo WWF Internacional, "apenas 13% das Unidades de Conservação apresentaram alta efetividade de gestão; outros 36% ficaram na faixa média; e o restante (51%) foi enquadrado na faixa de baixa efetividade" (Veríssimo et al. 2011, p.31). Tal análise pretendeu, entre outras questões, contemplar itens relacionados à participação efetiva da população em unidades que a possuem como fundamento. Para exemplificarmos a dificuldade de implantação dos instrumentos democráticos nas Unidades estaduais e federais, em dezembro de 2010, 147 (48% do total) Unidades de Conservação possuíam conselhos estabelecidos; enquanto outras 21 (7%) estavam com o conselho gestor em formação; e os demais 45% ainda não possuíam conselho gestor (Veríssimo et al. op cit.).

Em análises prévias (Marques, 2011), foram analisadas experiências de criação de Reservas Extrativistas sob o ponto de vista de sua legitimidade. Foi verificado que, em comunidades desarticuladas politicamente, onde a atuação de órgãos governamentais se dá sem um diálogo direto a médio e a longo prazo com a população local, o processo perde sua legitimidade, torna-se moroso e, por vezes, fracassado.

Sendo assim, mesmo que os frutos do movimento das décadas de 1980 e 1990 estejam previstos em legislação e sendo aplicados, a gestão e a eficácia de alguns instrumentos democráticos podem e devem ser questionadas para um melhor planejamento e funcionamento.

A POLÍTICA AMBIENTAL, O APRENDIZADO POLÍTICO E A DELIMITAÇÃO DE TERRITÓRIOS

A abertura da política nacional à maior participação do povo brasileiro e a uma maior interferência de organismos internacionais se deu a partir da redemocratização do Estado na década de 1980, a qual contou com inúmeros avanços do ponto de vista da instrumentalização das atividades políticas. Esses avanços foram conquistados pelos instrumentos democráticos que a Constituição de 1988 prevê, mas, sobretudo, pela exigência de alguns grupos frente ao governo para o alcance de seus objetivos.

Acredita-se, a partir do panorama listado neste trabalho, que vários grupos sociais possuem habilidade de articulação e de participação no processo de tomada de decisão e de implantação de políticas. No entanto, observando a ativa participação e a promoção de causas por meio de organizações internacionais — governamentais e não governamentais — poderíamos questionar se a massa da população tem os meios para definir os termos e a natureza da sua participação (Kaufman, 1997).

No caso do movimento socioambiental, as reivindicações dos seringueiros e dos povos indígenas da Amazônia se caracterizaram por uma etapa crucial para a definição de territórios voltados ao desenvolvimento local. Contudo, essa definição de padrão de ocupação do território foi resultado, também, de uma forma de articulação política mais ampla. As várias escalas políticas que começaram a se relacionar naquele momento definem, atualmente, uma lógica complexa que constitui as diretrizes ambientais brasileiras.

Como ocorre no Programa de Áreas Protegidas da Amazônia, há um repasse do financiamento e da coordenação das atividades de pesquisa, como também da implantação e da gestão das Unidades de Conservação para Organizações Não Governamentais. Assim como propõe McIlwaine (1998), o apoio dado pelas ONGs aconteceria, por um lado, por pressões dos doadores ao fortalecimento da sociedade civil e, por outro, porque de fato essas instituições preencheram algumas das lacunas deixadas pelo Estado.

Essas instituições, com forte, mas sutil presença na década de 1990, atualmente são amplamente atuantes em toda a Amazônia brasileira. Se, por um lado, seguem ideologias do socioambientalismo relativas à implantação de um desenvolvimento sustentável de base local, por outro são demandadas pelo governo a cumprir metas, assim como o fazem alguns prestadores de serviço. Nesse sentido, um leque enorme de tipologias de projetos e ações de ONGs se estabelece no território nacional. Em alguns casos se pretende levar às comunidades — isoladas ou não — as concepções de conservação, de associativismo e de organização social como um meio de permanência em suas terras e também em suas atividades, estabelecendo-se uma relação de construção conjunta. Em outros casos, os processos partem e se desenvolvem sob a ativa ação das ONGs e da passiva ação das comunidades.

Entretanto, apesar das dificuldades encontradas na gestão de um território tão vasto e heterogêneo como o brasileiro e o amazônico — caso mais em foco neste estudo —, a dispersão de atividades politizadoras e a valorização da proatividade política local ocorre, e torna-se conhecida. Acredita-se que elementos como a organização social e o associativismo já se tornaram pauta das discussões e da realidade de inúmeros territórios na Amazônia. A conectividade entre as localidades e o papel informativo de algumas ONGs e de órgãos governamentais faz com que os princípios democráticos, outrora exigidos pela Aliança dos Povos da Floresta, sejam difundidos e estruturados mediante as políticas públicas e as normatizações estatais e locais.

Dessa maneira, são reconhecidos os avanços e a legitimidade das políticas atuais voltadas para a participação popular nas questões ambientais. Uma vez que permitem a conquista de direitos, também estimulam o exercício da cidadania e da política por comunidades locais, compondo, assim, um rico aprendizado político. Ressalta-se, no entanto, a importância de se acompanhar o cumprimento das normatizações, uma vez que não representam, por si só, atividades eficientes. Assim, a situação da gestão dessas políticas é uma das temáticas a ser abordada em futuros estudos, bem como nos próximos fóruns de discussão, como a conferência internacional Rio+20, a ser realizada no ano desta publicação. A delimitação de territórios está colocada. Se, num sentido, áreas foram legal e fisicamente protegidas a determinados grupos, um território de aprendizado político num outro sentido foi formado. A governança democrática com vistas a um 'desenvolvimento sustentável' segue, assim, como pauta, devendo ser discutida a partir de seus aspectos normativos e práticos, considerando todas as suas relações interescalares e as dificuldades enfrentadas.

REFERÊNCIAS BIBLIOGRÁFICAS

ALLEGRETTI, M. H. *A construção social de políticas ambientais: Chico Mendes e o Movimento dos Seringueiros*. (Tese de Doutorado em Desenvolvimento Sustentável Gestão e Política Ambiental), UnB-CDS, 2002.

BRASIL, República dos Estados Unidos do. *Constituição da República dos Estados Unidos do Brasil (de 19 de julho de 1934)*. Disponível em: <http://www.planalto.gov.br/ccivil_03/constituicao/constituiçao34.htm>. Acesso em nov. de 2011.

_____. *Constituição da República Federativa do Brasil de 1967*. Disponível em: <http://www.planalto.gov.br/ccivil_03/constituicao/constituicao67.htm>. Acesso em nov. de 2011.

_____. *Lei n. 6.938, de 31 de agosto de 1981, que Dispõe sobre a Política Nacional do Meio Ambiente, seus fins e mecanismos de formulação e aplicação e dá outras providências*. Disponível em: <http://www.planalto.gov.br/ccivil_03/leis/L6938.htm>. Acesso em jan. de 2012.

_____. *Decreto n. 91.766, de 10 de outubro de 1985, que Aprova o Plano Nacional de Reforma Agrária — PNRA — e dá outras providências*. Disponível em: <http://www2.camara.gov.br/legin/fed/decret/1980-1987/>. Acesso em jan. de 2012.

_____. *Constituição da República Federativa do Brasil de 1988*. Disponível em: <http://www.planalto.gov.br/ccivil_03/Constituicao/Constituicao.htm>. Acesso em nov. de 2011.

_____. *Sistema Nacional de Unidades de Conservação (2000)*. Disponível em: <http://www.planalto.gov.br/ccivil_03/leis/L9985.htm>. Acesso em mar. de 2011.

CASTRO, I. E. Solidariedade territorial e representação: Novas questões para o pacto federativo nacional. *Revista Território*, Rio de Janeiro, Vol. 1, n. 2, 1996, p. 33-42.

_____. *Geografia e Política: Território, escalas de ação e instituições*. Rio de Janeiro: Bertrand Brasil, 2009.

CYRILLO, R. M. A vinculação do Estado à concretização do direito fundamental a um meio ambiente ecologicamente equilibrado, pelo prisma do princípio da função socioambiental da propriedade. *Revista da Fundação Escola Superior do Ministério Público do DF e Territórios*, ano 11, n. 21, 2003, p.233-259.

DIEGUES, A. C. *O mito moderno da natureza intocada*. São Paulo: Hucitec: Nupaub USP/CEC, 6ª ed, 2008.

FERRY, L. *A nova ordem ecológica: A árvore, o animal e o homem*. Rio de Janeiro, DIFEL, 2009.

GONÇALVES, C. W. P. *Nos varadouros do mundo: Da territorialidade seringalista à territorialidade seringueira*. Tese (Doutorado em Geografia) — Programa de Pós-Graduação em Geografia, Universidade Federal do Rio de Janeiro, Rio de Janeiro, 1998.

INSTITUTO CHICO MENDES DE CONSERVAÇÃO DA BIODIVERSIDADE (ICMBio). *Instrução Normativa 1, que Disciplina as diretrizes, normas e procedimentos para a Elaboração de Plano* de Manejo Participativo de Unidade de Conservação Federal das Categorias Reserva Extrativista e Reserva de Desenvolvimento Sustentável, de 18 de setembro de 2007.

INSTITUTO CHICO MENDES DE CONSERVAÇÃO DA BIODIVERSIDADE (ICMBio). Instrução Normativa 2, que disciplina as diretrizes, normas e procedimentos para formação e funcionamento do Conselho Deliberativo de Reserva Extrativista e de Reserva de Desenvolvimento Sustentável, de 18 de setembro de 2007.

INSTITUTO CHICO MENDES DE CONSERVAÇÃO DA BIODIVERSIDADE (ICMBio). Instrução Normativa 3, que regulamenta as Diretrizes, Normas e Procedimentos para a criação de Unidades de Conservação Federais das categorias Reserva Extrativista e Reserva de Desenvolvimento Sustentável, de 18 de setembro de 2007.

_____. Relatório de Gestão 2010. Brasília: MMA, 2011.

INSTITUTO NACIONAL DE COLONIZAÇÃO E REFORMA AGRÁRIA (INCRA). Portaria n. 627, de 30 de julho de 1987. Disponível em: <http://www.incra.gov.br/>. Acesso em out. 2011.

INSTITUTO SOCIOAMBIENTAL (ISA). Legislação — Meio Ambiente. Disponível em: <http://www.socioambiental.org/inst/leg/amb.shtm>. Acesso em nov. 2011.

KAUFMAN, M.; ALFONSO, H. D. (org). Community Power and Grassroots Democracy: The Transformation of Social Life. Londres: Zed Books, 1997.

LÉNA, P. As políticas de desenvolvimento sustentável para a Amazônia: problemas e contradições. Boletim Rede Amazônia, Rio de Janeiro/Belém, n.º 1, 2002, p. 09-21.

LOPES, J. S. L. A ambientalização dos conflitos sociais: Participação e controle público da poluição industrial. Rio de Janeiro: Relume Dumará, 2004.

_____. Sobre processos de "ambientalização" dos conflitos e sobre dilemas da participação. Horizontes Antropológicos, Porto Alegre, n. 25, 2006, p. 31-64.

MARQUES, M. L. Política e Território: Um estudo de caso do processo de criação de Reservas Extrativistas na Amazônia. Anais do V Simpósio Internacional e VI Simpósio Nacional de Geografia Agrária: questões agrárias na panamazônia no Século XXI — usos e abusos do território. Belém: UFPA, 2011.

MCLLWAINE, C. Civil Society and Development Geography. Progress in Human Geography, Vol. 22(3), 1998, p. 415-424.

MINISTÉRIO DO MEIO AMBIENTE (MMA). Programa Áreas Protegidas da Amazônia (ARPA), Publicação I. Brasília, 2008.

_____. Download de dados geográficos. Disponível em: <http://mapas.mma.gov.br/i3geo/datadownload.htm>. Acesso em jan. 2012.

PROGRAMA DE ÁREAS PROTEGIDAS DA AMAZÔNIA (ARPA). *Metas e Resultados.* Disponível em: <http://www.programaarpa.org.br/pt/institucional/metas-a-resultados.html>. Acesso em janeiro de 2012.

RIBEIRO, N. F. *A questão geopolítica da Amazônia: Da soberania difusa à soberania restrita.* Brasília: Senado Federal, 2005.

SANTILLI, J. *Socioambientalismo e novos direitos: Proteção jurídica à diversidade biológica e cultural.* São Paulo: Peirópolis, 2005.

VERÍSSIMO, A. et al. (orgs.). *Áreas Protegidas na Amazônia brasileira: Avanços e desafios.* Belém: Imazon; São Paulo: Instituto Socioambiental, 2011.

PAISAGEM, PATRIMÔNIO E DEMOCRACIA: NOVOS DESAFIOS PARA POLÍTICAS PÚBLICAS

Rafael Winter Ribeiro

O objetivo deste trabalho é discutir as recentes iniciativas que estão transformando a paisagem num importante instrumento para formação de políticas públicas na área de preservação cultural. O foco central está na relação entre essa captura da categoria de paisagem e suas possibilidades para o exercício da democracia, apontando para as implicações e desafios para a formulação de políticas públicas.

Nos últimos anos, uma série de iniciativas tem capturado a categoria de paisagem em ações do Estado no Brasil, em que podemos ressaltar a criação da *Chancela da Paisagem Cultural* pelo Instituto do Patrimônio Histórico e Artístico Nacional — Iphan — e o Plano Diretor da Cidade do Rio de Janeiro, publicado em 2011, que toma a paisagem como uma importante categoria a partir da qual as políticas sobre a cidade precisam ser pensadas.

Ambas iniciativas refletem um novo momento, no qual há um interesse crescente na paisagem como um instrumento de políticas públicas em geral, e de preservação cultural em particular. No Brasil, esse movimento tem duas origens associadas entre si. A primeira é a influência de experiências externas na área de preservação do patrimônio cultural, notadamente a Unesco. E a segunda, o turismo. Representa também um desdobramento da preocupação ambiental que ganhou força nos anos 1980 e que, para muitos, tem na utilização da categoria de paisagem a possibilidade de entrecruzamento entre o ambiental e o cultural.

Ao mesmo tempo em que se discute a formação da paisagem como instrumento de preservação e gestão do território é consolidada uma transformação importante nas narrativas sobre o patrimônio, iniciada no Brasil no final do século XX. A função de construção de uma identidade nacional dos patrimônios cede cada vez mais lugar às narrativas que justificam o patrimônio como instrumento do exercício da cidadania e democracia, além do desenvolvimento sustentável. Se o discurso da identidade nacional que presidiu a construção da política do patrimônio no Brasil nos anos 1930 não é de todo abandonado, aos poucos ganha novas tintas com a incorporação da preocupação com a diversidade, cidadania e democracia.

Esses dados têm demonstrado uma dupla transformação na área da preservação cultural. De um lado uma crescente preocupação com uma abordagem integrada, na qual a paisagem emerge como uma questão importante. De outro, transformações significativas na ideia de patrimônio, quando a busca pela construção de um caráter identitário uno dá lugar a uma concepção de patrimônio como instrumento do exercício da cidadania, democracia, valorização da diversidade e do desenvolvimento sustentável. O cruzamento dessas tendências nos tem trazido alguns desafios e são alguns desses que o trabalho aborda.

Como pensar preservação da paisagem e políticas públicas hoje? De que maneira políticas de paisagem podem contribuir para uma sociedade e espaços mais democráticos? Esses são alguns dos questionamentos que têm motivado nossa pesquisa. O objetivo aqui é analisar a forma como a categoria de paisagem tem sido incorporada nas políticas de preservação e suas possíveis associações com o exercício da democracia.

Na primeira parte deste trabalho são analisados alguns aspectos da transformação dos discursos patrimoniais que abrem espaço para a inclusão da discussão sobre o exercício da cidadania e democracia. Na segunda é analisada de maneira breve a trajetória da incorporação da paisagem como instrumento de proteção no Brasil, incluindo nessa discussão a experiência internacional que mais influenciou esse percurso: aquela produzida pela Unesco. Finalmente, na terceira parte discuto alguns dos dilemas e possibilidades que a incorporação da paisagem nas discussões sobre patrimônio pode oferecer para um melhor exercício da democracia no país.

DA IDENTIDADE NACIONAL À EXPRESSÃO DA CIDADANIA E DEMOCRACIA

O reconhecimento do patrimônio cultural e a seleção dos objetos patrimonializáveis é, antes de mais nada, uma questão de atribuição de valor. A forma como os agentes responsáveis por essa atribuição a constroem varia com o tempo, assim como varia também o próprio discurso legitimador do patrimônio como algo relevante para a sociedade. Françoise Choay nos fala de uma tripla extensão dos bens patrimoniais ao longo do século XX — tipológica, cronológica e geográfica (Choay, 2001, p.15). Podemos falar também de uma ampliação na própria concepção de patrimônio, da ideia de patrimônio histórico àquela de patrimônio cultural, na qual, no Brasil, o desenvolvimento da ideia de Referência Cultural teve papel importante. Assim, a partir de meados da década de 1970, indagações sobre quem tem legitimidade para selecionar o que deve ser preservado, a partir de que valores, em nome de que interesses e de que grupos, passaram a pôr em destaque a dimensão social e política de uma atividade que costuma ser vista como eminentemente técnica (Fonseca, 2001, p. 111-112).

Uma vez que a referência cultural diz respeito a sujeitos para os quais essas referências façam sentido, a necessidade de ouvi-los se torna fundamental. Um aspecto importante da abordagem que se inicia com a ideia de referência cultural é que, para os inventários que se apoiam nela, o sujeito não deveria ser simplesmente o informante, mas também seu intérprete. Nesse sentido, a tarefa de seleção dos bens patrimonializáveis passaria por outros critérios que não somente aquele do olhar do técnico, o qual se transformaria agora num mediador entre aquilo que a população reconhece como seu patrimônio e o Estado. Uma série de estratégias e metodologias foi construída visando dar conta dessa transformação, com destaque para o Inventário Nacional de Referências Culturais — INRC —, construído a partir da experiência-piloto no Museu Aberto do Descobrimento e hoje amplamente utilizado (ver Brasil, 2000).

Essa transformação significativa na ideia de patrimônio está relacionada à própria construção das narrativas patrimoniais e à maneira como suas finalidades são encaradas, obtendo forte repercussão no processo de identificação e seleção dos bens patrimoniais. Essa importante expansão do campo do patrimônio nas últimas décadas pode assim ser identificada na passagem da ideia de monumento histórico a bem cultural referente às diferentes coletividades e está presente mesmo na ideia de patrimônio da Constituição Federal de 1988 (Castriota, 2009).

De fato, a Constituição de 1988 altera consideravelmente a noção de patrimônio, incorporando a ideia de diversidade e de proteção das minorias, reconhecendo o caráter plural do processo de construção da(s) identidade(s) nacional(is). Assim,

> os direitos antes reivindicados sob a ótica da igualdade hoje se expressam como afirmação da diferença e do direito de expressão cultural. Efetivamente, o que se designava no contexto da modernidade como direito à igualdade expressa-se, contemporaneamente, como direito à diferença.
> A novidade trazida nesse contexto não é o advento de um pluralismo ontológico. Ora, a diversidade sempre existiu, o diferente situou-se, sempre, mais ou menos no mesmo lugar da história e da sociedade brasileiras: nas fímbrias do sistema social. A novidade do direito pós-moderno é traduzir essa diversidade ontológica em um pluralismo discursivo, no qual os atores tradicionais de fala passam a reconhecer os discursos culturais diferentes, reconhecendo-lhes legitimidade e proteção jurídica (Assis, 2011, p. 67).

Essa transformação está associada à própria mudança no projeto de construção identitária da nação. A construção de uma política nacional de patrimônio histórico e cultural está fortemente associada ao projeto de Estado-Nacional brasileiro dos anos 1930. Vários autores já se debruçaram sobre o tema e muito já foi escrito a respeito. Cabe aqui ressaltar o perfil e a preocupação central dessa política em suas primeiras décadas, voltados para a formação daquilo que Bernedict Anderson (2008) chamou de comunidades imaginadas, com a necessidade de construção de uma identidade nacional indivisível a partir de elementos previamente selecionados da história, da geografia, da cultura. A busca pela construção da identidade nacional e pela construção de "narrativas nacionais" pautou toda a política de preservação no Brasil ao longo do século XX (Gonçalves, 2002).

Essa narrativa do nacional uno e indivisível que dirigiu a política do Estado Novo e no qual a identificação e a preservação do patrimônio no Brasil foram fundadas foi oficialmente quebrada com a Constituição de 1988, pautada no discurso da valorização da diversidade. O nacional uno e indivisível que privilegiou a construção da narrativa tradicional do patrimônio brasileiro, selecionando objetos específicos, deu lugar à ideia de diversidade. De um lado era aberto o caminho para o reconhecimento da diversidade como princípio para o reconhecimento do patrimônio, e de outro, com a noção de referência cultural, esse reconhecimento tinha que partir da própria população envolvida.

Ao incorporar uma perspectiva inclusiva, a nova política de patrimônio que se consolida a partir do final do século XX se propõe mais aberta, incluindo indivíduos e grupos antes excluídos no processo de construção identitária da nação:

> Nessa perspectiva inclusiva, uma série de práticas e grupos dispersos saem da invisibilidade e são integrados às redes do Estado. Por isso, preservar o patrimônio cultural continua sim uma das formas de se inventar a nação e de fortalecimento do Estado, ainda que essa nação seja bastante distinta daquela inicialmente projetada e enxergada, fruto de novas interpretações, outros projetos, que têm sido desenhados graças à percepção e à valorização de vestígios materiais que haviam sido até então ignorados, apagados ou silenciados (Chuva, 2011, p. 48).

Dessa forma, as últimas décadas do século XX viram uma transformação significativa no projeto de construção da ideia de nação. O discurso de construção da identificação da identidade nacional passa a considerar a valorização das culturas locais a partir de uma discussão que passa pela prática da cidadania e pela construção democrática do patrimônio. Nesse sentido, é sobretudo a preocupação com o exercício da democracia e cidadania que tem levado a essa ampliação do discurso patrimonial e que dirigiu a construção do texto constitucional, numa constituição produzida no contexto de reabertura democrática do país e conhecida como a "Constituição Cidadã".

A virada do discurso patrimonial para questões como cidadania já era apontada por Campello (1996) na abertura da edição da *Revista do Patrimônio Histórico e Artístico Nacional* dedicada ao tema. Nela o autor já reconhece sua importância, uma vez que o reconhecimento de uma identidade cultural é um pressuposto indispensável da qualidade de cidadão, sendo seu direito o acesso à memória e símbolos, o reconhecimento e até a definição de seus valores. Assim, ali já era reconhecido que "o exercício da cidadania pressupõe não só esse acesso como também a participação na seleção e no modo de se apropriar desses valores" (ibid., p. 7). É reconhecida, dessa maneira, uma correlação forte entre o exercício da cidadania, a prática da democracia e o patrimônio cultural. Entretanto, a mera inclusão de outros grupos dentro do discurso identitário nacional não significa necessariamente uma prática democrática. A forma e os critérios para a seleção desses grupos e de quais discursos privilegiar é que merecem ser o foco da discussão. O mais importante é discutir quem são os atores que fazem essa seleção e quais os instrumentos legais e instituição que possibilitam à população participar dessa seleção, reconhecimento e construção identitária da nação.

É nesse sentido que pensar a paisagem como patrimônio hoje implica a incorporação dessa discussão. O momento atual, no qual se buscam os instrumentos adequados para a identificação e atribuição de valor das paisagens é fundamental, uma vez que a questão de quais valores e quais narrativas sobre a paisagem privilegiar é muito mais do que meramente uma questão técnica e objetiva, mas de exercício da democracia e da cidadania. Ao mesmo tempo em que essas ações podem evidenciar valores, também podem esconder e omitir significados de outros grupos.

Os documentos e cartas produzidos pelos órgãos oficiais até o momento têm expressado pouco, tanto sobre o embasamento teórico sobre o qual estão apoiando a categoria de paisagem, quanto sob a forma de incorporação da população nessa discussão. Que paisagens selecionar? Quais aspectos da paisagem são relevantes? Para quem? Esses são alguns dos desafios que precisam ser discutidos. Antes, entretanto, é necessário discutirmos a forma como essa categoria tem sido incorporada nas políticas públicas, uma vez que os instrumentos que podem permitir essa prática democrática estão diretamente relacionados a isso.

A REDESCOBERTA DA PAISAGEM

Enquanto a ideia de patrimônio como a conhecemos hoje foi gestada na Revolução Francesa e se consolidou nos anos seguintes (Choay, 2001), a proteção da paisagem por seu valor cultural viria apenas alguns anos mais tarde. A extensão do instituto do tombamento para as paisagens foi primeiro instituída pela França, por meio da Lei Briand, de 1906. Na Itália, enquanto a Lei Croce, de 1922, instituía a proteção para *coisas imóveis cuja preservação tenha notável interesse público devido às suas belezas naturais ou sua relação particular com a história civil e literária*, a Lei Bottai, de 1939, introduzia o planejamento paisagístico e, em 1949, a proteção da paisagem ganhou *status* constitucional (Lins, 2011).

No Brasil, a preocupação com a proteção da paisagem também não é novidade. No âmbito federal, o anteprojeto de lei preparado por Mário de Andrade em 1936 para a constituição de uma política federal de patrimônio já contemplava essa preocupação (Andrade, 1980). Embora mais restritivo em vários aspectos do que o projeto apresentado por Mário de Andrade, o Decreto-lei 25 de 1937, que de fato implementou a preservação do patrimônio no Brasil, incorpora essa preocupação quando, entre os quatro Livros do Tombo criados para a inscrição do patrimônio nacional, estabelece o Livro do Tombo Arqueológico, Etnográfico e Paisagístico — Laep.

Ao longo de 75 anos, até hoje uma série de bens foi inscrita no Laep e preservada por seu valor paisagístico. O perfil de atuação do Iphan ao longo do século XX já foi amplamente estudado por diversos autores (Chuva, 2009; Sant'Anna, 1995 e 2004; Rubino, 1996, Fonseca, 2005, entre outros), caracterizado, sobretudo nas primeiras décadas, por um privilégio do patrimônio construído, o patrimônio de pedra e cal, e pela valorização da arquitetura colonial, com ênfase em sítios urbanos — as cidades históricas — entendidos como obras de arte. Da mesma forma, dentro desse contexto, um estudo mais detalhado sobre a forma como a paisagem foi incorporada nas políticas de patrimônio pelo Iphan pode ser encontrado em Ribeiro (2007). De uma maneira geral, o padrão identificado para a inscrição de bens no livro paisagístico, principalmente nos seus primeiros anos era: 1) Tombamento de jardins e bens mais diretamente ligados ao paisagismo; 2) Tombamento de conjuntos; 3) Tombamento de monumentos junto a aspectos da natureza que os emolduram; 4) Tombamento de áreas cujo panorama seja importante para populações que vivem nos arredores (Ribeiro, 2007, p. 75).

Entretanto, nos anos 2000 a discussão sobre a categoria de paisagem cultural começa a ser empreendida como um instrumento inteiramente novo no Brasil. São duas as razões para isso. Uma de ordem conceitual, com um novo olhar sobre a paisagem, influenciado pela Unesco, que identifica nela aspectos da integração entre cultura e natureza e usando para isso a designação de *paisagem cultural*. Outra de ordem operacional, oriunda do reconhecimento dos limites do tombamento para a preservação de paisagens e de sua dificuldade de controle e fiscalização em sítios extensos. Assim, ao mesmo tempo em que se firma o reconhecimento da paisagem como uma categoria importante para se pensar o patrimônio de maneira integrada, também emerge a ideia de que, nesse caso, o tombamento não seria o instrumento mais adequado a ser utilizado, pela natureza dinâmica da paisagem, mas também pela dificuldade de sua aplicação a áreas muito extensas.

Nesse sentido, no Brasil, o papel das normas e diretrizes da Unesco para o Patrimônio Mundial tem sido fundamental na difusão da ideia de paisagem cultural. Preocupada com a dicotomia presente na Lista de Patrimônio Mundial entre patrimônio natural e patrimônio cultural, em 1992, a partir de uma série de discussões, o Centro do Patrimônio Mundial incluiu a Paisagem Cultural como uma das categorias para inscrição de sítios culturais. No documento que é elaborado pelo grupo que se reuniu para sua construção, formado por membros da Unesco e dos organismos consultivos da instituição (Icomos e IUCN*), o grupo reconhece as paisagens como ilustrativas da evolução da sociedade e de seus assentamentos ao longo do tempo, sobre a influência de contingências físicas e/ou oportunidades apresentadas pelo ambiente natural, bem como pelas sucessivas forças social, econômica e cultural que nelas interferem (Fowler, 2003).

A partir de uma definição tão ampla e visando maior objetividade para o reconhecimento e atribuição de valor dessas paisagens, são divididas essas paisagens pela Unesco em três categorias distintas: 1) a paisagem

---

* Icomos — International Council on Monuments and Sites; IUCN — International Union for Conservation of Nature.

claramente definida, aquela intencionalmente criada pelo homem, representada nos parques e jardins; 2) a paisagem essencialmente evolutiva, que resulta da ação do homem como uma resposta ao ambiente natural, refletindo o processo evolutivo da sociedade; 3) e a paisagem cultural associativa, aquela cuja inscrição é justificada pelos seus valores associados, muito mais do que suas transformações físicas e seu agenciamento.

Dessa categorização das paisagens alvo de inscrição da Lista de Patrimônio Mundial emergem três focos claramente distintos: um primeiro, que valoriza a planificação, os jardins e o paisagismo, um segundo, que valoriza a maneira como sociedades, notadamente as tradicionais, agenciaram seu ambiente, e um terceiro, que valoriza os símbolos e valores associados a elementos da paisagem. Essa constituição não é gratuita e está ligada à forma como diferentes ramos do conhecimento se apropriaram da noção de paisagem, conceitualizando-a e, claro, aos agentes responsáveis por essas definições e ao jogo de forças internas e externas na Unesco.

Após 20 anos de existência, já foi demonstrado alhures como a aplicação dessa categoria tem incorporado aquilo que identifico como uma *dupla tradição*, uma oriunda do paisagismo e do desenho da paisagem, que chamo de *tradição paisagista*, e outra, associada à valorização de modos de vida tradicionais e de gêneros de vida, a *tradição vidalina* ou *geográfica* (Ribeiro, 2010a). A dificuldade para aplicação da categoria em grandes centros urbanos é oriunda diretamente dessa maneira como foi capturada e tem reflexo no fato de que, até o momento, não existe nenhuma grande cidade inscrita como Paisagem Cultural na Lista de Patrimônio Mundial da Unesco, sendo o Rio de Janeiro a primeira candidatura com reais chances de ser incluída, mas que para isso teve que se adequar, valorizando sobretudo os trabalhos de paisagismo da sua costa e a figura de Roberto Burle Marx (Ribeiro e Azevedo, 2010; Brasil, Iphan, 2011), e que, ainda assim, encontra resistência de setores mais conservadores dentro do Centro do Patrimônio Mundial.

Embora já existente desde 1992, essa discussão só começa a reverberar timidamente no Brasil no final dos anos 1990, primeiro com a candidatura de Diamantina a Patrimônio Mundial (Lage e Santos, 2011), que se utiliza do conceito e da discussão em seu dossiê, mas que é inscrita como Centro Histórico; em seguida com a candidatura de Paraty e, por fim, a candidatura do Rio de Janeiro, que dá maior visibilidade à discussão das formas de apropriação da categoria (Ribeiro e Azevedo, 2010).

Diante disso, nos anos 2000, tem início no Brasil uma discussão para a construção de uma política federal de preservação das paisagens identificada como algo bastante distinto daquela prevista no tombamento e que, assim como na Unesco, se apropria da expressão *paisagem cultural*, com a intenção de se diferenciar das ações de preservação da paisagem que utilizavam o instrumento existente — o tombamento e seus correlacionados, como a proteção de entorno. É dessa maneira que um novo olhar sobre a paisagem começa a emergir, ganhando rapidamente força e buscando legitimidade por meio da construção de novos instrumentos.

O primeiro documento a ser veiculado ficou conhecido como *Carta de Bagé*, fruto de uma reunião naquela cidade em 2007 e que procurava dar algumas das diretrizes para o encaminhamento da discussão (Brasil, 2007). Nele a paisagem cultural é apresentada como: "O meio natural ao qual o ser humano imprimiu as marcas de suas ações e formas de expressão, resultando em uma soma de todos os testemunhos resultantes da interação do homem com a natureza e, reciprocamente, da natureza com o homem, passíveis de leituras espaciais e temporais." Trata-se de uma definição ampla e seu aspecto abrangente e ambicioso é revelado quando se afirma no documento que "a paisagem cultural é um bem cultural, o mais amplo e abrangente de todos, que pode apresentar todos os bens indicados pela Constituição".

Finalmente, em 2009 foi publicada a portaria que estabelecia a Chancela da Paisagem Cultural como instrumento de preservação do patrimônio. Seguindo os preceitos estabelecidos em Bagé, o instrumento da Chancela também parte de uma definição bastante ampla de paisagem cultural, a qual tem sido encarada como um instrumento não só de reconhecimento, como de gestão do patrimônio, uma vez que uma de suas ênfases mais fortes está na necessidade de execução de um pacto. Conforme definido pela portaria, a Chancela seria concedida mediante um pacto entre diferentes agentes para a preservação dos valores identificados. Entretanto, o primeiro bem a obter a chancela da paisagem cultural, em 2011, por decisão do Conselho Consultivo do Iphan, não dispunha desse pacto formalizado, a paisagem cultural dos imigrantes em Santa Catarina, inicialmente encaminhado ao Conselho para tombamento em série, o que pode resultar num precedente perigoso para aquilo que se espera do instrumento.

Alguns dos problemas e potencialidades da forma como essa categoria tem sido incorporada nesses dois textos — a Carta de Bagé e a Portaria da Chancela da Paisagem Cultural — e nas políticas que deles resultaram já foram discutidos em outros trabalhos (Ribeiro, 2010b; Ribeiro, 2011). Entretanto, como discutido alhures, a verdadeira renovação nas políticas de preservação cultural que a ideia de paisagem cultural tem incorporado é permitir uma leitura espacial das práticas culturais. Trata-se claramente de uma abordagem espacial e de uma interpretação dos fenômenos a partir de sua localização e de sua relação com os outros no espaço, mas essa abordagem e essa interpretação não podem ser feitas sem uma reflexão própria sobre o conceito de paisagem e seus limites ao preço da banalização da categoria que não deve virar um sinônimo simples de espacial. Se até o momento os estudos e documentos publicados pelo Iphan nessa direção são inconsistentes como uma reflexão teórica sobre o conceito de paisagem que está sendo adotado, o poder de percolação dessas iniciativas já está se fazendo notar, e a preocupação com a paisagem tem se expandido para outras áreas e outras escalas de governo.

Nesse sentido, o Plano Diretor do Rio de Janeiro publicado em 2011 reflete diretamente essas preocupações, extrapolando para além dos campos do patrimônio e transformando a paisagem num instrumento importante para a gestão do território da cidade como um todo. No caso do Rio de Janeiro, apesar de seu reconhecido valor na construção identitária da cidade há algum tempo, a paisagem não foi foco da atenção da legislação municipal até o início do século XXI (Schelef e Tângari, 2008). O Plano Diretor do Rio de Janeiro de 2011 procura reverter essa situação, elevando a paisagem à posição de bem principal da cidade e a partir da qual toda uma série de políticas e instrumentos passa a ser pensada. Assim o artigo 2º, nos seus parágrafos de 1 a 5, é bastante claro, o trecho é longo, mas necessário:

> §1º A ocupação urbana é condicionada à preservação dos maciços e morros; das florestas e demais áreas com cobertura vegetal; da orla marítima e sua vegetação de restinga; dos corpos hídricos, complexos lagunares e suas faixas marginais; dos manguezais; dos marcos referenciais e **da paisagem da Cidade**.
>
> § 2º Todas as diretrizes, objetivos, instrumentos, políticas públicas, bem como suas metas e ações, no âmbito deste plano diretor, devem contemplar o entrecruzamento de forma matricial da variável **ambiental e paisagística**

nos diversos processos de planejamento vinculados ao sistema integrado de planejamento e gestão urbana, objetivando garantir o desenvolvimento sustentável da Cidade.

§ 3º Entende-se por **paisagem** a interação entre o ambiente natural e a cultura, expressa na configuração espacial resultante da relação entre elementos naturais, sociais e culturais, e nas marcas das ações, manifestações e formas de expressão humanas.

§ 4º **A paisagem da Cidade do Rio de Janeiro representa o mais valioso bem da Cidade**, responsável pela sua consagração como um ícone mundial e por sua inserção na economia turística do país, gerando emprego e renda.

§ 5º Integram o **patrimônio paisagístico** da Cidade do Rio de Janeiro tanto as paisagens com atributos excepcionais, como as paisagens decorrentes das manifestações e expressões populares (PMCRJ, 2011, grifos meus).

A paisagem passa a configurar um elemento importante a partir do qual as políticas públicas devem ser pensadas. Ela passa a fazer parte do discurso do planejador, embora sua base seja uma visão abrangente demais pautada na ideia de paisagem como resultado da relação entre cultura e natureza. Para além da retórica, os impactos desse Plano Diretor ainda são muito recentes para avaliação. Entretanto, alguns resultados já podem ser vistos. Além dos instrumentos previstos no próprio plano, uma preocupação com a questão da visibilidade já se torna mais pertinente, como a nova regulamentação das antenas de comunicação que passa a ser mais rígida, apoiada nos argumentos do Plano Diretor a favor da paisagem (Decreto 34.622, de 17 de outubro de 2011). Da mesma forma, indo além do caráter estético e visual, o Decreto 34.982, de 16 de dezembro de 2011, dispõe sobre o licenciamento de atividades econômicas na Área de Proteção da Ambiência Cultural do Leblon (Apac Leblon), tomada como área-piloto que deve ser expandida para outras Apacs da cidade. Apoiado no Plano Diretor, define a necessidade de prévia autorização pelo órgão cultural para o licenciamento, mudança de uso e mudança de perfil de atividade econômica. Segundo esse mesmo decreto, cabe à Prefeitura observar o impacto do perfil de atividade econômica na qualidade da ambiência cultural. Essa ação visa a uma proteção que vai além do meramente arquitetônico e visual, e pretende proteger uma ambiência do bairro, baseando-se em uma leitura dos aspectos que lhe conferem identidade e valor. O decreto estabelece ainda a obrigação de se criar um Grupo de Trabalho para a elaboração de um Plano de Gestão de todas as Apacs da cidade que observe as mesmas restrições. Espera-se que essas iniciativas, por meio da associação da paisagem com a ideia de ambiência, ultrapassem a preocupação da paisagem com seu caráter estético e questões de visibilidade e que possa de fato empreender uma gestão mais integrada da cidade. Entretanto, uma questão ainda resta a ser colocada. Quem define a identificação dessa paisagem e quais narrativas privilegiar? Quem define quais atributos da paisagem são importantes? Como a população pode se beneficiar disso? Essas são algumas das discussões que necessitam ser empreendidas para se pensar a relação entre paisagem e democracia e que ainda não estão claras.

PAISAGEM, PATRIMÔNIO E DEMOCRACIA:
CAMINHOS POSSÍVEIS

O conceito de paisagem é objeto de estudo da geografia há mais de um século, e algumas correntes da disciplina o transformaram em seu conceito principal e fundador. Para outras, a noção de paisagem como conceito acadêmico causa mais problemas do que oferece soluções.* Dentre aqueles que defendem a importância do conceito, suas acepções são bastante variadas e, algumas vezes, conflitivas. Essas acepções variam desde uma visão materialista, baseada na observação, como aquela defendida por Sauer e a Escola de Berkeley, até aquela que valoriza seus aspectos simbólicos, presentes no movimento de renovação da Geografia Cultural que ganhou força a partir dos anos 1980. Dentro desse movimento de renovação, uma abordagem que emerge entre alguns autores é a ideia da paisagem como um texto, apoiada em uma forte influência da hermenêutica (Cf. Duncan, 1990).

Na atual captura do conceito para formação de políticas públicas no Brasil há uma confusão conceitual muito grande e, até mesmo, um empobrecimento teórico. Mesmo na geografia a confusão não é pequena e alguns autores já apontaram para *démarches* que se utilizam do conceito de paisagem quando, na verdade, deveriam estar usando o de espaço (Lacoste, 1995; Brunet, 1995). Por isso é necessário, antes de mais nada, que qualquer processo de construção de política de paisagem remeta ao referencial teórico adequado. Não por um preciosismo acadêmico, mas porque isso dirigirá todo o trabalho a ser executado.

Embora a forma como a paisagem tem sido apreendida nas políticas públicas esteja valorizando uma leitura a partir da relação entre homem e natureza e, muitas vezes, tomando esta como um dado objetivo, com

---

* Historicamente, a paisagem não é reconhecida como um conceito importante da geografia política, tradicionalmente mais associada à ideia de território. São poucos os trabalhos que exploram essa associação. Uma exceção, por exemplo, pode ser encontrada em Sanguin (1984), que, naquela época já apontava para essa excepcionalidade.

uma existência real que o trabalho de identificação deve alcançar, quase numa perspectiva saueriana, defendemos que o potencial mais importante e democrático da abordagem da paisagem nas políticas de patrimônio está em outro ponto. Esse potencial pode ser desenvolvido a partir de abordagens mais relacionadas à leitura da paisagem como um texto ou um quadro, apropriando-se da ideia de narrativa (Ribeiro, 2011).

Defendo, nesse caso, uma abordagem da paisagem que a identifica como, antes de mais nada, uma maneira de ver o mundo. Nessa perspectiva, a paisagem é então o significado e não o significante. É a leitura dos objetos e relações existentes no espaço, a qual está condicionada pelo contexto e pelos grupos sociais. Um mesmo espaço pode ser lido como paisagem de diferentes maneiras, até por um mesmo indivíduo ou grupo. É com essa abordagem que o conceito de paisagem pode de fato se diferenciar daquele de espaço, ganhar uma valorização própria e ser mais apropriado para se pensar nas políticas de patrimonialização.

Ao contrário de alguns autores da nova geografia cultural que afirmam que as paisagens *possuem* significados simbólicos, defendo que a paisagem *é* um significado simbólico. É o olhar, o sentir e a interpretação que transformam o espaço em paisagem. A paisagem não é o que se vê e o que se sente, mas como se vê e como se sente. É a tradução que fazemos pela observação. Por essa abordagem retomamos a origem do termo *paisagem* na pintura, quando a palavra designava aquilo que está pintado, uma interpretação, e não o espaço alvo da observação. Nesse sentido, em um mesmo espaço podem existir tantas paisagens quanto observadores e interpretações.

Realizar essa inversão — deixando de tratar a paisagem como significante e sim como significado, deixando de tratá-la como um objeto real passível de descrição objetiva a partir da identificação, mas como o olhar sobre o espaço — nos permite aceitar seu verdadeiro caráter múltiplo e variado. Nesse sentido, o processo de identificação e de atribuição de valor tem que levar em conta os sujeitos que lhe aplicam significado e a forma como este é construído. A ideia de Referência Cultural ganha, assim, uma dimensão mais importante ainda quando se trata da paisagem. É necessário então desenvolver mecanismos que possam alcançar os diferentes grupos e estar conscientes de que qualquer processo de identificação está ancorado nos limites dos grupos que aplicam significado àquela paisagem. Trata-se, assim, de um processo eminentemente e, antes de mais nada, político.

Sabemos que a paisagem, a forma de observar e se relacionar com o espaço, é um aspecto fundamental da construção identitária dos grupos. Assim a identificação e a atribuição de valor por parte do Estado passam a funcionar como um importante instrumento de construção de identidades e de reconhecimento de populações, e o modelo de gestão sobre essa paisagem deve incorporar essa preocupação. Entretanto, deve estar claro que esse processo é uma construção e que será quase sempre alvo de disputas. Se a paisagem é múltipla e variada, e possui diferentes significados para diferentes grupos, sendo passível de diferentes leituras, seu reconhecimento, sua atribuição de valor e sua gestão significam a seleção de alguns valores, de algumas leituras, podendo significar também a inclusão de valores associados a alguns grupos e a exclusão de outros. É uma escolha que necessita ser feita, umas vez que é de seleção e escolhas de que se trata o processo de patrimonialização. Nesse sentido, o grande desafio das políticas de patrimônio é potencializado na abordagem da paisagem: como considerar algo como "culturalmente relevante" na paisagem? Que narrativas privilegiar? Como identificá-las?

Já bastante criticada, embora ainda muito praticada, a ideia de que cabe ao técnico em patrimônio realizar essa seleção segundo seus critérios necessita ser abandonada na prática. Dessa forma, o reconhecimento da paisagem pode de fato passar de uma questão de atribuição de identidade para uma questão de prática da cidadania, e isso só pode acontecer pelos instrumentos democráticos. O conceito de cidadania está ancorado no conjunto de direitos e obrigações legais conferidos ao indivíduo. Assim a ideia de cidadania se distingue da de pertencimento, identidade ou nacionalidade, uma vez que "esta supõe a mera qualidade de pertencer a uma nação, enquanto o conceito de cidadania pressupõe a condição de ser membro ativo do Estado para tomar parte em suas funções" (Abreu, 2009, p. 10).

Para além do relatório do técnico que ouve os diferentes grupos e define qual valor é importante, alguns instrumentos podem permitir a participação da própria polução durante todo o processo. O papel da argumentação pública é lembrado por Amartya Sen (2011) ao reforçar o caráter da democracia como governo por meio do debate. Assim, o debate e a argumentação são elementos centrais da democracia e esta só pode ser exercida se existirem canais que permitam essa argumentação pública e debate. Assim, se desejamos um patrimônio mais democrático, é necessário que existam canais para o exercício do debate ou aquilo que John chama de "exercício da razão pública". Os novos instrumentos para identificação da paisagem como patrimônio devem permitir esse debate.

No nível federal, a Chancela da Paisagem Cultural procura dar conta de alguns desses aspectos quando estabelece que esse reconhecimento só pode ser estabelecido a partir de um pacto, no qual ao órgão federal de patrimônio caberia muito mais o papel de mediador do que de definidor dos valores e da maneira como o pacto se realizaria. Assim, o Estado representaria o canal a partir do qual diferentes grupos se encontrariam para discutir os valores da paisagem e como protegê-los, exercendo sua função primeira que é a de mediador das relações. Entretanto, a maneira como esse pacto deve ser organizado não está especificada no documento que estabelece a chancela, e a dificuldade para a organização desse fórum é conhecida. Como já dito, o reconhecimento da primeira chancela de paisagem cultural sem esse pacto, apenas por uma decisão do Conselho Consultivo do Iphan, abre um perigoso precedente para aplicação de antigas práticas de imposição de valores e de patrimonialização sem um discussão encaminhada pela sociedade. Isso pode pôr a perder a verdadeira renovação que a categoria de paisagem cultural poderia trazer.

Também se têm ampliado as estratégias de municipalização das políticas de patrimônio (Starling, 2009), uma vez que se entende que o município é o ente federativo mais próximo do cotidiano do cidadão (Castro, 2005), tendo os Conselhos Municipais de Cultura e de Patrimônio como instrumentos importantes para a instauração do debate. Os Conselhos Municipais são importantes fóruns nos quais a população poderia se fazer representar de maneira mais eficiente e que devem ser mais bem aproveitados. Entretanto, os Conselhos Municipais de Cultura ainda são pouco efetivos. No caso do Rio de Janeiro, se por um lado o município está na vanguarda da preocupação com a paisagem, seu reconhecimento e atribuição de valor, essa ação não passa pelo Conselho de Cultura e ainda está na mão dos técnicos da Prefeitura. Não se trata de um não reconhecimento da importância e valor do trabalho do técnico, mas este deve ser antes de mais nada um mediador e não um dirigente do tipo de narrativa que se quer valorizar. Apesar dos avanços reconhecidos, ainda estamos longe disso.

Dessa maneira, notam-se alguns avanços. De um lado no âmbito federal, a necessidade de que o reconhecimento da paisagem como patrimônio deve ser feito a partir de um pacto, de outro, na escala municipal, da paisagem como um importante elemento de identidade e instrumento de gestão. Entretanto, os problemas referentes aos instrumentos teórico-conceituais e legais para a seleção da paisagem e dos valores e a construção de fóruns para a "argumentação pública" e o "exercício da razão pública" ainda não foram resolvidos a contento.

CONCLUINDO: POR UM PATRIMÔNIO MAIS DEMOCRÁTICO

Para concluir, no momento em que a categoria de paisagem ganha cada vez mais importância como instrumento de política pública, é importante recuperar a pergunta feita por Yves Lacoste na década de 1970: para que serve a paisagem? O que é uma bela paisagem? (Lacoste, 1977). Nesse sentido, a questão apresentada por Fonseca que dá início à discussão sobre referências culturais também na década de 1970 é válida para a discussão sobre paisagem no momento:

> Portanto, se consideramos a atividade de identificar referências e proteger bens culturais não apenas como um saber, mas também como um poder, cabe perguntar: quem teria legitimidade para decidir quais são as referências mais significativas e o que deve ser preservado, sobretudo quando estão em jogo diferentes versões da identidade de um mesmo grupo? (Fonseca, 2001, p.114).

Como foi mostrado, por se tratar a paisagem antes de mais nada de um olhar, de uma maneira de observar e se relacionar com o espaço, essas questões são potencializadas e é somente a partir da construção de mecanismos de debates, de fóruns e de instrumentos que sejam capazes de identificar as diferentes interpretações do espaço que uma política de preservação das paisagem, ou das paisagens culturais, como querem agora chamar, pode ser eficaz e se tornar de fato um instrumento de exercício da cidadania e da democracia. O momento atual, quando essas políticas estão nascendo e se consolidando a partir da prática, pode selar o futuro da paisagem como instrumento de reconhecimento e gestão do patrimônio. Seu sucesso ou fracasso dependerá da densidade teórico-conceitual que adotarmos e dos instrumentos legais que permitam um reconhecimento do patrimônio que incorpore uma dimensão verdadeiramente democrática.

REFERÊNCIAS BIBLIOGRÁFICAS

ABREU, A. A. Introdução. In: ABREU, A. A. (org.). *Caminhos da cidadania*. Rio de Janeiro: Editora FGV, 2009.

ALMEIDA, L. F. O futuro é a paisagem. *O Globo*. Rio de Janeiro, 10 de junho de 2007.

ANDERSON, B. *Comunidades imaginadas. Reflexões sobre a origem e a difusão do nacionalismo*. São Paulo: Cia. das Letras, 2008.

ANDRADE, M. Anteprojeto de lei criando o Serviço do Patrimônio Artístico Nacional. In: SPHAN/PRÓ-MEMÓRIA. *Proteção e revitalização do patrimônio cultural no Brasil: uma trajetória*. Brasília, SPHAN/PRÓ-MEMÓRIA, 1980, p. 90-106.

ASSIS, W. R. O patrimônio cultural e a tutela jurídica das identidades. In: CUREAU, S. et al. (orgs.). *Olhar multidisciplinar sobre a efetividade da proteção do patrimônio cultural*. Belo Horizonte: Forum, 2011, p. 63-78.

BRASIL, Instituto do Patrimônio Histórico e Artístico Nacional (Iphan). *Inventário Nacional de Referências Culturais. Manual de Aplicação*. Brasília: Iphan/Minc, 2000.

_____. *Carta de Bagé ou Carta das Paisagens Culturais*. Bagé, 2007.

_____. *Paisagens cariocas: Entre a montanha e o mar. Dossiê de candidatura da cidade do Rio de Janeiro à Lista de Patrimônio Mundial*. Rio de Janeiro, Brasília: Iphan, 2011.

BRUNET, R. Analyse des paysages et semiologie. In: ROGER, A. (org.). La Théorie du paysage en France (1974-1994). Paris: Chap Vallon, 1995, p. 7-20. Originalmente publicado em: L'Espace géographique, 2, 1974.

CAMPELLO, G. Apresentação. Revista do Patrimônio Histórico e Artístico Nacional, n°. 24, 1996, p. 7.

CASTRIOTA, L. B. Patrimônio cultural. Conceitos, políticas, instrumentos. São Paulo: Annablume; Belo Horizonte: IEDS, 2009.

CASTRO, I. E. Geografia e política. Território, escalas de ação e instituições. Rio de Janeiro: Bertrand Brasil, 2005.

CHOAY, F. A alegoria do patrimônio. São Paulo: Estação Liberdade, Unesp, 2001.

CHUVA, M. Entre vestígios do passado e interpretações da história: introdução aos estudos sobre patrimônio cultural no Brasil: In: CUREAU, S. et al. (orgs.). Olhar multidisciplinar sobre a efetividade da proteção do patrimônio cultural. Belo Horizonte: Forum, 2011, p. 37-49.

_____. Os arquitetos da memória: sociogênese das práticas de preservação do patrimônio cultural no Brasil (anos 1930-1940). Rio de Janeiro: EdUFRJ, 2009.

DUNCAN, J. The City as Text:The Politics of Landscape Interpretation in the Kandyan Kingdon. Cambridge: Cambridge Press, 1990.

FONSECA, M. C. L. O patrimônio em processo. Trajetória da política federal de preservação no Brasil. 2. ed. Rio de Janeiro: EdUFRJ, IPHAN, 2005.

_____. Referências culturais: Base para novas políticas de patrimônio. Políticas Sociais: acompanhamento e análise. 2, Ipea, 2001, p. 111- 120.

FOWLER, P. J. World Heritage Cultural Landscapes, 1992-2002. Paris, Unesco, 2003.

GONÇALVES, J. R. S. A retórica da perda. Os discursos do patrimônio cultural no Brasil. Rio de Janeiro: UFRJ/Iphan, 2002.

LACOSTE, Y. A quoi sert le paysage? Qu'est-ce um beau paysage?. In: ROGER, A. (org.). La Théorie du paysage en France. Paris: Chap Vallon, 1995, p. 42-73. Originalmente publicado em: Hérodote, 7, 1977.

LAGE, C. M. F.; SANTOS, C. H. G. R. Diamantina, Patrimônio Mundial: desafios e dilemas. In: CUREAU, Sandra et al.(orgs.). Olhar multidisciplinar sobre a efetividade da proteção do patrimônio cultural. Belo Horizonte: Forum, 2011, p. 293-311.

LINS, A. C. B. A paisagem ameaçada. In: CUREAU, Sandra et al.(orgs.). Olhar multidisciplinar sobre a efetividade da proteção do patrimônio cultural. Belo Horizonte: Forum, 2011, p. 269-281.

PMCRJ — Prefeitura Municipal da Cidade do Rio de Janeiro. Lei Complementar 1.111, de 1º de fevereiro de 2011 — *Plano Diretor da Cidade do Rio de Janeiro*. 2011.

RIBEIRO, R. W. *Paisagem cultural e patrimônio*. Rio de Janeiro: Iphan, 2007.

_____. Paisagem cultural e políticas de patrimônio: tradições e conflitos. In: CORDOVA, D. et al. (orgs.). *Pelos trilhos. Paisagens ferroviárias de Curitiba*. Curitiba: Fundação Cultural de Curitiba, 2010a, p. 165-172.

_____. Os ídolos da paisagem. Caminhos e descaminhos da relação entre paisagem e patrimônio. *Congresso Brasileiro de Organização do Espaço*, 1. Rio Claro, SP: Unesp, 2010b.

_____. Possibilidades e limites da categoria de paisagem cultural para a formação de políticas de patrimônio. In: CUREAU, S. et al.(orgs.). *Olhar multidisciplinar sobre a efetividade da proteção do patrimônio cultural*. Belo Horizonte: Forum, 2011, p. 254-267.

RIBEIRO, R. W. e AZEVEDO, D. A. Paisagem cultural e patrimônio mundial no Rio de Janeiro: Caminhos e desafios para o reconhecimento. *Colóquio Ibero-Americano Sobre Paisagem Cultural, Patrimônio E Projeto*, 1., 2010, Belo Horizonte. Anais... Belo Horizonte: UFMG, 2010.

RUBINO, S. O mapa do Brasil passado. *Revista do Patrimônio Histórico e Artístico Nacional*. 24, 1996, p. 97-105.

SANGUIN, A. L. Le Paysage politique: quelques considérations sur un concept résurgent. *L'Espace Géographique*, n. 1, 1984, p. 23-32.

SANT'ANNA, M. *Da cidade-monumento à cidade-documento: A trajetória da norma de preservação de áreas urbanas no Brasil (1937-1990)*. Salvador: UFBA, 1995. Dissertação (Mestrado em Arquitetura e Urbanismo), Faculdade de Arquitetura, Universidade Federal da Bahia, 1995.

_____. *A cidade atração. A norma de preservação dos centros urbanos no Brasil nos anos 1990*. Salvador: UFBA, 2004. Tese (Doutorado em Arquitetura e Urbanismo), Faculdade de Arquitetura, Universidade Federal da Bahia, 2004.

SCHELEE, M. B. e TÂNGARI, V. R. As montanhas e suas águas: a paisagem carioca na legislação municipal (1937-2007). *Cadernos Metrópole*: 19 p. 271-291, 1º sem. 2008.

SEN, A. *A ideia de justiça*. São Paulo: Companhia das Letras, 2011.

STARLING, M. B. L. Patrimônio, participação local e democracia: O papel dos conselhos municipais de patrimônio cultural de Minas Gerais. *Políticas Culturais em Revista*, 1 (2), p. 140-156, 2009.

DEMOCRACIA, ESPAÇO PÚBLICO E IMAGENS SIMBÓLICAS DA CIDADE DO RECIFE

Caio Augusto Amorim Maciel
David Tavares Barbosa

Estudos sobre a territorialidade da democracia têm convocado a geografia política e cultural para um tipo de debate há muito relegado à ciência política ou, no máximo, a abordagens geográficas que privilegiaram os conceitos de *lugar* e *identidade*, tendo como tendência a idealização da democracia direta e o frequente engajamento dos pesquisadores nas lutas por justiça social a partir de discursos sobre pertencimento e comunidades de consenso. Castro mostrou como, contraditoriamente, essas mesmas posturas levaram — em última análise — à consideração da própria democracia como um tema irrelevante para a disciplina e à reificação da noção de poder (Castro, 2011).

Nesse sentido, nossa contribuição parte das preocupações mais gerais explicitadas pela supracitada autora, discutindo a possibilidade de levar em consideração, a partir de diferentes escalas, os ordenamentos dos espaços públicos e a produção de imagens simbólicas da cidade (metonímias geográficas) como resultados de uma trama institucional municipal. Isso significa aceitar, entre outras coisas, que há uma "natureza espacial" na democracia e que a dimensão geográfica da política pode ser revelada através da espacialidade dos fenômenos e instituições democráticas presentes na sociedade (ibid.).

A escolha pelo conceito de espaço público recai no fato de que, em geral, considera-se que para a eficácia política de um dado imaginário da cidade contemporânea o mesmo não deve conter nem a fixação de identidades de linha comunitária, por um lado, nem a total dissolução de especificidades preconizada pela "aldeia global" da pós-modernidade, por outro. O espaço público representaria, assim, um projeto de unidade política negociada a partir de certas normas de coexistência espacial sedimentadas historicamente. Percebe-se aí uma unidade possível, posto que emergente de uma diversidade inicial, em que alguns espaços seriam carregados de características excepcionais e impregnados de um sentido cívico incomum: a possibilidade de convivência e mesmo de mistura ora mais, ora menos aceita das pessoas diferentes, senão em clima de polidez, pelo menos de modo a tornar possível a coexistência democrática numa grande cidade, num país.

Os espaços públicos, por meio das narrativas e das imagens que lhes estão ligados, traduzem práticas e concepções diversas, muitas vezes conflitivas. A permanente atividade de comunicação que se desenrola nesses lugares de convivialidade e debate nos permite estabelecer ligações mais ou menos estáveis entre grupos sociais e território, mobilizando certo imaginário, princípios e regras compartilhadas. De um ponto de vista geográfico, a um só tempo cultural e político, o espaço público constitui um lugar material e imaterial necessário à manutenção de certa estabilidade da sociedade urbana moderna (Berdoulay, Castro e Gomes, 2001).

Contudo, observam-se aí com grande frequência práticas e comportamentos que o ameaçam, mesmo se levarmos em conta que as grandes cidades são perpassadas, necessariamente, por uma pluralidade cultural. O espaço público é sempre composto por espaços diferenciados onde se pratica a tão difícil arte da coexistência democrática, sendo que alguns lugares acabam se consolidando frente aos demais como fonte de significados para a unidade urbana (Gomes e Berdoulay, 2008, p.10) e para o bem-estar social.

Visto desta maneira, como palco de conflitos legítimos num enquadramento democrático, o conceito de espaço público recoloca o problema das derivas identitárias como algo inerente ao livre funcionamento das forças sociais, desde que pensemos a política "em seu lugar espacial e social, ou seja, contida nos limites dos territórios e das sociedades nacionais, institucionalizados em termos de Estado de direito", bem como reconhecendo o Estado "como um recorte espacial significativo para a análise" (Castro, op. cit., p.297).

Feitas essas ressalvas, gostaríamos de ressaltar que certas estratégias de afirmação identitária se expressam na escala das cidades e podem manifestar-se em espaços ditos públicos pelo que temos denominado de *retórica da paisagem*. Trata-se de um campo de análise fecundo para o diálogo entre geografia, política e imaginário, partindo de sugestões de Berdoulay (1988) e Roux (1999) acerca das figuras de linguagem na geografia. Consiste basicamente em estudar as maneiras pelas quais certas paisagens se constituem, tomam forma e sintetizam — por meio de cenas percebidas como simbólicas da vida de relações em dado lugar — balizas de uma geografia existencial dos espaços públicos (Maciel, 2004). As imagens que têm o poder de evocar a diversidade e a estabilidade dos contratos sociais acordados em espaços públicos podem ser consideradas metonímias geográficas, imagens de um consenso possível, senão ideal. Metonímias que não são apenas paisagens "batidas", mas sim sistemas de pensamento sobre o espaço e a estabilidade social.

Tal abordagem busca ressaltar o papel dos geossímbolos, uma vez que estes permitem ao sujeito imaginar uma ligação entre seu ambiente imediato de vida e os espaços mais vastos onde se enquadra: a cidade, a província, o Estado-Nação etc. Tal hipótese de antecipações cognitivas via paisagens simbólicas (metonímicas) se apoia na capacidade de os indivíduos inscreverem seu cotidiano em esferas territoriais mais vastas que o lugar, do mesmo modo que são capazes de partir de recortes mais amplos para integrar os espaços imediatos da existência.

Ora, a noção de paisagem nos permite ressaltar que uma das mais fortes determinações semânticas do imaginário geográfico reside na seleção de certos atributos do mundo ao redor: tais predicados são colocados em primeiro plano e acabam mesmo por designar inteiramente a realidade à qual querem se referir. Assim, esse procedimento mental metonímico indica de modo claro que as paisagens mobilizadas mediante diversas sensibilidades e narrativas podem ser consideradas como esquemas ou modelos de antecipação cognitiva do real.

Numa compreensão mais ampla de retórica como "pensamento visual" e processo cognitivo (Gardes-Tamine, 1996), todos os procedimentos mentais que definem um objeto por meio de um termo ou imagem generalizante ou particularizante advêm de uma razão metonímica. Como ponto de partida, pode-se afirmar que a metonímia corresponde a um procedimento linguístico pelo qual um conceito é alcunhado por um termo que designa outro conceito, ligado ao primeiro por uma relação necessária (como na afirmação tão banal de que "o rio Capibaribe é a cara do Recife", significando dizer que o rio marca de maneira muito evidente o sítio e a fisionomia dessa cidade).

Entretanto, tal qual a metáfora, não se trata aqui de um simples artifício estilístico ou poético: segundo as recentes teorias psicológicas da imaginação, pode-se ver a metonímia como um meio de descobrir similitudes entre coisas diferentes (Lima, 2006, p.50-51). Por analogia, quando se toma a imagem de um monumento ou aspecto natural para simbolizar uma cidade, tal escolha procede do mesmo tipo de lógica de integração: trata-se de uma busca de identidade (ou similitude) na infinidade de diferenças que constituem as outras cidades. Sem esquecer o caráter sensitivo de nossas ligações com a paisagem por meio dos odores, sons etc. (Corbin, 2001), será abraçada aqui a premissa de que representar o espaço por seus traços visuais dominantes implica o recurso à metonímia (Maciel, 2005, p.208) e, ainda, que o processo de construção das simbologias mais aceitas é eminentemente político.

Na retórica da paisagem, as metonímias são como evidências que nos remetem a um modelo fácil de transmitir (Roux, op. cit., p.53), da mesma forma que os clichês, mas sem a sua necessária negatividade. De fato não são mobilizadas sempre com o intuito de compartilhar pacificamente imagens que simbolizam um lugar particular — o contrário é mais comum, daí serem confundidas com chavões ou lugares-comuns. A cultura no espaço público (geossimbólico) se caracteriza por conter ao mesmo tempo debate, confronto e negociação, quer dizer, abarca a adaptabilidade e a variabilidade, sendo fundada com base numa práxis que se pode conceber como a ação de persuadir ou de convencer o outro mediante a palavra — definição mínima de retórica. Em acréscimo, pode-se entender retórica como a negociação da distância de opinião das pessoas a propósito de uma questão ou problema, como afirma Meyer (1993, p.22).

Em consequência, a tradução de pensamentos e intenções em imagens e narrativas geograficamente referenciadas coloca a paisagem no campo de uma geografia social e política, uma vez que a busca de consensos sobre um lugar ou seus geossímbolos implicará disputas ideológicas com base em diferentes valores e sensibilidades. No dizer de Paul Claval (1999, p.22) a geografia fundamentada na abordagem cultural é essencialmente política, uma vez que evidencia os instrumentos e as maneiras pelas quais os indivíduos e as sociedades se constroem, buscam afirmação e se transformam em um jogo de competição e cooperação. Por isso o estudo dos fundamentos imaginários da sociedade (isto é, suas metonímias espaciais prediletas) deve levar em conta que os valores simbólicos e estéticos são um produto social e supõem, portanto, diferentes interesses e escolhas políticas (Castro, 2002, p.123).

O estudo das metonímias paisagísticas permite, por conseguinte, compreender por um viés geográfico como as identidades são forjadas no (e através do) território, sendo as paisagens, ao mesmo tempo, fontes de símbolos e meios de expressão privilegiados das identidades. Escapando desta maneira à aludida armadilha do par lugar-identidade apontada por Iná Castro — mas sem negar sua participação no raciocínio geográfico —, procurar-se-á discutir aqui como o espaço público participa da territorialidade da democracia, lançando mão do exemplo da cidade do Recife.

A RETÓRICA DA PAISAGEM NOS ESPAÇOS PÚBLICOS E O RECURSO AO IMAGINÁRIO GEOGRÁFICO

Ao conceber a paisagem como produto das tensões, conflitos e negociações que se exprimem no espaço e através dele, acreditamos deixar clara a estreita ligação entre política e território. Os aspectos marcantes da natureza e de sua humanização alimentam um imaginário coletivo e favorecem a incorporação de alguns lugares particulares — bem como o esquecimento de outros, menos evidentes ou evidenciáveis — a certos conjuntos territoriais. A metonímia gerada a partir de um lugar específico (real ou imaginado) se reveste então de uma densidade histórica e geográfica profunda: que se pense, por exemplo, nos lugares consagrados como fortemente identitários, quer sejam praças, edifícios ou monumentos, quer sejam elementos naturais. Tais imagens são cruciais para a compreensão de como a cultura é imaginada enquanto espaço — e geossímbolos concatenados a um discurso agregador dão origem e/ou suporte a espaços públicos como unidades políticas resultantes do movimento da sociedade.

Depreende-se, assim, que a metonímia geográfica é uma das condições necessárias à existência do espaço público, porque possibilita formular sínteses potenciais da vida social: a memória e a imaginação coletivas do espaço urbano são compostas de experiências individuais relativamente específicas, porém concatenadas em certo número de lugares carregados do projeto de civilidade e democracia, a que denominamos de espaços públicos. Uma vez que a metaforização das relações homem-espaço apoia-se aí nas paisagens postas em acordo como um bem comum (no limite, como patrimônio), as opiniões e decisões pessoais devem necessariamente se referir e se manifestar nesse quadro geral e dado socialmente — mesmo que para se opor a ele. O enquadramento assim construído é carregado de valores sociais, culturais e políticos, que lhes confere um papel de regulação da vida em sociedade, sendo o espaço público sua expressão material e imaterial mais forte: uma paisagem material organizada e planejada de forma bastante intencional para representar os ideais da coletividade (concepção das praças, parques, jardins, avenidas etc.), o que é reforçado dialeticamente por uma coleção de imagens associadas (as fotos, os filmes publicitários e da indústria cinematográfica, os mapas turísticos, as pinturas e os cartões-postais, dentre uma infinidade de outros exemplos dos quais a propaganda institucional das prefeituras decerto merece destaque).

Todavia, talvez se possa pôr em dúvida a real capacidade dos espaços ditos públicos em gerar estabilidade com base num imaginário urbano compartilhado, sobretudo em países como o Brasil, profundamente cindido por contrastes sociais, em que as diferenças entre bairros pobres e ricos são muito marcantes e difíceis de suplantar. Nesses casos os espaços públicos correm o risco de submergir em meio ao crescimento do dito setor informal (ligado ao "circuito inferior da economia" de que falava Milton Santos) ou ainda podem sucumbir aos interesses privados e de classe. Para Nestor Garcia Canclini (2008, p.28-29) a construção de paisagens que substituam o caos urbano contemporâneo nessas cidades é um desafio ainda sem solução.

Porém, sustenta-se nesse artigo que é justamente onde as condições de coexistência se encontram mais ameaçadas pelas desigualdades sociais que o recurso à metonímia geográfica integrativa se impõe: não para naturalizar as diferenças, mas para dar aos menos favorecidos um horizonte de maior equidade e que também não seja utópico. Em condições de fratura social, o desenvolvimento de uma retórica da paisagem dos espaços públicos pode representar uma busca de civilidade e dignidade, a despeito das insatisfações e injustiças que são detectadas na vida cotidiana com flagrante evidência.

A advertência de Canclini não consiste apenas numa perspectiva crítica e útil à geografia humana e cultural preocupada com a justiça social, mas nos incita a refletir sobre a construção do imaginário da cidade como um ingrediente que "tem lugar" nos espaços públicos, frequentemente lançando mão de narrativas, sensibilidades e ideologias que se apoiam na paisagem, ao mesmo tempo em que lhe dão suporte. Dessa maneira, reconhecem-se com maior facilidade as relações tecidas entre imaginário, metonímias geográficas e espaços públicos: o imaginário para Canclini não consiste em mera representação simbólica de fenômenos, mas é também um campo em que se manifestam insatisfações, desejos e em que se busca a comunicação com os outros (op. cit., p.21).

Claro que isso não exclui as tentativas de "adestramento cultural" realizadas por intermédio do planejamento territorial autoritário sob domínio de interesses de classe ou do capital privado; como também ataques de grupos minoritários ou subalternizados se fazem presentes e contestam os acordos, consensos e imposições materializadas nos lugares. Enfim, tais embates ocorrem cotidianamente no âmbito político das cidades, incluindo a recusa dos pobres e marginalizados de se dobrarem aos comportamentos programados para áreas "requalificadas" ou espaços criados sob uma lógica de classe. Como quer que seja, o imaginário geográfico se faz presente de maneira cada vez mais forte em toda e qualquer tentativa de consenso materializada nos espaços públicos.

Ainda a esse respeito, Teixeira Coelho (2008, p.64) assevera que na administração pública atual "o nome da diferença é cultura", ou, de modo mais amplo, "a esfera do imaginário". Então, no momento em que o imaginário geográfico é evocado para remendar os esquecimentos materiais do espaço público, a razão metonímica é de boa serventia para sublinhar ou camuflar diferenças ligadas a um contexto pretensamente cultural. Reconhecer esse jogo paradoxal de forças simbólicas é fundamental para a compreensão das querelas inerentes ao espaço público, lugar de debate e de onde se enunciam, legitimam e se tentam resolver os problemas da convivência territorial nas cidades contemporâneas.

O APELO À "RESPONSABILIDADE SOCIAL" A PARTIR DAS PAISAGENS DO ESPAÇO PÚBLICO

Com a finalidade de tornar essa discussão esboçada o mais palpável possível, apresentar-se-á o caso das relações entre os habitantes de Recife e os rios, pontes e cais que caracterizam a porção central desta cidade litorânea do Nordeste brasileiro, a partir de duas ações concatenadas do poder público (Prefeitura) em favor da reabilitação de seus espaços públicos.

De modo mais específico serão analisadas duas intervenções recentes do poder municipal: uma de caráter mais didático e ideológico, a *Agenda Escolar 2008: Recife no dia a dia com os seus poetas*; a outra de caráter mais material, intitulada Circuito da Poesia, lançada em 2005. Ambas as ações estão organicamente conectadas, não apenas porque oriundas de uma mesma orientação política (gestões do Partido dos Trabalhadores), como os poetas apresentados na agenda que foram previamente materializados por estátuas honoríficas colocadas em locais estratégicos do centro da cidade, constituindo os pontos fortes do itinerário poético montado e oferecido pelo governo municipal à população.

As duas ações fazem uso explícito de uma retórica da paisagem que apela aos sentimentos de identificação dos cidadãos com o conjunto da cidade através de suas águas (rios) e dos artistas que decantaram sua beleza, seus contrastes e problemas.

Assim, a *Agenda Escolar 2008* convida os alunos das escolas municipais (o público a que se destina o material) à leitura mensal de trechos de poemas dos 12 artistas agraciados com estátuas desde 2005, bem como oferece alguns dados biográficos desses homenageados. Da mesma forma, a agenda faz um convite para que alunos e professores percorram o *Roteiro da Poesia no Recife*, cujo mapa esquemático se encontra na contracapa da própria agenda. O primeiro texto da agenda se refere justamente ao Circuito da Poesia:

> Um Recife mais poético, com esculturas de personagens que cantaram a cidade como fonte de inspiração e tema de suas obras. Foi com esse propósito que o prefeito João Paulo lançou, em 27 de julho de 2005, o Projeto Circuito da Poesia [...] representando *personalidades conhecidas e ambientadas em lugares estratégicos no centro do Recife, formando um percurso de visitação* (Prefeitura do Recife, 2008, s.p., grifo nosso).

Mais adiante, numa apresentação assinada pelo próprio prefeito, fica patente a vontade de religar uma cidade cindida quando o mesmo afirma que: "[...] a nossa cidade mostra o seu brilho, como berço de uma importante produção literária de poetas pernambucanos, do passado e do presente, *populares e eruditos*, que aqui deram asas à sua criação [...]" (grifo nosso). E arremata:

> Nas páginas da *Agenda Escolar* 2008 vamos mergulhar no mundo da poesia, conhecendo as criações de 12 grandes autores que viveram no Recife e *se sensibilizaram com as suas lutas, seus anseios, seus contrastes e suas belezas*, traduzindo tudo isso em versos (Idem, s.p., grifo nosso).

Dessa maneira, os alunos das escolas municipais tiveram acesso, em cada mês do ano, a informações sobre as personalidades retratadas no papel e no espaço público, lendo e discutindo seus versos e visitando as esculturas instaladas estrategicamente no centro da cidade. Trata-se, em suma, de uma pedagogia do espaço público que repousa no reconhecimento de personalidades e lugares simbólicos para a cidade.

Significativamente a agenda começa em janeiro homenageando João Cabral de Melo Neto, talvez o escritor de maior notoriedade no campo da poesia produzida em Pernambuco e cuja temática envolvendo a natureza o tornou um "monumento geográfico". Na apresentação feita para os alunos consta que "[...] sua poesia é marcada pela presença forte dos canaviais, dos rios Beberibe e Capibaribe, dos casarões do Recife e Olinda, do homem nordestino e pela *crítica à miséria e à crise econômica, social e ética brasileira*" (ibid., s.p., grifo nosso). O poema escolhido, seguindo essa orientação, é "Paisagem do Capibaribe", um trecho de *O cão sem plumas*, no qual os homens que vivem na miséria, às margens dos cursos d'água e manguezais, são comparados aos cães que comumente se encontravam boiando, mortos, nos rios recifenses. Em seguida, no mês de fevereiro, o escolhido é Capiba (cujo apelido é uma corruptela de Capibaribe, principal rio local), artista relacionado ao período carnavalesco por haver musicado no ritmo pernambucaníssimo do frevo vários de seus poemas. E assim por diante.*

De acordo com a Prefeitura, o itinerário poético seria uma maneira de fazer reconhecer talentos que "embelezam os postais recifenses, além de *estreitar laços do cidadão com a cultura*" (ibid., s.p., grifo nosso). Em acréscimo a este bem-pensado projeto de ressaltar a natureza e a cultura da cidade basta sublinhar que dentre as 12 estátuas dos artistas representados nada menos que a metade se encontra na vizinhança imediata da água (cinco

---

* Os 12 artistas homenageados foram, além dos acima citados: março — Clarice Lispector; abril — Manuel Bandeira; maio — Ascenso Ferreira; junho — Luiz Gonzaga; julho — Antônio Maria; agosto — Joaquim Cardozo; setembro — Mauro Mota; outubro — Chico Science; novembro — Solano Trindade; dezembro — Carlos Pena Filho.

em diversos cais e uma no meio de uma ponte). As demais esculturas formam um conjunto coerente e colocado nas proximidades do rio principal e de suas ilhas, todos em bairros centrais da cidade (Recife Antigo, Santo Antônio, São José e Boa Vista). Ao caminharem de um poeta a outro, os alunos (bem como os cidadãos) percorrem o coração histórico e geográfico da "Veneza brasileira" como os mais velhos costumam falar, ou da "*Manguetown*" (cidade-mangue) da recente geração *Mangue Beat*.*

Além do mais, como demonstrado em trabalho anterior (Barbosa, 2011), a ação de caminhar por determinados espaços da cidade para cumprir o roteiro previamente esquematizado pelo poder público nos lembra a função do caminhar, do jogo dos passos moldando os espaços, a que se referiu Michel de Certeau (1998). Segundo esse autor, independente dos sentimentos já presentes nos espaços urbanos, a partir do momento que o usuário da cidade, o caminhante, observa cada significante espacial destacado em sua caminhada, ele consegue extrair fragmentos da paisagem para atualizá-los em segredo. Assim, acreditamos conforme Certeau que o simples caminhar nesse roteiro do Circuito da Poesia já corresponde, em si, a um processo de apropriação do sistema topográfico e paisagístico pelo pedestre. Nessa apropriação, a cidade conseguiria ser formada no desejo dos homens, articulando a utopia/atopia do olhar, a partir das práticas cotidianas singulares, como o simples caminhar, capazes de lhe atribuir sentidos (Certeau, 1998). A tentativa de programação de novos usos para a vida cotidiana, aos espaços da rotina diária dos recifenses, representaria uma busca de induzir comportamentos esperados, pois

---

* Recife também é apelidada por alguns de "cidade-estuário" em razão de seus numerosos canais, córregos, mangues, rios e terrenos alagáveis que se encontram entre os espelhos d'água e o oceano Atlântico.

"os códigos contidos nas mensagens, quando assimilados, ritualizam práticas programadas da vida cotidiana, organizadas funcionalmente" (Sánchez, 2010, p. 95).

É preciso ainda lembrar que as metrópoles dos países onde ainda reinam grandes desigualdades sociais possuem espaços públicos que devem fazer face a um profundo estilhaçamento social e existencial. Ao lado das desigualdades de renda, acesso à educação, saúde e todos os direitos básicos de uma cidadania plena há o impedimento de grande parte da população mais carente em exercer a liberdade para construir escolhas. O caso do Recife não foge à regra: moram aí mais de um milhão e meio de pessoas (sem contar a Região Metropolitana, onde se estima o dobro de habitantes), em situações bem diversas quanto à qualidade de vida e à liberdade de ação ou de escolha. De sorte que se podem encontrar categorias sociais extremamente diferentes por seus dados econômicos, como também pela questão do habitat urbano e dos sentimentos nutridos pela urbe.

Na capital de Pernambuco, segundo dados da própria prefeitura e do PNUD — Programa das Nações Unidas para o Desenvolvimento (2005), a diferença de renda entre os mais ricos e aqueles mais pobres atinge níveis alarmantes: esse abismo social vertiginoso fica demonstrado na variação de 1 a 22 da renda *per capita* entre unidades territoriais mais miseráveis e mais ricas. Para tornarem igualmente dramática tal situação, as categorias mais distantes quanto ao nível de renda podem estar lado a lado geograficamente — jamais se distanciando além de um quilômetro uma da outra. Por vezes existe tão somente um braço de rio separando os mais abastados dos mais humildes, o que levou o geógrafo Jan Bitoun (2009) a afirmar que no Recife basta atravessar uma ponte para sair da Noruega e chegar a um dos países mais pobres da África em termos de Índice de Desenvolvimento Humano (IDH).

Bitoun observa que na zona central da cidade, onde residem 20% de sua população, seja no centro histórico, seja na Zona Sul (bairros de Boa Viagem, Pina etc.), ocorrem os mais agudos contrastes de IDH, uma vez que "é exatamente nessa parte central que coexistem índices parecidos ao do Gabão e outros ao da Noruega" (ibid.). Nesses extremos se passa brutalmente de uma unidade territorial de análise, cuja expectativa de vida ao nascer é de 78 anos, para outra, onde tal índice cai para 63 anos.

Como consolidar, então, um espaço público realmente democrático em Recife quando muitos deles são cotejados (senão fisicamente, decerto na psicosfera) por palafitas e arranha-céus luxuosos? Não é uma tarefa das mais fáceis...

Essa breve contextualização pode ser útil para a estimativa dos impasses que marcam o espaço público recifense. Voltando às ações da Prefeitura, os alunos das escolas públicas municipais pertencem, na maior parte dos casos, às camadas menos favorecidas da sociedade. As imagens simbólicas e interpretações poéticas difundidas pelo poder público evocam as águas que separam ou unem as classes sociais. Tais imagens líquidas encarnam, acima de tudo, o poder metafórico das pontes como elementos essenciais para "religar" os bairros, soldar os pedaços da cidade cindida. A ponte é colocada como a ligação necessária (simbólica e real) para rejuntar uma sociedade partida. Entretanto, a pesada herança de uma população miserável habitando ainda as beiras de rio (favelas, barracos e palafitas) e os morros deve se harmonizar com a recente revalorização das bordas d'água: aquelas mesmas beiras de rio passam a ser disputadas por e para empreendimentos comerciais e imobiliários de alto padrão, modernas torres de negócios e de habitações multifamiliares verticalizadas para as elites.

Consequentemente, as contradições da vida social e política do Recife adquirem grande visibilidade ao longo das margens dos rios, sobretudo o Capibaribe, com seus cais, calçadas, pontes e monumentos, dentre os quais as estações do Circuito da Poesia. A remoção de palafitas e favelas próximas às águas tem sido uma constante na última década — e parece ter ainda grande fôlego quando se sabe de projetos como o da Via Mangue, sistema de novas avenidas para facilitar o trânsito entre o Centro e a Zona Sul — promovendo a renovação e valorização de trechos às margens dos rios. O *status* renovado dessas ribeiras (isto é, sua liberação pelos pobres em favor dos ricos) tem criado uma busca por discursos originais, que possam dar conta de uma nova coerência e suplantar o repertório de imagens de um passado "favelizado" (melhor dizendo, de mocambos). Donde se compreende o recurso crescente a certa retórica da paisagem que reforça as beiras de rios no centro da cidade como eixos de uma convivialidade genuinamente recifense. Elementos reconquistados à *civitas*, os cais e calçadões se transformam em espaços cada vez mais imbuídos das ideias de cultura, civismo, cidadania ou memória coletiva.

A cidade busca estabelecer o que Teixeira Coelho (2008, p.66) chama de rede de segurança básica no campo cultural, a fim de encontrar urgentemente linhas de sutura entre as diferentes categorias da população. Porém, os espaços públicos do Recife situados nas beiras de rios estão submetidos a um crescente processo de gentrificação, quer dizer, o poder público remove a pobreza daí para outras áreas, desde que possível, ao mesmo tempo em que celebra a importância desses lugares como espaços de reconciliação, posto que seriam portadores de uma identidade de conjunto. Os espaços assim construídos e suas paisagens de divulgação solicitam aos cidadãos uma responsabilidade social reforçada, como afirma o mesmo autor, retomando uma ideia de Anthony Giddens.

Em todo caso, as paisagens assim tornadas imagens-força (geossímbolos) são consideradas como representações sobre as quais atuam os poderes constituídos e as classes sociais (notadamente as elites), que buscam fundar a coerência de seus discursos na esperança de convivialidade urbana. A despeito do marcante conteúdo ideológico dessas narrativas e sensibilidades, não resta dúvida quanto ao fato de a existência empírica da paisagem vir a ser um terreno de elaboração de práticas, comportamentos e posturas sociais criadoras de um espaço público regrado pela minoria mais aquinhoada (cuja influência nos órgãos de governo é evidente), todavia destinado a educar a totalidade dos cidadãos. Numa democracia de sujeitos tão desiguais, poderia ser de outro modo?

Assim, percebe-se que a apropriação das imagens e representações culturais pelas ações do poder público opera, necessariamente, pela síntese de seus discursos, a partir de uma apropriação seletiva e parcial, dando relevância aos aspectos mais emblemáticos e omitindo aqueles com um teor mais crítico, revelando assim que tais reformas urbanas apoiadas na retórica da paisagem se encontram permeadas por interesses diversos (até de classe) representados pela prefeitura. Convém lembrar então que as ações contemporâneas ligadas às estratégias do *marketing* urbano revelam profundas conexões entre os aspectos culturais da cidade, as estratégias de comunicação de seus atores e a variável política, pois nessas estratégias se destacam ações que visam tornar hegemônicas determinadas leituras do espaço, buscando estimular a população a realizar determinadas formas de apropriação dos espaços, "domesticando" os usos desses cenários da vida pública e promovendo uma reprodução esperada dos traços culturais do *ethos* do lugar (Barbosa, 2011).

Todavia, as leituras múltiplas da morfologia da paisagem constituem um dos parâmetros para compreender as identidades territoriais a partir das escolhas, da estabilidade e da mudança dos lugares como representativos dos valores, aspirações e limites da sociedade como um todo.

Como se percebe, essa dinâmica das imagens obriga a geografia cultural a debruçar-se sobre questões colocadas pelos símbolos e processos de simbolização politicamente induzidos. Nessa "geografia política da paisagem" as consequências e ancoragens da simbolização devem ser abordadas na sua correlação com o território e o ambiente, de modo a superar o problema dos clichês e estereótipos paisagísticos. O debate não deve restringir-se às imagens de cartão-postal, pois a paisagem corresponde ainda àquela parte da realidade exterior que se deseja apreender, remete a lugares a partir dos quais se compartilham visões de mundo e se transmitem valores e opiniões na vivência cotidiana.

Assim, na qualidade de produtos da vida política, as paisagens relacionadas aos espaços públicos ultrapassam a condição de imagens emblemáticas, mesmo lhe fazendo apelo. No geossímbolo público lexicalizado reside uma riqueza de reinterpretações e contrainterpretações permanentes, com a abertura para novos sistemas de metáforas: é dessa ebulição que surgem novas ações e propostas dos especialistas em planejamento urbano, em publicidade e *marketing* empresarial e institucional (até o híbrido *city marketing*), tendo como finalidade a gestão da "rede de segurança cultural" no espaço. De modo similar atuam outras esferas da sociedade civil, embora sem a preocupação da governança.

A respeito dessa rede cultural visando cimentar o espaço público, a logomarca da Prefeitura do Recife (gestão do PT 2005/2008) é exemplar: uma ponte, ícone da cidade entrecortada por rios, se transforma numa corrente de pessoas de mãos dadas, lembrando ainda uma ciranda, dança do folclore local. O slogan que acompanha a marca dessa gestão é igualmente emblemático: "*A grande obra é cuidar das pessoas*" (ver Figura 1).

Figura 1 — Logomarca da Prefeitura da Cidade do Recife
(gestão 2005/2008)

Sempre associada a essa marca, encontrava-se a frase "a grande obra é cuidar das pessoas", completando a ideia de reunião de diferentes em torno do bem comum para a população recifense.

Tal imagem de uma ligação/ponte formada por indivíduos representa o casamento da materialidade e da imaterialidade de um dos tipos de espaços públicos mais simbólicos de Recife, ressaltando de maneira explícita o apelo aos valores da responsabilidade e da coesão sociais. A ponte, objeto técnico que possibilita o ir e vir entre áreas separadas pelas águas, encarna a necessidade de união para o progresso da cidade, sobretudo para o avanço da cidadania, o cuidado com as pessoas que fazem a urbe.

Entretanto, se a mobilização e a reafirmação de paisagens urbanas metonímicas pelas estratégias de poder contribuem para definir certa imagem da sociedade, assim como ajudam a estabelecer e estabilizar espaços públicos, seus conteúdos podem ser fruto de uma intensa atividade cultural dos sujeitos sociais (Berdoulay e Entrinkin, 1998). Isto é, os resultados da ação político-pedagógica do Estado são variados e permanecem abertos a uma avaliação aprofundada, tarefa que não caberia realizar neste ensaio. O que se pode adiantar é que o simbolismo contido em tais ações jamais pode ser reduzido a marcas impostas por um poder demiurgo, tampouco se constitui somente como manipulação de mitos e imagens pelos políticos. Decerto tudo isso faz parte do jogo, porém é preferível considerar os geossímbolos enquanto instrumentos eficazes de comunicação no contexto de competição e cooperação social num mosaico urbano bastante complexo, como é o caso em tela. As paisagens metonímicas integram uma geografia política em que narrativas, valores e sensibilidades estão em permanente disputa no espaço, sobretudo naqueles configurados como públicos, numa sociedade em que a democracia voltou à ordem do dia há um quarto de século.

Segundo ainda Bitoun, o centro histórico do Recife reúne múltiplas e contraditórias identidades sobre as quais a cidade foi fundada e, tendo em vista que a coexistência dessas expressões da cultura local nada tem de pacífica, a imagem metonímica das pontes evoca desde muito tempo uma necessidade de negociação fundamental para o desenvolvimento local de uma consciência cívica:

> Sempre Recife foi vista como a cidade das pontes e das águas. Segundo Josué de Castro, são esses elementos que dão à cidade a sua atmosfera própria [...]. *As pontes às quais eu me refiro não são as pontes visíveis que atravessam os nossos rios, mas as pontes que devemos construir entre as várias expressões culturais que convivem nesta cidade. Amar a cidade é amá-la precisamente porque ela é diversa, porque é capaz de expressar, ao mesmo tempo e no mesmo lugar, tempos diversos e lugares diferentes. Isto exige por parte da sociedade constantes negociações e compatibilizações de interesses frequentemente contraditórios. Daí, mais do que em outra cidade, a necessidade da participação para construir as "pontes mentais" de que tanto precisamos* (Bitoun, 1993, p.57-58, grifos nossos).

A metonímia paisagística eficaz, como a ponte mental/material da logomarca da Prefeitura, carrega em si um ato cognitivo que parte das diferenças sociais em busca de uma imagem espacial de consenso possível, desejado ou ideal para a cidade do Recife. Frente às características contrastantes do espaço e da sociedade recifense a ideia de "negociação e compatibilização de interesses contraditórios" precisa ser permanentemente evocada. O potencial comunicativo da paisagem, a capacidade interpretativa do sujeito e as posturas democráticas estão, portanto, na origem da vitalidade dos espaços públicos.

Constata-se que os cais, pontes e poetas que os retrataram (e hoje são mesmos transformados em monumentos) apelam a elementos já fortemente impregnados de sentido para a população citadina, todavia é a partir do diálogo possível com a sociedade em geral e, mais precisamente, com os jovens das escolas públicas, que a eficácia desses espaços de coesão social se faz sentir. Em suma, a retórica paisagística provém, no caso desses espaços públicos, de paisagens metonímicas que parecem reforçar seu caráter de aliança social estabelecida a propósito de um devir de convivência mais pacífica — já que no presente as desigualdades são tão flagrantes.

Com efeito, toda sociedade pensa suas ações, práticas e relações com o espaço. A geografia acede a tais conhecimentos por meio da expressividade da paisagem compartilhada, cujo potencial retórico repousa na identificação, escolha e reprodução de geossímbolos emblemáticos desses valores. Daí o grande interesse pelos cenários que conduzem do simples ato de ver aos processos reflexivos do como ver — aprendidos, induzidos, experienciados. Enfim, a retórica da paisagem corresponde à ação de um sujeito sobre outros sujeitos por intermédio de narrativas e imagens, com a finalidade de exprimir e assimilar os diferentes sentidos das interações sociedade-espaço em função de um imaginário coletivo.

CULTURA E POLÍTICA NA PEDAGOGIA DO ESPAÇO PÚBLICO

O exemplo dos geossímbolos do espaço público ribeirinho no Recife pode ser bastante elucidativo acerca do potencial da retórica para incitar um imaginário da confluência social numa cidade que é "mosaico, reflexo confuso da fusão de várias expressões culturais" (Castro, apud Bitoun, 1993, p.53). Na qualidade de metonímias, as paisagens que são mobilizadas pela prefeitura e reinterpretadas pela população constituem uma estratégia política e de comunicação capaz de juntar uma diversidade de perfis sociais que se encontravam, antes dessas ações, muito mais distanciados.

Os motivos ideológicos apoiam-se sobre lugares previamente carregados de potencial identitário para a cidade como um todo: espaços marcados pela presença da água, pontes, manguezais e outros elementos recorrentes acerca do sítio estuarino da cidade. Tais figurações mostram, claramente, a orientação tomada pelos enunciadores dessa retórica de confluência dos diferentes, visando reforçar a coerência de espaços públicos ao apelar para um espaço vivido e construído sobre experiências variadas, senão contrastantes. Como disse Josué de Castro, diante do caos que é a cidade do Recife parece que apenas uma coisa é capaz de conferir-lhe um sentido de unicidade, a sua paisagem natural (ibid.)

Assim é que o rio Capibaribe adquire protagonismo ímpar nessa geografia política da paisagem, como se pode constatar nas Figuras 2 e 3, bem como nos poemas correlatos. João Cabral de Melo Neto, o poeta consagrado ao mês de janeiro, repousa no cais da rua da Aurora, tendo ao fundo a Ponte Santa Isabel, a qual se constituiu no "molde" arquitetônico para a logomarca da gestão petista da cidade. Os versos estão, em parte, na *Agenda* 2008 e sinalizam uma visão crítica e de denúncia social: os homens que habitam os mocambos, nos alagados e palafitas, são quase como a lama, sendo comparados aos cães mortos que boiam nas águas fétidas do rio — uma imagem de miséria e morte: "paisagem de anfíbios, de lama e lama. Como o rio, aqueles homens são como cães sem plumas".

Figura 2 — Escultura de João Cabral de Melo Neto no espaço público ribeirinho de Recife, componente do Circuito da Poesia e *Agenda Escolar 2008*.

A estátua de João Cabral fica no cais da rua da Aurora, no centro do Recife. Os cais, pontes e águas são os elementos mais presentes no espaço público e paisagens metonímicas do centro da cidade (Foto: Nando Chiappetta, 2009).

Paisagem do Capibaribe (1950)
(extrato do poema O cão sem plumas)
João Cabral de Melo Neto

Entre a paisagem
o rio fluía
como uma espada de líquido espesso.
Como um cão
humilde e espesso.

Entre a paisagem
(fluía)
de homens plantados na lama;
de casas de lama
plantadas em ilhas
coaguladas na lama;
paisagem de anfíbios
de lama e lama.

Como o rio
aqueles homens
são como cães sem plumas
(um cão sem plumas
é mais
que um cão saqueado;
é mais
que um cão assassinado.
[...]

O segundo monumento também é bem interessante por estar colocado justo no centro da amurada de uma das pontes mais antigas da cidade (Maurício de Nassau), em pose *blasé*, o que chama sobremaneira a atenção dos transeuntes. O poeta escolhido dessa feita foi Joaquim Cardozo, homenageado do mês de agosto, e as informações que constam de sua biografia incluem a filiação do mesmo ao movimento modernista:

> Juntamente com Oscar Niemeyer e Lúcio Costa defendia a concepção da arquitetura como arte e escreveu: "os muros das construções são o papel onde se inscreveram as páginas da história, onde ainda se inscrevem as mensagens para o futuro. E escrever estas mensagens, cabe ao arquiteto" (Prefeitura do Recife, 2008, s.p.).

A visão de Cardozo, ao menos no fragmento de poema oferecido ali aos alunos, é mais amena, saudosista e talvez burguesa, falando de um pôr do sol em uma cidade vibrante e aludindo ao movimento de embarcações no porto, nos cais e nos cafés: as palavras-chaves são facilmente interligadas por essa fé no progresso e na concepção de um espaço urbano repleto de ícones da modernidade nos anos 1920 (telégrafo, navios a vapor, aviões, bondes, automóveis).

Naquelas ruas já "tumultuosas", as multidões apressadas talvez devessem lembrar de um passado de fidalguia, evocado tanto pelo próprio nome da ponte (que está no poema e onde hoje está o poeta), quanto pela escolha de antepassados holandeses, mito recorrente na sociedade pernambucana.

Figura 3 — Escultura de Joaquim Cardozo no espaço público ribeirinho de Recife, componente do Circuito da Poesia e *Agenda Escolar* 2008.

A estátua de Joaquim Cardozo está bem no centro da Ponte Maurício de Nassau. Desta perspectiva, o Capibaribe se agiganta em meio à cidade. Constata-se a centralidade de uma paisagem líquida, fluvial, que a escultura convida a olhar e as poesias do homenageado evocam. Como no exemplo anterior, os poetas contribuem para estreitar os laços dos alunos com a cultura local e o espaço público (Foto: Nando Chiappetta, 2009).

Tarde no Recife (1925)
Joaquim Cardozo

Tarde no Recife.
Da ponte Maurício o céu e a cidade.
Fachada verde do Café Máxime.
Cais do Abacaxi. Gameleiras.
Da torre do Telégrafo Ótico
A voz colorida das bandeiras anuncia
Que vapores entraram no horizonte.

Tanta gente apressada, tanta mulher bonita.
A tagarelice dos bondes e dos automóveis.
Um carreto gritando — alerta!
Algazarra. Seis horas. Os sinos.

Recife romântico dos crepúsculos das pontes.
Dos longos crepúsculos que assistiram à passagem dos
[fidalgos holandeses.
Que assistem agora ao mar inerte das ruas tumultuosas,
Que assistirão mais tarde à passagem de aviões para as costas
[do Pacífico.
Recife romântico dos crepúsculos das pontes.
E da beleza católica do rio.

A par desses dois exemplos é preciso ter em mente que nenhuma experiência do espaço é possível sem o suporte de antecipações cognitivas e de sistemas de significado preexistentes. Deve-se insistir na afirmação de que as figurações metonímicas são procedimentos inerentes ao pensamento sobre o espaço (Maciel, 2005). Instrumentos de busca da realidade, as paisagens simbólicas fazem parte desses procedimentos de antecipação e podem ser correlacionadas ao que Raffestin chama de "axiomática subjacente" do sujeito, isto é, os atores sociais agem por meio de representações nas quais se manifestam ações e comportamentos traduzidos em produção territorial historicamente condicionada: "toda axiomática é histórica, e para atingir o seu significado é preciso construir, ou reconstruir, o contexto sócio-histórico no qual se originou e do qual procede" (Raffestin, 1993, p.149).

A recomposição histórica do espaço e de seus modos de ver está explícita nas sugestões tanto do Circuito da Poesia quanto da *Agenda Escolar 2008*, como se tentou evidenciar aqui.

Pode-se argumentar sobre o perigo sempre à espreita de transformar tal processo interativo entre sociedade e território em puro e simples congelamento do olhar, quer dizer, em estereótipos e clichês espaciais. Sem descartar tal hipótese, é mister relembrar que, uma vez identificados e analisados os chavões e lugares-comuns, é mais interessante e enriquecedor estudar como esquemas reflexivos podem dar vida, de variadas maneiras, à realidade exterior observável, ou seja, como imagens do espaço público do tipo aqui retratadas, que visam intencionalmente reforçar ou recriar uma "axiomática subjacente" à leitura da paisagem, obtêm ou não sucesso. Para tanto, sugere-se uma pesquisa que leve em conta se os objetivos expressos naquelas ações políticas da prefeitura chegaram a transmitir os significados e valores esperados.

Além do mais, é prudente lembrar as ideias da hermenêutica de Gadamer (1998), para quem as preconcepções devem ser consideradas como inerentes à experiência da interpretação: assim, preconceitos (no sentido de axiomática subjacente) são uma das condições para se chegar à compreensão. A ação do poder público municipal recifense, muito mais que trabalhar lugares-comuns e estereótipos paisagísticos com os alunos da rede pública, demonstra o quanto a política está implicada com a cultura e vice-versa. As imagens dos espaços públicos ribeirinhos de Recife, com o reforço de narrativas e sensibilidades poéticas diversas (algumas até conflitantes), são pontos de referência cultural fincados em meio à perpétua emergência do novo na paisagem urbana. Essas imagens representam, assim, a preocupação de refundar redes de segurança socio-espacial nas cidades contemporâneas, buscando elementos perenes capazes de "expressar, ao mesmo tempo e no mesmo lugar, tempos diversos e lugares diferentes", como bem colocou Jan Bitoun.

CONSIDERAÇÕES FINAIS

As paisagens metonímicas dos espaço públicos fazem parte da política urbana, e o seu estudo pela geografia cultural se coaduna com a preocupação de Castro (2011) em compreender os embates que surgem na sociedade e no território a partir de valores que estão além de puros conflitos produtivos. Espaços públicos e seus geossímbolos devem ser abordados enquanto terrenos cognitivos de tensão e debate onde se desenrola uma retórica fundamental e necessária à coexistência social na construção da democracia num país desigual como o Brasil. Além de mera construção de imagens estereotipadas, a "colocação em imagem" de alguns lugares identitários enfrenta insatisfações, desejos, oposições, mas busca estabelecer um patamar de comunicação entre os cidadãos de diversas classes sociais e o poder público, sendo mais que simples domesticação do olhar.

Os discursos que instituem o espaço público a partir do imaginário geográfico nascem de experiências vividas em um momento e espaço dados, enriquecidos pela axiomática subjacente que é transmitida por meios formais (escola, livros, partidos políticos) e informais (o compartilhamento cotidiano de sensibilidades culturais em um grupo social, por exemplo). Isso é tão mais verdadeiro quanto mais são levados em conta os lugares-fortes de uma identidade territorial elevados à condição de espaços públicos. Tais espaços recebem e emanam cenas que pretendem simbolizar o conjunto da sociedade, sendo portanto elementos privilegiados da política urbana, em sentido amplo.

As paisagens metonímicas não oferecem uma representação fiel da cidade, muito menos do mundo. Como frutos das regras que visam controlar as paixões humanas são preconcepções necessárias e representativas do todo, uma vez que resultam de um debate histórico e da ação dos sujeitos sociais que, assim, puderam erguer um consenso, ainda que fugaz e exposto a retrocessos ou mesmo à destruição.

A política da paisagem cultural deve estar atenta às maneiras de ver o espaço dos diversos segmentos sociais, cujas sensibilidades e estratégias narrativas podem ser bem diversas, buscando avançar pelos acordos possíveis, pela negociação e por uma pedagogia não impositiva.

Muito mais que clichês ou imposições das elites que comandam a política, as representações ligadas aos espaços públicos constituem sínteses que repousam na escolha de certos elementos-chaves para a sociedade que aí se reconhece, elementos que são em seguida amplificados com a preocupação de conferir a maior estabilidade possível aos diferentes agrupamentos humanos que vivem em cidades. Imagens que constituem, portanto, pontos obrigatórios na tessitura de um espaço social coeso.

O problema para cidades onde as desigualdades sociais são imensas, tal como o exemplo do Recife, reside em que se deve atentar para que a maior dificuldade não se encontra nas disparidade de renda em si, mas no que representam em termos de diferenças de liberdade para construir escolhas e projetos, bem como tecer uma narrativa própria passível de ser inscrita no espaço, consoante um conceito amplo de desenvolvimento humano.

Em todo caso, metonímias geográficas serão sempre elementos fundamentais na escolha, fixação e qualificação — em meio a um cabedal de possibilidades — dos espaços tidos como públicos, da mesma forma que podem contribuir para sua desqualificação ou perda de significado. No contexto brasileiro, garantir maior equidade na possibilidade de os sujeitos sociais realizarem escolhas e expressarem suas diferentes sensibilidades está na ordem do dia, sem que para isso o espaço público seja transformado numa praça de guerra, como temos visto ultimamente em tantas praças reais e ruas sangrentas de países autoritários.*

REFERÊNCIAS BIBLIOGRÁFICAS

BARBOSA, D.T. Pontes imaginárias sob o céu da Manguetown: Influências do Mangue Beat sobre as políticas públicas no entorno do rio Capibaribe — Uma análise do Circuito da Poesia e do Carnaval Multicultural. Monografia (Bacharelado em Geografia) — Universidade Federal de Pernambuco. Recife, 2011, 105p.

BERDOULAY, V. Des mots et des lieux. La dynamique du discours. *Géographique*. Paris: Éditions du CNRS, 1988.

_____.; ENTRIKIN, J.N. Lieu et sujet. Perspectives théoriques, *L'Espace Géographique*, 2, p. 111-121, 1998.

_____.; CASTRO, I. E., GOMES, P.C.C, L'espace public entre mythe, imaginaire et culture, *Cahiers de Géographie du Québec*, 45, p. 413-428, 2001.

---

*Agradecemos as valiosas observações do professor Jan Bitoun, bem como a cessão de seu trabalho "Centro histórico e identidade cultural" (1993). Ver referências.

BITOUN, J. Centro histórico e identidade cultural, In: Sarinho, B.; Borges, W. (orgs.), *Memória do Seminário. Recife, Cidadania e Revitalização*. Recife: Inojosa Editores, 1993, p. 49-58.

_____. A produção de atlas intraurbanos de desenvolvimento humano no Brasil: desafios, limites e contribuições ao estudo da desigualdade socioespacial à divulgação da informação geográfica — o caso do Recife. *Anais do XII Encontro de Geógrafos da América Latina: Caminando en Una América Latina en Transformación*. Montevideo, 2009. Disponível em:<http://egal2009.easyplanners.info/area04/4016_BITOUN_JAN.doc>, acessado em 6. set. 2010.

CASTRO, I.E. Paisagem e turismo. De estética, nostalgia e política. In: Yázigi, E. (dir.), *Turismo e paisagem*. São Paulo: Contexto, 2002, p. 121-140.

_____. O problema da espacialidade da democracia e a ampliação da agenda da geografia brasileira. *Revista da ANPEGE*, Vol.7. n.1, número especial, outubro de 2011 p.291-305.

CERTEAU, M. de. *A invenção do cotidiano: Artes de fazer*. 3º ed. Petropólis: Vozes, 1998.

CLAVAL, P. Qu'apporte l'approche culturelle à la géographie? *Géographie et Cultures*, n. 31, p.5-24, 1999.

CORBIN, A. *L'Homme dans le paysage* (Entretien avec Jean Lebrun). Paris: Les Éditions Textuel, 2001.

GADAMER, H.-G. *Verdade e método. Traços fundamentais de uma hermenêutica filosófica*. Petrópolis: Vozes, 1998.

GARCÍA CANCLINI, N. G. Imaginários culturais da cidade: conhecimento espetáculo/ desconhecimento. In: COELHO, T. (dir.), *A cultura pela cidade*. São Paulo: Iluminuras, Itaú Cultural, 2008, p. 15-31.

GARDES-TAMINE, J. *La Rhétorique*. Paris: Armand Colin, 1996.

GOMES, P.C.C. e BERDOULAY, V. Cenários da vida urbana: Imagens, espaços e representações [Apresentação] *Cidades*, vol.5, n. 7, p. 9-14, 2008.

LIMA, A. *Metáfora e cognição*. Recife: Editora Universitária da UFPE, 2006.

MACIEL, C.A.A. Transfigurations de l'espace public: rivières, ponts et autres paysages métonymiques à Recife (Brésil), In: BERDOULAY, V., GOMES, P.C.C., LOLIVE, J. (org.) *L'Espace public à l'épreuve. Régressions et émergences*. Bordeaux: Maison des Sciences de l'Homme d'Aquitaine, 2004, p. 213-224.

MACIEL, C.A.A. Metonímias geográficas: Imaginação e retórica da paisagem no semiárido pernambucano. Tese (Doutorado em geografia) Universidade Federal do Rio de Janeiro, 2005.

_____. Rhétorique du paysage et identités territoriales. In: GRANDJEAN, P. (dir.). *Construction identitaire et espace*. Paris: L'Harmattan, 2009. p. 153-175.

MEYER, M. *Questions de rhétorique: langage, raison et séduction*. Paris: Le Livre de Poche, 1993.

PREFEITURA DO RECIFE; PNUD; FUNDAÇÃO JOÃO PINHEIRO. *Atlas Municipal 2005 — Desenvolvimento Humano no Recife*, 2005. disponível em: <http://www.recife.pe.gov.br/pr/secplanejamento/pnud2005/>, acessado em 25 set. 2009.

_____. Projeto Circuito da Poesia. 2005, disponível em: <http://www.recife.pe.gov.br/2009/09/18/circuito_da_poesia__168591.php>, acessado em 25 set. 2009.

_____. *Agenda Escolar 2008 : Recife no dia a dia com os seus poetas*. Recife: Multimarcas Editora, 2008.

RAFFESTIN, C. *Por uma geografia do poder*. Tradução Maria Cecília França. São Paulo: Ática, 1993.

ROUX, M. *Géographie et Complexité — Les espaces de la nostalgie*. Paris: L'Harmattan, 1999.

SÁNCHEZ, F. *A reinvenção das cidades para um mercado mundial*. 2. ed. Chapecó: ARGOS, 2010.

TEIXEIRA COELHO, J. N. A cidade e os avatares da cultura. In: TEIXEIRA COELHO, J.N. (dir.). *A cultura pela cidade*. São Paulo: Iluminuras, Itaú Cultural, 2008, p. 63-68.

PARTE 4

Espaço e Ação

O COMPLEXO PORTUÁRIO DO AÇU ENTRE PRÁTICAS ESPACIAIS E PODERES DE AÇÃO

Rejane Cristina de Araujo Rodrigues
Linovaldo Miranda Lemos

> A construção do Complexo do Açu, localizado no município de São João da Barra, na Região Norte do estado, *significa uma nova fronteira para o desenvolvimento do Rio de Janeiro e a introdução* de um novo conceito de empreendimentos industriais e de infraestrutura no Brasil. O projeto do Complexo do Açu *chama a atenção pela sua magnitude e coloca o Brasil e o Rio de Janeiro na vanguarda dos grandes empreendimentos de infraestrutura mundiais.* (Bueno e Casarin, 2011, p.48, grifos nossos.)

Utilizado como evidência do momento alvissareiro por que passa o Rio de Janeiro, o Complexo Portuário do Açu pode ser encarado como um importante marco econômico e institucional que extrapola a escala estadual. Implantado numa região tradicional de monocultura canavieira secular e de uma pecuária de baixíssima produtividade, seus impactos sobre o tecido socioespacial local-regional ainda são de difícil avaliação, até mesmo pelo fato de que se trata, ainda, de uma obra em implantação. Seja como for, é considerado um empreendimento que figura como "uma nova fronteira ao desenvolvimento", síntese das possibilidades que se abrem num estado que encara agora a sua "hora da virada" (Urani e Giambiangi, 2011).

Para além das projeções sobre o volume de investimentos, as perspectivas para o mercado de trabalho e os impactos econômicos e sociais diretos nos dois municípios mais afetados pela instalação do Complexo Portuário do Açu, São João da Barra e Campos dos Goytacazes, o presente trabalho lança seu olhar sobre o espaço banal, quotidiano, dos diretamente afetados pelo projeto portuário na sua relação com o avanço do empreendimento e do conflito trazido na sua esteira. Ao assim proceder, procura-se fazer eco às preocupações de Foulquier (2011) a respeito da consideração do bem comum, do interesse das comunidades locais ante as forças do mercado, bem como a compreensão das formas de reação dessas comunidades na defesa dos seus interesses ante a chegada de novos atores, propulsores de um dado processo de modernização. Procuramos, desse modo, situar nossa análise no campo da geografia política contemporânea, definido pela relação entre a política, modo e controle dos conflitos sociais, e a base material e simbólica da sociedade, o território (Castro, 2005).

Tendo estabelecido esse parâmetro inicial, o artigo aborda o Complexo Portuário do Açu no contexto de uma lógica *transescalar*, demonstrando como essa mesma lógica transforma o local numa escala de impacto dos eventos que a faz responder aos ditames de outras escalas mais amplas de poder (Santos, 2004). A "escala dos eventos" a que se referiu Milton Santos (2004) se refere tanto à *escala de origem* das variáveis envolvidas na produção do evento (a causa, as forças operantes) quanto na *escala do impacto* (o lugar da objetivação do evento). Na escala de origem deve-se levar em consideração o lugar de onde atuam essas variáveis (lugar geográfico, econômico, social). É de acordo com esse lugar e com a força de seu emissor que a escala de origem ou operante terá maior impacto.

Cabe reforçar que o recurso à escala geográfica objetiva, como proposto por Castro (1995), dá visibilidade ao fenômeno, ao mesmo tempo em que se apresenta como uma forma de apreensão e conhecimento da realidade, das relações de poder e o espaço, num dado contexto histórico e geográfico (Jones, 1998).

O cerne da discussão está nos processos de ocupação do território realizados pelo empreendimento, bem como no importante papel do poder público — municipal e estadual — ante as perspectivas de "desenvolvimento" e de "modernização" e sua relação com a população diretamente afetada.

Embora não se neguem as resistências, pretende-se acentuar as capacidades e os escopos de atuação diferenciados dos atores envolvidos, o que, ao fim e ao cabo, se traduzem em relações desiguais de poder mediadas pelo território.

O COMPLEXO PORTUÁRIO DO AÇU COMO NÓ DE UMA REDE LOGÍSTICA TRANSESCALAR

Com o importante e rápido desenvolvimento industrial dos séculos XVIII, XIX e, principalmente, do início do século XX, a logística foi gradualmente incorporada como princípio de organização das empresas. O termo foi apropriado do domínio militar para o qual surgiu no sentido de aquartelar, alojar e acampar as tropas, dar direção às colunas, pôr as tropas em marcha e posicioná-las no campo de batalha (Rodrigues, 2008). Do domínio militar aos meios empresariais, a logística seria incorporada, no sentido de "distribuição logística de produtos" (Baudouin, 2003), na medida da crescente internacionalização das empresas, da expansão das vias de circulação e da ampliação dos fluxos de produtos pelo mundo.

Embora tenha sido nas primeiras décadas associada à busca pela redução dos custos do transporte, a logística passou a ser considerada para além do problema do trânsito de produtos. A logística das empresas se transformou, nas últimas décadas, no grande diferencial em termos de gestão administrativa, envolvendo desde atividades de marketing, administração da distribuição física, administração de materiais, sistema de transporte, administração de tráfego, armazenamento de produtos, manuseio e acondicionamento de produtos, controle de estoques até a programação da produção, entrada e processamento de pedidos, sistema de informações e planejamento estratégico.

Para além do reconhecimento da logística como a base da estratégia de organização da atividade empresarial do último século e da complexidade de que se reveste o significado do termo *logística*, vimos destacando em trabalhos recentes (Rodrigues, 2008; Rodrigues e Lemos, 2011) sua crescente importância na organização dos territórios. Concordando com o proposto por Becker (1993) tomaremos, neste artigo, a logística como uma nova racionalidade na organização dos territórios. A mesma autora, em outro trabalho (Becker, 2006), põe em evidência o sentido amplificado da logística, a partir de uma análise sobre as estratégias territoriais da Petrobras, da Companhia Vale do rio Doce (CVRD), Bunge e Cargil. Nesse estudo, a autora chama a atenção para o controle exercido por essas empresas sobre estruturas logísticas destinadas a agilizar suas ações sobre as infraestruturas implantadas pelo Estado. A autora analisa a reconfiguração do território brasileiro com base na organização logística dessas empresas, destacando seu papel como os mais poderosos agentes de reestruturação do território no Brasil atual.

A organização de redes logísticas apareceria, assim, como um vetor fundamental na reestruturação dos territórios. Essas redes se constituiriam como aquilo que Becker (2006) denominou de "ossatura do território", dado seu papel na inserção competitiva dos territórios na globalização, agregando valor aos produtos com a redução dos custos e o aumento da competitividade, principalmente em relação a outros territórios não cobertos por essas malhas logísticas.

Tomando como ponto de partida a concepção da logística como uma nova racionalidade presente na organização dos territórios, considerando-se as redes logísticas como a ossatura do território e retomando a ideia desenvolvida em outro artigo sobre a sobrepassagem da escala local pela rede logística ligada ao porto (Rodrigues e Lemos, 2011b), daremos destaque ao papel desempenhado pelos portos como "nós" de uma rede logística que opera para além dos estreitos limites de sua área de influência imediata e suas relações com atores sociais territorializados.

Destarte os territórios continuem apresentando a clássica dimensão zonal — ou em superfícies delimitadas por fronteiras —, o fenômeno da globalização traz para a ordem do dia a lógica de um território-rede, descontínuo, fragmentado e superposto, em suma, a lógica de um território na sua dimensão reticular (Haesbaert, 2004). Na configuração de territórios-rede, as grandes corporações ampliam seu raio de atuação ante o encolhimento da gestão governamental em vários setores, dentre os quais o setor portuário, muito em função do processo de privatização e de desregulamentação ocorrido a partir dos anos 1990 (Rodrigues e Lemos, 2011b).

Impõe-se, desse modo, de acordo com Lefébvre (*apud* Becker, 2006) uma ordem espacial vinculada a uma concepção de espaço global, logístico, gerando um espaço social e político constituído por um conjunto de ligações, conexões, comunicações, redes e circuitos. O território é, nessa linha de raciocínio, incorporado pela grande empresa como um "território corporativo".

Compreende-se, desse modo, que o Complexo Portuário do Açu é mais do que um grande porto, mas antes um complexo logístico que centraliza um conjunto de projetos, atividades e fluxos, interconectando e impactando lugares em diferentes escalas.

Tem-se como pressuposto fundamental o reforço do papel do Brasil enquanto exportador de commodities — e as implicações desse fato para a economia, a infraestrutura e o próprio projeto de nação — e as relações do nosso país com grandes mercados, como a China.

Dentro dos limites do presente artigo, a análise será centrada no local, no regional e no estadual. Muito embora haja interconexões e impactos nas escalas nacional e internacional, não serão, nos limites deste artigo, objeto de análise.

Na escala local — São João da Barra: de periferia a centro

Com uma população atual de 32.090 habitantes (IBGE, 2010), São João da Barra teve sua economia historicamente baseada numa agropecuária pouco produtiva e numa indústria agroaçucareira em constante crise.

O pouco dinamismo da economia local se refletiu em baixas taxas de incremento de sua população e processos de emigração ao longo de décadas do século XX, no baixo grau de escolaridade (segundo Piquet (2010), apenas 1% da população possui nível superior de escolaridade) e, mais recentemente, na dependência acentuada de uma única fonte de recursos, os royalties. Sintetizando-se, o empreendimento se dá no contexto de um município e região considerados tradicionais (Cruz, 2004).

Escolhido para abrigar o Complexo Portuário do Açu, nó de uma rede logística, o município de São João da Barra, na região Norte do Estado do Rio de Janeiro, foi imediatamente impactado pela implantação do complexo portuário. Dentre as causas ou condições que tornaram possível a implantação nesta localidade, destacam-se: **i)** a disponibilidade para compra de grandes áreas de terras a preços baixos; **ii)** a baixa concentração populacional numa área litorânea, condição rara principalmente em se tratando de região Sudeste; **iii)** a localização geográfica privilegiada que favorece o escoamento da produção mineral do Estado de Minas Gerais; **iv)** proximidade à área de exploração de petróleo e gás natural da Bacia de Campos e do Espírito Santo, conferindo ao Complexo a possibilidade de atuar como importante local para a instalação de atividades de apoio ao setor petrolífero; **v)** ligação com a BR 356 e com a BR101 e com a malha da ferrovia Centro-Atlântica; **vi)** oferta de água em abundância para uso no empreendimento representada pelo rio Paraíba do Sul; **vii)** condições político-institucionais favoráveis com forte apoio dos governos estadual e municipal; **viii)** receptividade de parcelas importantes da população local (e também de Campos dos Goytacazes) que veem no complexo possibilidades de "desenvolvimento".

Com previsões de geração de empregos que oscilam entre 10 mil e 50 mil postos de trabalho, o município enfrenta hoje, na fase da implantação do projeto, um processo de atração populacional de mão de obra de baixa qualificação, o que impacta sobremaneira a capacidade de provimento de moradias para esses migrantes. Como resultado, há hoje uma carência de moradias, especialmente para locação, e um processo de especulação imobiliária. Importante frisar as perspectivas de um crescimento populacional descontrolado e os riscos e desafios trazidos na sua esteira.

Não menos importante é a extensão física do empreendimento e o que isso representa em termos do próprio território do município. São João da Barra possui uma área de 455.044km² e o Complexo Portuário do Açu ocupa uma área de mais de 150.000km², ou seja, impressionantes 1/3 do município fluminense. Como se demonstrará adiante, esse é um processo de ocupação do território que se dá, inicialmente, com a compra de grandes fazendas e, mais tarde, com a entrada dos governos local e estadual na definição de uma área industrial de interesse público e as desapropriações trazidas na esteira do processo e que transformaram o município num grande pátio industrial, portuário e logístico e, ao mesmo tempo (ou será por isso mesmo?), numa área de conflitos pela terra, expropriação e violência física e simbólica.

Do ponto de vista ambiental, um estudo realizado pelo grupo de Trabalho em Assuntos Agrários da seção local Rio-Niterói da Associação de Geógrafos Brasileiros (AGB, 2011) chama a atenção para os riscos de poluição provocada pelos "bota-fora" (aterros de resíduos no mar), o emissário submarino e os impactos sobre a maior área de restinga do país. Ainda há que se ter em mente a necessidade de captação de água para atender às demandas do Complexo: os dados pesquisados pela AGB dão conta de que esse será o maior usuário da Bacia do rio Paraíba, com a captação de uma vazão de 10m³/s, para o bombeamento no mineroduto, o que equivale à demanda de uma cidade de 2,8 milhões de habitantes (AGB, 2011).

A ocupação de uma imensa área do município pelo Complexo Portuário do Açu se consubstancia, na prática, num processo de privatização e estabelecimento de áreas de uso exclusivo, vedadas, portanto, aos usos e permanências tradicionais, como o lazer, a pesca artesanal, a pecuária e a produção agrícola. A implantação do Complexo significa, quando observada na escala local, uma prática de territorialização do espaço, posto que ocorrem a ocupação, o domínio e o estabelecimento de usos privativos dos espaços que cerceiam o acesso aos moradores e visitantes às praias e lagoas, bem como às áreas de pesca nas proximidades do porto, ou seja, concomitantemente aos conflitos fundiários, há um conflito pelo uso e acesso ao mar em face do próprio controle privado de 58% do perímetro costeiro do município por parte do empreendimento (AGB, 2011).

Na escala regional — o Norte fluminense entre eldorados: cana, petróleo e porto

Se na escala local salta aos olhos o papel do Complexo Portuário do Açu no controle do território, com efeitos visíveis em termos de conflitos territoriais, na escala regional a instalação do Complexo pode ser vista, de um lado, como um vetor de desenvolvimento para a "região deprimida", de outro como um reforço à crença de que o desenvolvimento regional depende de forças externas.

A região Norte fluminense, da qual São João da Barra faz parte como município polarizado por Campos, pode ser descrita como uma região em constante estado de espera, oscilando num movimento pendular que vai da euforia e expectativa de retorno de um "tempo áureo" (seja ele real ou imaginado) ao outro extremo de crise e desânimo. Alternando-se em crises e espasmos de crescimento, a região vem se firmando como uma "região-problema" em função, como destacou Cruz (2003), das condições dos trabalhadores rurais, da condição de região estagnada e do baixo dinamismo das atividades econômicas.

O advento da exploração petrolífera, a partir do final dos anos 1970, representou um alento diante de um quadro de estagnação da lavoura canavieira que se arrastava desde pelo menos os anos de 1950 (Bernardes, 1993). Nos anos 1980 e 1990, em um contexto de estagnação/desaceleração da economia estadual e nacional, a região mergulhou num quadro de profunda crise econômica, que só viria a ser modificada, em parte, a partir do pagamento de royalties pela exploração de petróleo na Bacia de Campos Com a Lei do Petróleo, de 1997, o crescente afluxo de recursos pagos às municipalidades a título de royalties e participações especiais fez com que, da noite para o dia, houvesse uma explosão dos seus orçamentos alimentando os sonhos, mais uma vez, da riqueza e do "desenvolvimento" que viriam a partir daí. No entanto, Cruz (2003) apresenta um quadro crítico dos resultados político-sociais da passagem da cana ao petróleo, já que, nas suas palavras, *"o lócus do poder se deslocou da porteira da fazenda para o balcão da Prefeitura"*, posto que o controle dos recursos do petróleo pelos poderes municipais só veio reforçar práticas clientelistas de dependência e controle social pelas elites.

Um dos efeitos da economia do petróleo, do ponto de vista político, foi o estabelecimento de uma determinada agenda local-regional calcada na crença de um processo de desenvolvimento baseado em forças externas, exógenas à região: o desejo inicial de que Campos fosse a sede da base de operações da Petrobras (o que acabou cabendo a Macaé), o movimento, desde os anos 1980, em torno da criação de uma refinaria no município ("O petróleo é nosso, a refinaria também"), e que acabaria sendo direcionada a Itaboraí (Crespo, 2003). Em suma, o entendimento de que um processo de desenvolvimento ocorre a partir de grandes empreendimentos e de capitais externos à região capazes de "salvar" a economia e de contribuir para a geração de empregos.

O afluxo dos royalties, principalmente a partir da Lei do Petróleo de 1997, tornou São João da Barra um município petro-rentista e lhe revestiu de grande capacidade de atuação na atração dos investimentos ligados ao Complexo Portuário do Açu Para se ter uma ideia, segundo dados disponibilizados pelo site inforoyalties* da Universidade Cândido Mendes de Campos, no ano de 1999, São João da Barra recebia, a título de royalties e participações especiais, o valor de 5.361.638,18, ao passo que, no ano de 2010, esse valor subiu para 203.028.163,85. Em suma, um espantoso aumento de 3.687% no período de 11 anos, ou seja, a localização do projeto pode, também, ser justificada pela existência de um poder local que, dotado de recursos, compreende e incorpora a lógica da grande empresa como carro-chefe de sua política de desenvolvimento local.

Tal opção é evidenciada pelos investimentos realizados pelo poder público estadual na instalação, em área contígua ao porto, de um Distrito Industrial, o qual será destinado à implantação de empresas interessadas em investir no município. Para atração dessas empresas são elencadas as seguintes vantagens comparativas: áreas com possibilidades de expansão situadas na Região Sudeste, *área core* do país; infraestrutura instalada, com destaque para as reformas da malha rodoviária; a construção de ferrovias

---

* Ver http://inforoyalties.ucam-campos.br.

e a instalação de termelétricas. Além das facilidades para embarque e desembarque de mercadorias no porto, significando simplificação e redução de gastos na logística das empresas. Dentre as várias empresas que demostraram interesse de instalar-se no Distrito, destacam-se siderúrgicas, cimenteiras e empresas do ramo automobilístico.

Cabe apontar aqui, ainda que *en passant*, que, na verdade, o Complexo Portuário do Açu se insere dentro de uma lógica e de uma problemática mais ampla que extrapola os limites territoriais da região Norte fluminense, estendendo as possibilidades de compreensão de suas dinâmicas a uma escala macrorregional. A localização do Porto quando observada num raio ampliado demonstra o desenho de um grande "corredor" logístico e de exportação de *commodities* que vai de Barra do Furado, entre Quissamã e Campos, passando pela hidrelétrica em São Francisco do Itabapoana e chegando até o município de Itapemirim, no sul do Espírito Santo, no porto instalado na praia da Gamboa (destinado ao apoio às bases de petróleo da região).

Isso significa dizer que, ao olharmos para o Complexo do Açu, não devemos perder de vista que o recorte regional é dinâmico e que o mesmo pode variar de acordo não só com o objeto de estudo do pesquisador, como também, e talvez principalmente, com os projetos dos atores sociais envolvidos no processo. Da mesma forma, à dinâmica de relações de poder percebidas na escala regional se somam aquelas evidenciadas em outras escalas.

Na escala estadual: grandes projetos de integração

Após duas décadas de estagnação, o Rio de Janeiro ingressa nos anos 2000 como um estado em aparente estágio de recomposição ou de recuperação econômica, situação evidenciada pelo aumento do PIB e pela expansão do emprego industrial e pela atração de investimentos públicos e privados.

Revelador é o título do livro de Giambiagi e Urani, *Rio: a hora da virada*, publicado em 2011. Ainda que essas mudanças possam ser vistas mais como tendência do que como uma nova condição do Estado, alguns projetos são reveladores das possibilidades "imaginadas" para o Estado, a exemplo daqueles gestados pela Firjan, a Federação das Indústrias do Estado do Rio de Janeiro.

Com grande influência sobre a agenda pública e sobre o poder decisório no Estado, a Firjan vem, desde o final da década de 1990, investindo na elaboração de projetos que colocam o Rio de Janeiro como estratégico para atração de investimentos (Rodrigues, 2008). Nos últimos anos, além da sua participação na definição de programas e projetos públicos, observa-se a articulação explícita de lideranças políticas. Israel Beloch e Laura Fagundes (1997, p.186) falam da "permanente articulação com os políticos que passaram a frequentar a sede da Firjan-CIRJ". "As novas autoridades do Estado praticamente entregaram a Agência de Desenvolvimento do Rio à administração conjunta das indústrias; é na sede da Firjan que o secretário de Ações Governamentais Federais no Rio de Janeiro, Raphael de Almeida Magalhães, exerce sua função diária" (Beloch e Fagundes, 1997, p.186).

Atualmente a Firjan se apresenta como uma instituição prestadora de serviços às empresas e como fórum de debates e de gestão da informação para o crescimento econômico e social do Estado. A entidade produz informações e avaliações conjunturais da economia do Rio de Janeiro, destinadas a nortear as ações estratégicas das empresas, com particular atenção ao desempenho do setor industrial. Além disso, oferece apoio a empresários interessados em investir no Estado quanto à localização industrial, incentivos fiscais, serviços de infraestrutura e financiamento.

A crise econômica que castigou o Rio de Janeiro nas últimas décadas levou a Firjan a empenhar maiores esforços no sentido de pensar e propor projetos mais amplos destinados à "revitalização" da economia fluminense. Com a participação de empresas, organismos governamentais e instituições em diversos segmentos, a Firjan desenvolveu alguns Projetos Regionais específicos para o Rio de Janeiro: Polo de Fruticultura Irrigada (região Norte-Noroeste fluminense); Tecnópolis (região serrana); Complexo de Moda Íntima (região Centro-Norte); Polo Metal Mecânico (Baixada Fluminense); Rio-Capital Petróleo (região Leste fluminense).

Em 1997, a Firjan publicou o relatório denominado "Infraestrutura de Longo Alcance para o Desenvolvimento Sustentado" no qual condicionava a transformação do Rio de Janeiro em um *hub* econômico ao desenvolvimento de três vetores de infraestrutura: comunicações (telemática), energia e logística de transportes.

Em 2002, eram publicados outro estudo, "Rio — um estado de logística", e, em 2006, o Mapa do Desenvolvimento do Estado do Rio de Janeiro, o qual aponta como fatores de decisão mais importantes para a atração de investimentos aspectos como infraestrutura básica, estabilidade política, disponibilidade e custo de mão de obra, condições encontradas só recentemente no Estado com o pacto político entre os governos federal e estadual.

De acordo com a pesquisa de 2006 da Firjan os incentivos fiscais oferecidos pelos governos não bastariam para compensar os fatores negativos presentes no ambiente de negócios de um determinado país. Além disso, segundo a Fias, cada aumento de 1% do estoque de infraestrutura corresponde a 1% de aumento do PIB.

Deve-se, portanto, destacar que a atuação institucional da Firjan garante a hegemonia de uma lógica que é eminentemente empresarial com forte influência nas metas estabelecidas pelas políticas públicas e da qual resulta, como já destacado por Bertha Becker (2006), a construção de territórios corporativos.

O COMPLEXO PORTUÁRIO DO AÇU:
O CONFLITO, OS ATORES SOCIAIS E A MEDIAÇÃO DO TERRITÓRIO

Embora as obras do Complexo portuário tenham se iniciado em 2007, é necessário destacar que a presença do grupo EBX no município é anterior, em função do processo inicial de compra das Fazendas Saco Dantas e Caruara na área do que viria a ser ocupada pelo porto. Confirmando essa informação, o professor Roberto Morais, do Instituto Federal Fluminense, ativista social com forte atuação em Campos, publicou depoimento em seu blog* ressaltando que "as grandes áreas dessas duas propriedades facilitavam o processo de aquisição, difíceis de serem negociadas, se fossem pequenas glebas, como as que circundavam estas duas grandes fazendas, em áreas de restinga com pouca utilização agrícola ou pecuária".

---

* Ver http://robertomoraes.blogspot.com/2011/07/o-disjb-codin-e-as-desapropriacoes-no.html. Acesso em 28/12/2011.

Portanto, não há um processo de desapropriação ou de retirada da população desde o início da implantação, ao contrário, o que houve foi o processo de compra de terras, a preços muito superiores aos praticados no mercado à época, como forma de garantir a ocupação da área inicial para a construção do porto e de sua retroárea. A Fazenda Caruara (com seus quase 5 mil hectares) veio a se transformar numa Reserva de Proteção Natural como parte da compensação ambiental pelos danos causados pela implantação do Complexo (AGB,2011), o que limitou as pretensões iniciais da empresa LLX, parte do grupo EBX. O passo seguinte foi a compra de propriedades menores no entorno.

À área adquirida pela LLX se somarão outras propriedades desapropriadas pelo Estado para instalação do Distrito Industrial, contíguo à área portuária. É nesse contexto que entra em cena, como ator primordial do processo, o Governo do Estado do Rio de Janeiro, através da Companhia de Desenvolvimento Industrial do Estado do Rio de Janeiro, Codin. Por meio de uma série de decretos, publicados em 2008 e 2009, transformou o 5º Distrito em área de utilidade pública, a ser administrada pela Codin, declarando-a "necessária à instalação do Distrito Industrial de São João da Barra". O processo de desapropriação abrange aproximadamente 1.403 lotes de terrenos (número que vem sofrendo alterações ao longo do processo) contabilizando um total de 70 milhões de metros quadrados. As compras de propriedades pela LLX e as desapropriações pela Codin se traduziram, na prática, na retirada da população tradicional e a liberação de grandes extensões para atividades integradas ao empreendimento do Superporto do Açu.

A criação de um distrito industrial, próximo à área de implantação do complexo portuário, está em acordo com o modelo projetado pela LLX para o Porto do Açu, seguindo a tendência do que ficou conhecido como MIDA (Maritime Industrial Develop Areas), portos que vão além do processo de entrada e saída de mercadorias, agregando nas suas dependências complexos processos industriais, justificando a necessidade de grandes áreas, como é o caso do Açu.

Sob efeito da incorporação dessas grandes extensões ao Complexo Portuário, não é de espantar que alguns conflitos viessem a ocorrer no município. Conflitos entre populações locais e grandes empreendimentos não são algo inédito na história do país, basta ver os casos dos atingidos por barragens e grandes obras de mineração, só para citar dois exemplos (Foschiera, 2010; Vainer, 2007). Guardadas as devidas proporções e particularidades, o Complexo Portuário do Açu traz consigo a marca tão comum do conflito provocado pelo processo de desapropriação e retirada compulsória de populações inteiras visando dar espaço ao empreendimento, o que, no caso em tela, tem se traduzido num estado de conflito entre os moradores do 5º Distrito de São João da Barra e a LLX. Nesse processo, acentua-se a atuação de três atores básicos envolvidos: o próprio complexo encabeçado pelo grupo EBX; o poder público na escala municipal e estadual e os moradores do 5º Distrito, liderados pela Associação de Agricultores. Vale ressaltar que a identificação desses pares antagônicos não significa o estabelecimento de uma visão maniqueísta do tipo bem *versus* mal, mas sim um esforço de análise que procure demonstrar as ações e interesses em jogo.

Como se viu, a ação do Estado, tanto na escala estadual quanto na municipal, se direciona para a criação de um ambiente favorável ao empreendimento por meio do suporte institucional dado por agências públicas como a Codin. Não menos importante é o estabelecimento dos marcos legais que cimentaram o avanço do empreendimento, como é o caso da criação de uma série de decretos e leis que discriminam as áreas de "interesse público" (portanto aptas à desapropriação), e o próprio zoneamento de uso do território. Aos instrumentos institucionais se acrescentem as denúncias do aparato do uso da força que promoveriam a desobstrução do caminho com a retirada da população.

Há um cálculo político por detrás dessas ações, na medida em que, pelo menos no nível do discurso, o Complexo Portuário do Açu é usado como importante peça do jogo político local, estando associado a um dado processo de "modernização" e de transformações imediatas e vindouras no município. Assim,

> o Estado — em diferentes escalas — cria as condições físicas, políticas e jurídicas necessárias ao uso do território, o que se consubstancia na criação de leis de regulação do uso do solo, na desobstrução das barreiras jurídicas e na articulação de interesses em torno do projeto da grande empresa. Mas o Estado pode, também, sob certas condições, não ser efetivo nas ações que garantam a minimização dos resultados deletérios de grandes empreendimentos, deixando a parcelas da sociedade o ônus da solução dos problemas que lhes foram causados por forças externas a ela (Lemos e Rodrigues, 2011).

No caso do Superporto do Açu há uma confluência de ações do poder público — na escala local e estadual — visando garantir a concretização do empreendimento, especialmente por meio da legislação. Em 2008, a Prefeitura de São João da Barra aprovou a Lei 115 de macrozoneamento destinada à regulação do uso e da ocupação da terra no município. A delimitação é realizada com a classificação por Zonas Especiais de Interesse Social (ZEIS) ou Áreas de Especial Interesse Social (AEIS), sendo estas: i) Área Industrial; ii) Área de Interesse Agroindustrial; iii) Área de Interesse Pesqueiro; iv) Área de Interesse Ambiental; v) Área Urbana;

vi) Área Industrial do Porto do Açu; e vii) Área de Interesse Ambiental e Desenvolvimento Sustentável. Na prática, o macrozoneamento acabou por direcionar, direta ou indiretamente, grande parte da área do município ao Complexo Portuário do Açu.

A empresa LLX é a ponta de lança da penetração capitalista no município, encabeçando o empreendimento, atraindo parceiros — nacionais e internacionais — para investimento no Complexo. Mas a empresa também atua na pressão sobre as populações locais, delimitando territórios exclusivos, vedando o acesso a áreas de uso tradicional, como a pesca e a agricultura e pecuária de cunho familiar. Em suma, a grande empresa é um ator sintagmático (Raffestin, 1993) que atua e transforma o território.

A área em processo de desapropriação é ocupada por várias comunidades rurais vivendo em pequenas e médias propriedades familiares e voltadas para a subsistência, com produção destinada ao mercado de São João da Barra e Campos dos Goytacazes. Não é incomum o fornecimento de frutas e legumes — como o abacaxi e o quiabo — para o mercado da cidade do Rio de Janeiro além da produção de cana-de-açúcar e da pecuária. Portanto, a despeito de tratar-se de uma área de restinga com terrenos arenosos e, aparentemente, de baixa produtividade, há uma produção local importante e adaptada ao ambiente. Cabe destacar o papel relevante da pesca artesanal como atividade econômica. Associada à agricultura e praticada no litoral e nas diversas lagoas que compõem o ecossistema local, representam importante atividade de subsistência ou mesmo fonte alternativa de renda.

Dados de pesquisa de campo realizada em 2009 pela "Sala Verde" do Instituto Federal Fluminense — IFF — com moradores das localidades de Barcelos, Caetá, Palacete, Pipeiras, Barra do Jacaré, Sabonete, Água Preta,

Cazunbá, Mato Escuro, Barra do Açu e Campo da Praia, que pertencem ao 5° e 6° Distritos, destacavam o baixo nível de escolaridade da população, tendo em vista que, numa amostra de 141 pessoas, 42% tinham o Ensino Fundamental incompleto. Esse dado pode ser relacionado à expectativa dos moradores quanto a sua empregabilidade no Complexo portuário: 62,41% dizem não ter expectativa de conseguir trabalho no Complexo e pretendem continuar exercendo a mesma atividade.

Chama a atenção o discurso oficial de modernização e ampliação das atividades industriais, o qual busca justificar os impactos causados à população local, na alegação de que a grande geração de empregos será capaz de compensar os danos causados pela instalação do Complexo. Mas, como vimos, a população do 5º Distrito não será candidata às vagas de empregos, mesmo no curto prazo, tendo em vista as exigências das construtoras. No longo prazo, na fase de operação, as expectativas de absorção da mão de obra local são ainda menores, na medida em que as atividades a serem desenvolvidas exigirão maior nível de qualificação.

Algumas entrevistas realizadas revelaram que os proprietários de terras assumem uma posição de rejeição a qualquer tipo de negociação com a Codin, a qual estaria oferecendo indenizações pequenas e que não representam o valor real, ou pelo menos atual, das terras. Desde o início da construção do Porto do Açu, segundo dados obtidos em pesquisa realizada com imobiliárias do município, um processo de especulação imobiliária avança no município, com valorização de 50% dos imóveis disponíveis para compra e de 100% para imóveis destinados à locação.

A área destinada ao reassentamento dos proprietários desapropriados e de suas famílias pertence ao 6º Distrito, na chamada "Fazenda Palacete". Contudo, a construção da vila na Fazenda Palacete, pela LLX, não garante o direito de propriedade da terra aos moradores tendo em vista que o contrato de arrendamento é de dois anos, findos os quais não há garantias de permanência. Por outro lado, a grande preocupação dos moradores é com relação à quebra dos laços familiares e de amizade e a perda dos referenciais ligados ao solo e à localidade.

Nessa área pretende-se construir uma espécie de assentamento modelo, com saneamento básico e infraestrutura, oferecendo assistência técnica aos produtores até que os mesmos se adaptem completamente ao novo espaço. Apesar disso e das promessas do governo, os proprietários resistem, afirmando que não querem sair de suas propriedades. Esse sentimento fica expresso nas várias manifestações realizadas, desde movimentos pacíficos diante do prédio da Prefeitura até medidas mais radicais, como o fechamento de estradas, como a rodovia federal, BR-356 que corta o município (Lemos e Rodrigues, 2011).

A rejeição pelos proprietários de lotes de terra aos acordos e conversações propostos pela Codin representou o início da mobilização da população local contra as desapropriações. Na tentativa de conseguir apoio dos representantes políticos e intelectuais foi criada uma associação de proprietários. Cabe destacar que o 5º Distrito sempre foi um importante colégio eleitoral do município, elegendo importantes nomes da política sanjoanense. Esta mobilização, a busca por um discurso homogêneo e a construção da identidade através da apropriação do território dão indícios do surgimento de um possível regionalismo de caráter popular (Vainer, 1995). Um movimento social que nasce a partir de um interesse comum: defender o direito de escolher permanecerem em suas terras.

Em visita às comunidades mais afetadas pela instalação do Complexo realizamos entrevistas com proprietários de lotes na área de interesse da LLX e um representante do poder legislativo. Complementamos as informações obtidas com a construção de um clipping de reportagens.

De acordo com os entrevistados, proprietários de terras com residência permanente, e aqueles que não possuem benfeitorias em suas propriedades, todos foram pegos de surpresa pela notícia de que seriam obrigados a negociar suas terras com o governo. Esses alegam não terem sido informados oficialmente pelo órgão responsável, tomando conhecimento das medidas apenas quando os decretos começaram a ser divulgados na internet. A falta de informação de fontes seguras gerou incertezas e muita especulação entre os envolvidos, levando-os a se mobilizarem para a busca de apoio e de conhecimento de seus reais direitos.

Mais recentemente, o Governo do Estado do Rio de Janeiro e a Prefeitura foram obrigados a se posicionarem, esclarecendo quais seriam os critérios e as etapas para as desapropriações. As discussões saíram de reuniões com a presença dos proprietários e representantes do governo.

Entretanto, algumas questões ainda se colocam como os limites da área decretada. O Estado afirma que os decretos de desapropriação são irrevogáveis e as medidas tomadas serão para a minimização dos impactos causados a essa população atingida. O governo municipal, que acaba se revelando como o intermediador entre Estado e população, também se inclina para o desenvolvimento local, considerando os grandes investimentos previstos para a região e que dependem de medidas como as desapropriações.

O processo de desapropriação, que inclui a indenização e o assentamento de proprietários, é feito com base no tamanho dos lotes, a produtividade e as feitorias existentes. A população vem reagindo, com revolta e desconfiança, pois os proprietários consideram que tais critérios não levam em consideração a opinião dos moradores e os motivos que os mantêm naquele lugar. Muitos, por isso, se recusam até a responder a questionários e a entrevistas realizadas por empresas contratadas pelo Estado.

Deve-se considerar que a desapropriação no 5º Distrito significa, na prática, a destruição dessas comunidades, tanto no sentido literal pelo arrasamento das construções, casas, sítios, comércios e igrejas, quanto pela quebra dos laços de solidariedade e pertencimento em função do remanejamento e da expulsão.

Observa-se um duplo movimento por parte dos agricultores do 5º Distrito de São João da Barra. De um lado, há um reforço dos laços de solidariedade e do sentimento de pertencimento em torno da defesa de um interesse comum. Nesse sentido, diante do agente externo, a LLX, a comunidade se organiza na defesa da manutenção do seu modus vivendi por meio do reforço de um capital social de base territorial-local (Putman, 1996; Abramovay, 2000). Por outro lado, ocorre atualmente um movimento "para fora", com o estabelecimento de ligações, pontes, com outros segmentos sociais e instituições (como o MST, o Ministério Público Federal, Universidades, deputados estaduais etc). Nessa perspectiva, há uma ampliação do escopo de atuação e da própria visibilidade do movimento, o que se consubstancia em estratégias de ação política para além dos limites da escala local-municipal.

CONCLUSÃO

A modernização é um fenômeno complexo, de amplo fôlego e multidimensional, que acontece em períodos de tempo diferentes e em todos os setores do sistema social [...]. Os dois temas que emergem no estudo da modernização são: de um lado, *a tentativa do homem em controlar a natureza e sujeitá-la às suas necessidades*, do outro, *o esforço perene de ampliar o âmbito das opções sociais e públicas para o maior número de pessoas* (Bobbio, 2004, p.776).

O processo de modernização que está em curso na região Norte do Estado do Rio de Janeiro, carreado pela implantação do Complexo Portuário do Açu, faz emergir a discussão a respeito das dinâmicas entre os atores sociais, suas formas de ação e a mediação, nesse contexto, do território. No presente artigo foram discutidos a existência de lógicas territoriais diferenciadas, o "território corporativo" da empresa e os espaços de sobrevivência das populações locais. Tendo-se como pano de fundo a introdução de um importante objeto técnico (Santos, 1995), representado pelo Complexo, numa região tradicional, o artigo discutiu formas pelas quais esse empreendimento se insere dentro de um espaço de fluxos transescalares.

Tomando-se por inspiração o trecho acima de Bobbio (2004) pode-se concluir que, se por um lado, o tema da modernização traz consigo as transformações nos sistemas de objetos, nas técnicas e nos equipamentos adicionadas ao território, o mesmo tema nos impele a refletir sobre os impactos socioespaciais trazidos na esteira do processo, bem como os embates e disputas entre os atores envolvidos. O artigo demonstrou que os impactos socioespaciais do Complexo devem ser vistos dentro de um quadro mais amplo. Assim, as tomadas de decisão, as forças de transformação e os projetos políticos que se inserem são elementos importantes do debate sem, contudo, se esquecer das formas de organização e de resistência que se esboçam no contexto de embates entre atores com poderes diferenciados.

No fundo, a discussão levada a cabo nesse artigo faz emergir temas e questões que interessam a todos e à geografia política em particular: a justiça social no território, a garantia dos direitos e da cidadania e a construção de uma realidade mais solidária.

REFERÊNCIAS BIBLIOGRÁFICAS

ABRAMOVAY, Ricardo. O capital social dos territórios: repensando o desenvolvimento rural. *Economia Aplicada* — n°. 2, Vol. IV: 379-397 abril/junho 2000. Disponível em: http://www.abramovay.pro.br/artigos_cientificos/2000/O_capital_social.pdf Acesso em 20 de nov. de 2011.

AGB- Seção Niterói — Relatório dos impactos socioambientais do Complexo Industrial-portuário do Açu. Rio de Janeiro, setembro de 2011.

BAUDOUIN, Thierry. Territórios produtivos, empresas multinacionais e Estados na logística mundial. In: Monié, Frédéric & Silva, Gerardo (orgs.) *A mobilização produtiva dos territórios: Instituições e logística do desenvolvimento local.* Rio de Janeiro: DP&A, 2003.

BECKER, Bertha K. *Logística e nova configuração do território brasileiro. Que geopolítica possível?* LAGET, UFRJ, 2006.

BECKER, B. *Logística: Uma nova racionalidade no ordenamento do território? Anais do 3°. Simpósio Nacional de Geografia Urbana.* Rio de JAneiro: AGB, 1993.

BERNARDES, Júlia Adão. Câmbios tecnicos y reorganizacion del espacio em la region azucarera Norte Fulmínense, Brasil (1970-1990). Barcelona: Universitat de Barcelona/ Dep.de geografia humana, 1993. Tesis doctoral.

BOBBIO, Norberto. Modernização. In: *Dicionário de política.* Brasília, UnB, 2004, p. 768-776.

BUENO, J. C.C.; CASARIN, L.O.B. Os recursos do petróleo e as perspectivas para os investimentos no estado do Rio de Janeiro. In: URANI, André. GIAMBIANGI, Fábio (orgs.). *Rio: A hora da virada.* Rio de Janeiro, Elsevier, 2011, p.40-50.

_____. Logística: uma nova racionalidade no ordenamento do território? *Anais III Simpósio Nacional de Geografia Urbana*. Setembro de 1993. p. 59-62.

CASTRO, Iná Elias de. O problema da escala. In. CASTRO e outros (orgs.). *Geografia: conceitos e temas*. Rio de Janeiro: Bertrand Brasil, 1995, p. 117-140.

_____. *Geografia e política: território, escalas de ação e instituições*. Rio de Janeiro: Bertrand Brasil, 2005.

CRESPO, Nelson. E Campos dos Goytacazes perde a corrida do petróleo. In: PIQUET, Rosélia (org.). *Petróleo, royalties e região*. Rio de Janeiro: Garamond, 2003, p. 239-256.

CRUZ, José Luis Vianna. *Projetos nacionais, elites locais e regionalismo: desenvolvimento e dinâmica territorial no Norte Fluminense*. 331f. Tese (Doutorado em Planejamento Urbano e Regional) - Instituto de Pesquisa e Planejamento Urbano e Regional, Universidade Federal do Rio de Janeiro, Rio de Janeiro, 2003.

_____. Modernização produtiva, crescimento econômico e pobreza no Norte Fluminense (1970-2000). In: PESSANHA, R. NETO, R. (Org.). *Economia e desenvolvimento no Norte Fluminense: da cana-de-açúcar aos royalties do petróleo*. Campos dos Goytacazes: Editora WTC, 2004, p. 77-114.

DOMINGUES, Marcelo Rodrigues. *Superporto do Rio Grande: plano e realidade. Elementos para uma discussão*. Dissertação (mestrado). Programa de Pós-Graduação em Geografia da Universidade Federal do Rio de Janeiro, Rio de Janeiro, 1995. 312f.

FOSCHIERA, Atamis Antonio. Conhecendo a trajetória de organização dos atingidos por barragens. *Revista Caminhos da Geografia*. Uberlândia, vol. 11, n. 36 dez./2010, p. 113-128.

FOULQUIER, Eric. Politique(s) de l'espace portuaire. *Revew Espace Politique* n.16, 2011.

HAESBAERT, Rogério. Concepções de território para entender a desterritorialização. In: SANTOS, Milton e outros. *Território territórios*. Niterói: PPGEO/UFF/AGB. 2002.

_____. *O mito da desterritorialização*. Rio de Janeiro: Bertrand Brasil, 2004.

JONES, Katherine T. Scale as epistemology. *Political Geography*, vol. 17, n. 1, p. 29-34.

LEMOS, Linovaldo M. e RODRIGUES, Luana do Amaral. Complexo portuário e modernização do território: atores sociais em conflito. *Anais...* XIII Encuentro de Geografos de America Latina. San Jose/Costa Rica, julho de 2011.

PIQUET, Rosélia. O Norte Fluminense em tempo presente. In: SANTOS e outros. *Rio de Janeiro, um olhar socioespacial*. Rio de Janeiro: Gramma, 2010, p. 79-99.

PUTNAM, Robert D. Comunidade e democracia — *A experiência da Itália moderna*. Rio de Janeiro: Fundação Getúlio Vargas, 1996.

RAFFESTIN, Claude. *Por uma geografia do poder*. São Paulo: Ática, 1993.

RODRIGUES, Rejane C. de A. Modernização portuária e rede logística — o porto de Sepetiba/Itaguaí como vetor de desenvolvimento no território fluminense. PPGG/UFRJ: Rio de Janeiro, tese de doutorado, 2008.

RODRIGUES, Rejane C. de A. & LEMOS, Linovaldo Miranda. Logística e Território no Brasil — o complexo portuário do Norte fluminense. *Anais...* XIII Encuentro de Geografos de America Latina. San Jose/Costa Rica, julho de 2011a.

RODRIGUES, Rejane C. de A. & LEMOS, Linovaldo Miranda. The Knots of a Logistic Network in Rio de Janeiro: Açu and Barra do Furado Port Complexes. *Regional Geographic Conference* — UGI. Santiago do Chile/Chile, novembro de 2011b.

SANTOS, Milton. O tempo (os eventos) e o espaço. In: *A natureza do espaço*. São Paulo: Edusp, 2004, p. 143-168.

URANI, André. GIAMBIANGI, Fábio (orgs.). *Rio: A hora da virada*. Rio de Janeiro: Elsevier, 2011.

VAINER, Carlos B. Recursos hidráulicos: questões sociais e ambientais. *Estudos Avançados* 21 (59), 2007, p.449-471.

_____. Regionalismos Contemporâneos. In: Affonso, Rui de Britto Álvares & Silva, Pedro Luiz Barros (orgs.) *A Federação em perspectiva: ensaios selecionados*. São Paulo: Fundap, 1995.

OS ASPECTOS TEÓRICOS DO INSTITUCIONALISMO E AS BASES TERRITORIAIS INSTITUCIONAIS NA REGIÃO NORDESTE*

Maria Monica V. C. O'Neill

O objetivo deste estudo foi o de avaliar, na região Nordeste, o conteúdo de seu aparato político-institucional, modificado com a Constituição Federal de 1988. O tema em questão será tratado pela via de análise que privilegia as gestões empreendidas por atores políticos em escalas diferenciadas; o Estado promovendo a mudança institucional num espaço sob seu controle e modificando a malha político-administrativa, com os municípios incorporando novas práticas políticas e renovando seu conteúdo institucional. O processo de mudança leva à reestruturação funcional com a redistribuição de competências na esfera municipal e, consequentemente, com alterações no suporte territorial institucionalizado, contribuindo para a análise de *novos espaços* institucionais.

---

* Artigo extraído da tese de doutorado defendida no PPGG da UFRJ (2004) — As bases territoriais institucionais: novas configurações no espaço nordestino, orientada pela Dª Iná Elias de Castro.

Uma das formas de apreensão da complexidade deste contexto pode ser feita pelo exame da base material (institucional), que dá suporte ao exercício de funções públicas e às interações sociais. A ideia é tratar os municípios como protagonistas de um processo de mudança institucional, medido pela existência de instâncias participativas como os Conselhos Municipais e as unidades administrativas subordinadas, e, também, pela potencialização das condições locais, ou seja, pelo dimensionamento do adensamento institucional.*

O artigo está dividido em quatro partes, a primeira: *As instituições como questão e como problema espacial*, apoia-se na acepção de instituição e na teoria institucionalista, ponto de partida para o entendimento das formas institucionais de organização e divisão do território. A segunda parte, *Dinâmica institucional, o território e o município brasileiro*, aborda mudança institucional como o estabelecimento de novas condições sociais e suas manifestações espaciais. Focaliza também as relações que surgem no interior da sociedade e do Estado e conformam categorias espaciais fundamentais para composição de um modelo espacial. Nesse contexto, o município foi abordado como um espaço político *peculiar* delimitado por regras e estratégias

O terceiro item: *O conteúdo institucional nordestino. Indicadores e análise*, trata a questão institucional como elemento analítico capaz de definir territorialidade; portanto, diferenciações no espaço regional nordestino. A procura de regularidades espaciais implica a construção de parâmetros indicativos da mudança institucional, de forma a ressaltar a importância da localização como fator fundamental na explicação da diversidade dos lugares.

---

* Significa o aparato que dispõem os diferentes níveis de governo para exercer seu papel de controle do território (Castro, 2003).

O texto finaliza com as **Considerações Finais** em que a lógica predominante contrapõe descentralização e democratização com um modelo territorial de conteúdo político, mas concentrador e diferenciador.

AS INSTITUIÇÕES COMO QUESTÃO E COMO PROBLEMA ESPACIAL

Ao final do século XIX e princípios do XX, um grupo de economistas desenvolveu um método de análise da realidade social que se tornou conhecido como a escola institucionalista. O pensamento institucionalista criticou os postulados da racionalidade na economia clássica liberal e, posteriormente, na economia neoclássica. O grande cenário que dominava o espaço econômico capitalista na época estava fundamentado no equilíbrio dos mercados, com estudos centrados no intercâmbio econômico e na conduta dos indivíduos.

No velho institucionalismo, as instituições incluem desde os bancos, universidades, até entidades abstratas como linguagem, códigos morais, liberdade econômica etc. Nesse contexto, a perspectiva institucional representou uma crítica e um avanço ao apontar que a dimensão econômica não podia ser compreendida sem a análise das instituições sociais, pois essas constituíam o quadro de referência necessário para que o indivíduo racionalizasse suas preferências e escolhas. O velho institucionalismo concebe a sociedade como um organismo, nega a noção de equilíbrio e propõe que este seja substituído pela de processo (evolução), recusa a pretensão de construir uma teoria geral, universal e a-histórica para a economia.

O institucionalismo alemão irá influenciar os economistas americanos até o início do século XX. O programa da American Economic Association — AEA (1885) foi edificado sob pontos que apresentam grande proximidade com o pensamento institucionalista: a história era considerada fundamental na economia política e as atividades econômicas constituíam um aspecto de um organismo social em desenvolvimento, intimamente ligadas às atividades sociais, políticas e religiosas, e o Estado é uma instituição em que a assistência positiva é uma das condições indispensáveis ao progresso humano (Baslé, 1993). Tal afirmação provocou resistência devido ao espírito americano individualista e à desconfiança com relação a um possível controle do mercado por parte do Estado.

Os economistas não institucionalistas criticavam o programa da American Economic Association, alegando que a economia devia ater-se aos acontecimentos econômicos, sem procurar a sociologia, considerada nada mais do que uma especulação. Outro fator que pesou no ocaso do institucionalismo foi a grande influência da revolução marginalista sobre a academia americana (Yale, Harvard e Chicago). O desaparecimento do institucionalismo se deu também por não se preocupar em deixar um sistema teórico integrado e por defender uma política social em que o Estado era parte importante do progresso humano, aproximando-se do nacionalismo alemão e, consequentemente, das doutrinas totalitárias e antissemitas.

Como reação aos regimes totalitários da Europa e às *fraquezas* dos institucionalistas (atribuídas pela ausência de postulados estatísticos e matemáticos), os anos 1920 e 1930 levaram ao desenvolvimento de um espírito neoclássico duro sustentado em modelos matemáticos, desqualificando o institucionalismo.

Durante a segunda metade do século XX surgiram novas correntes da teoria econômica que formam parte de um programa de investigação denominado *neoinstitucionalismo*. A abordagem institucional é uma das inúmeras vertentes desenvolvidas para auxiliar a descrever e explicar as relações que ocorrem na sociedade a partir de suas instituições (Baslé, 1993; Guedes, 2000; Hodgson, 1998; Hodgson e John, 2003).

Nessa perspectiva, o trabalho de Douglas North (1995) merece destaque por ser um referencial imprescindível para o entendimento do neoinstitucionalismo. North (1995) está à procura da forma institucional mais apropriada para servir como modelo de conduta nas transações econômicas. O autor considera que a chave para o baixo custo nas transações não está na eficiência do mercado econômico, mas na eficiência do mercado político e que as normas políticas definem a estrutura hierárquica do governo, sua estrutura básica de decisões e as características explícitas do controle da agenda, enquanto as econômicas definem a estrutura de direitos, desde o direito de propriedade até o conjunto de direitos sobre o uso e renda da propriedade e a capacidade para atribuir um valor ou um recurso. A função das normas é a de fornecer um referencial que permite o intercâmbio político e econômico, porque coloca aos diferentes atores participantes as oportunidades existentes nas negociações.

Ao trazer a dimensão política para o centro da discussão, North (1995) salienta a importância dos fatores políticos para explicar o sucesso ou o fracasso das transações econômicas. Criar um ambiente institucional que induza a um compromisso verdadeiro requer um marco institucional completo de normas formais e formas constitucionais corretas, restringindo assim o exercício opressivo do poder político. Haveria então um modelo com uma função de utilidade dupla, que ora se manifestaria nas preferências governadas pelo autointeresse do indivíduo e ora em preferências de interesse de grupo.

A proposta permite vincular o território como o espaço das relações institucionais em suas diversas formas: regimes de direitos de propriedade; o marco legal; o padrão de relacionamento entre as instituições governamentais e entidades privadas; o modo e a capacidade de *enforcement* das regras do jogo pelo Estado. As manifestações territoriais que exprimem ações individuais e institucionais fazem parte do dia a dia das pessoas, e estão visíveis nos itinerários para o trabalho, na demarcação do espaço privado, nas fronteiras, em uma área de concentração industrial e em bairros comerciais, na existência de espaços públicos, nas divisões regionais e de esferas de governo.

Nas Ciências Sociais, o neoinstitucionalismo é um fenômeno recente e possui múltiplas interpretações nas diversas disciplinas. Na sociologia, o novo institucionalismo recusa a existência de um comportamento maximizador, e seus teóricos reforçam as bases não econômicas do mercado. Assim, as instituições são entendidas como regras do jogo, práticas e normas sociais. O neoinstitucionalismo sociológico enfatiza a importância de um ambiente cívico sobre a dimensão econômica e, portanto, sobre o desenvolvimento e o progresso.

Na sociologia, adeptos do novo institucionalismo insistem no fato de que o comportamento se explica a partir de processos de aquisição de conhecimento feitos por organizações e indivíduos. À medida que agregam conhecimento, os indivíduos constroem marcos de referência que explicam a realidade, permitindo que suas escolhas sejam feitas sempre em situações conhecidas. Nessa perspectiva, os indivíduos são atores passivos que durante o processo de decisão só irão considerar as alternativas que conhecem, e as decisões só podem ser tomadas com base em valores assimilados de um mundo que conheçam (March e Olsen, 1997).

O novo institucionalismo aparece também no campo da ciência política, nos estudos desenvolvidos por Putnam (1996a) para a Itália.

A pesquisa examina o processo de descentralização ocorrido na península italiana, a partir de 1970, com a criação das regiões administrativas e o papel dessas instituições no desenvolvimento regional.

O trabalho de Putnam tem como objetivo contribuir para a compreensão do desempenho das instituições democráticas, a partir de um estudo desenvolvido para os governos regionais e a influência que a sociedade exerce no Estado e no mercado (1996a e b). O estudo de Putnam (1996a) verificou o desempenho institucional a partir de 12 indicadores de eficácia governamental, nas vinte regiões italianas, cobrindo três grandes temas: a continuidade administrativa; as deliberações sobre as políticas e a implementação delas. Apontou que as mudanças institucionais apresentaram efeitos nos modos de fazer política e no modo pelo qual os italianos eram governados; permitiram a formação de uma nova elite política e criaram um novo escalão territorial na hierarquia política da Itália, o que significou uma maior institucionalização dos governos regionais.

Os estudos feitos por economistas, sociólogos e cientistas políticos forneceram conceitos e noções, significativos aos que procuram, fora das escolas de equilíbrio e desequilíbrio econômico, um caminho para entender realidades recontextualizadas por mudanças institucionais. O novo institucionalismo propõe então que se mude a ênfase de um determinismo do mercado autorregulador e fenômeno universal (os produtos e os fatores de produção são mercadorias), para o relativismo institucional como forma de interação social. Hodgson e John (2003) advertem que assim é possível romper com os ciclos deterministas em que ou tudo parece ser reduzido ao indivíduo ou tudo é social ou institucional.

Por outro lado, independentemente do caráter determinista atribuído às análises das estruturas, regras e funcionamento das instituições, é verdade que as escolhas e os resultados obtidos nas transações nem sempre são intrínsecos ou independentes do ambiente institucional.

Na geografia, também Santos (1996, p.66) faz eco a essa perspectiva quando aponta que as "ações humanas não se restringem aos indivíduos, incluindo, também as empresas, as instituições (...)". O autor aborda o princípio da racionalidade das decisões quando indaga se é possível falar de uma racionalidade do espaço geográfico no mesmo sentido que se fala dos critérios de decisão racional a que são submetidas outras facetas da realidade social. Para ele, essa racionalidade existe no sentido de uma racionalidade funcional "que permite que uma série de ações alcance objetivos previamente designados, antecipadamente calculados" (Santos, 1996, p.232).

Santos (1996) percebeu que as condições de racionalidade no meio material facilitariam a ação dos tomadores de decisão, proporcionando resultados aceitáveis, ou seja, criariam um ambiente estável. E concluiu que o espaço racional seria um campo de ação instrumentalizado pela *técnica informacional* (grifo do autor) em que as escolhas feitas possibilitariam a existência de funções que só se realizam no espaço.

O espaço racional do autor é o *meio técnico-científico*, que não ocorre em todos os lugares, pois há outros espaços onde a racionalidade é menor, ou mesmo inexistente. Assim sendo, este espaço possui limites, por exemplo: as diversas áreas de uma cidade possuem densidades técnicas e organizacionais diferentes. Esses espaços são produzidos, segundo o autor, "ancorados na ciência e na técnica e dependentes de uma informação sem a qual nenhum trabalho rentável é possível" (1996, p.244). À medida que a informação se expande para áreas contíguas e as preocupações se tornam comuns, "ocorre uma forma particular de exercício da política, com a defesa de interesses particularistas" (p.244), expressos pela defesa de preços, garantia de um mercado, por infraestruturas e vias rápidas, em que o poder público privilegia alguns atores em detrimento de outros.

O espaço racional não seria possível sem a técnica da forma como se dá em nossos dias. Assim, além do conteúdo técnico que caracteriza o espaço, Santos (1996, p.232) "acrescenta a essa qualidade outro atributo, que é a informação". A informacionalização do espaço tanto é a dos objetos que formam seu esqueleto material, como é a das ações que o percorrem, dando-lhe vida. Os sistemas de governança modernos tendem a perpetuar este foco no espaço como uma propriedade administrativa e funcional, sobre e acima da existência caótica dos lugares.

Ao paradigma institucional pode-se acrescentar que as estruturas espaciais que fixam as instituições e, em especial, aquelas sob o controle do Estado, forças de classe, empresas, segmentos da sociedade etc. são também uma forma de dominância institucional. As estruturas territoriais formais, que dão feitio à organização governamental por meio do aparelho burocrático do Estado, do seu conteúdo, são criadas com o objetivo de viabilizar as transações políticas, auxiliar a tomada de decisões e as negociações e fazer cumprir os contratos e acordos. Historicamente, a criação de espaços de governo tem refletido a imposição da autoridade e o poder do Estado sobre lugares particulares, e seus reposicionamentos por espaços como bases para a construção de uma ordem social racional, objetiva e homogênea (Harvey, 1993).

Neste contexto, o espaço racional é aquele capaz de funcionar como garantia; como um quadro de referência regulado e regulador, além de uma instituição segura e estável.

DINÂMICA INSTITUCIONAL, O TERRITÓRIO E O MUNICÍPIO BRASILEIRO

A concepção de mudança institucional no novo institucionalismo tem como principal dilema a natureza estável das instituições, e a questão é como se estabelecem dentro delas as mudanças. A função social das instituições é diminuir as incertezas da interação humana, contudo, a noção de certeza não está garantida nos dias de hoje. Na vida moderna, as instituições são revisadas constantemente tendo em vista as informações renovadas todos os instantes (Giddens, 1991).

A mudança institucional ocorre em razão da tensão provocada entre a inércia das rotinas e as pressões do ambiente sobre as instituições para que mudem. Na economia a mudança é consequência das decisões individuais de atores e empresários que procuram maximizar suas preferências respondendo ao conjunto de incentivos que existem nas regras institucionais. O principal motor de mudança é a variação nos preços relativos, resultado de os mercados serem imperfeitos, a informação incompleta e os custos transacionais elevados, ocasionando incerteza para o exercício da racionalidade (North, 1993; Vergara, 1997).

Para o novo institucionalismo sociológico, mudança institucional é adaptação ao meio, em que campos organizacionais, tais como um setor industrial, um tipo de comércio ou uma atividade educacional, desenvolvem suas próprias instituições. Uma vez que o campo organizacional esteja consolidado, as novas organizações devem adaptar-se às características das instituições existentes nele, resultado de uma forma particular de tratar as coisas e de interpretar o mundo (Vergara, 1997).

Assim, as instituições mudam de maneira incremental, via reforma, e não de modo descontínuo, pela revolução e conquista. Segundo

Boaventura Santos (1998), entre esses dois paradigmas de transformação das sociedades modernas, o primeiro foi pensado para ser exercido pelo Estado e o segundo contra o Estado, mas North, Summerhill e Weingart (2002) chamam a atenção que as ações revolucionárias alteram somente as normas formais existentes. Consequentemente, essa mudança acaba sendo menos revolucionária do que preveem seus partidários.

A mudança institucional é então evolutiva e implica uma adaptação entre o conjunto das normas institucionais e seus mecanismos de sanção. Se toda reforma é um processo de adaptação, o importante é ter o controle dos mecanismos organizacionais de adaptação da instituição. Segundo March e Olsen (1997) a estratégia é mudar as soluções disponíveis nas instâncias decisórias da organização, como, por exemplo, o desenvolvimento de processos descentralizados, que permite maximizar os esforços dos governos para a solução de problemas.

Estudos que procuraram explicar mudanças institucionais no interior de um país ou região apresentavam como um dos pressupostos que somente fatores exógenos eram capazes de trazer modificações significativas de modo a transformar estruturas. No Brasil, no caso da Reforma Constitucional de 1988, esse aspecto é um forte argumento, contudo o movimento não é unidirecional, se por um lado o Estado age transferindo responsabilidades e recursos, das hierarquias mais altas para as mais baixas, atores sociais diferenciados, atuam modificando as instituições e reorganizando e gerindo espaços específicos do território.

A geografia ao abordar as instituições e suas relações com o território vincula as normas às formas espaciais. As formas e as normas trabalham como um conjunto indissociável e o "território, nacional, ou local, é, em si mesmo, norma, função de sua estrutura e de seu funcionamento" (Santos, 1996, p.271). O território media as relações sociais nas diversas escalas de ação e se as coisas acontecem em um lugar é porque este lugar apresenta uma funcionalidade que garante sua eficácia no conjunto de lugares. Assim, o território é norma, e, nesse sentido, podemos acrescentar que é, por natureza, instituição.

As *bases territoriais institucionalizadas* são formas de organização espacial das estruturas do Estado e da sociedade, exercendo um papel privilegiado de integração funcional e territorial. Assim, o município pode ser considerado um território institucionalizado, formado por um conjunto de regras, normas e tradições que existem nas distintas organizações que formam o sistema político, recebendo subsídios do meio social e gerando reações a esse meio. Em particular, os municípios constituem uma manifestação estratégica desta relação; com limites político-administrativos preestabelecidos, sendo então um quadro territorial cuja criação, dinâmica e consolidação correspondem a áreas geográficas concebidas para ação e organização de instituições e agências governamentais.

É nesta perspectiva que o conteúdo do recorte municipal se torna revelador de diferenças. A diferenciação municipal tem sido pois fruto de inúmeros fatores, como dimensão territorial, quantidade de unidades no interior do país ou região, número de habitantes nessas unidades, capacidade produtiva, características sociais etc. A dimensão política, por sua vez, diferencia os municípios conforme suas prerrogativas decisórias e funcionalidades, envolvendo os atores, os instrumentos de regulação, o uso e a administração do território.

Na mudança institucional brasileira, na década de 1980, a tensão ocorrida entre as forças que defendiam um Estado minimalista e aquelas que defendiam sua presença como coordenador na formulação de agendas públicas, direcionou as reformas empreendidas. O Estado cede frente aos diferentes grupos organizados de poder e pressão, que forçam uma redefinição das suas relações no pacto federativo, surgem novas formas de gestão pública com a desregulamentação e a descentralização do aparelho político-administrativo.

Nesse sentido, o município adquire um poder político formal, podendo apresentar um contexto com distintas formas de autoridade política e estrutura de governança — a estrutura institucional, assim como ser povoado por segmentos da população que influenciam decisões políticas locais. Essa racionalidade institucional restabelece as relações de conflito no interior de um território criando *preferências compartilhadas* e conformando os *espaços políticos por excelência*.

As mudanças na forma de gestão e de conteúdo institucionais dos municípios são feitas a partir de um processo de descentralização político-administrativo (Guimarães Neto, Porsse e Porsse, 1999). A descentralização seria um processo de redistribuição de competências e recursos, que pressupõe a coordenação dos diferentes níveis institucionais, além do estabelecimento de estruturas territoriais condizentes.

A reestruturação estatal apoia-se em um modelo territorial de governança, em que as instituições exercem funções mediadoras entre o Estado e a sociedade, alterando formas de governar, estabelecendo uma rede de conexões, de representações legítimas, entre o local e o nacional e conferindo aos municípios conteúdos próprios. Esse processo, de divisão de responsabilidades, incorpora diferentes elementos na estruturação do novo modelo, caracterizados pela menor ocorrência de relações verticais, hierarquizadas, e maior ocorrência de relações horizontais, de autonomia, participação e representação da população.

O processo de descentralização consistiu na redefinição e reestruturação das intervenções estatais, alterando a participação da população no processo de tomada de decisões e nas relações entre os governos e os agentes sociais, com maior eficiência administrativa; melhor distribuição de recursos e de poder entre as três esferas do governo, dentre outros objetivos. Um exemplo concreto de como o poder local exerce suas funções, levando em conta novas formas de participação e aproximação da população, é por meio dos Conselhos Municipais e da existência de níveis administrativos submunicipais.

Os municípios passaram a reunir, também, um conjunto de instrumentos e mecanismos políticos e administrativos cujo sentido é o de facilitar as transações políticas, diminuindo, em tese, seus custos para a sociedade. Um aspecto básico para que as condições institucionais propiciem um espaço político é a presença de recursos que sejam capazes de construir a base institucional, ou melhor, a *densidade institucional* (Amin e Thrift, 1993)

O conceito de densidade institucional se refere ao número e à diversidade da presença institucional, que deve reunir diferentes tipos de instituições formais (incluindo firmas, instituições financeiras, câmaras de comércio local, associações de comércio, autoridades locais, centros de inovação, igrejas, sindicatos, agências de governo e assim por diante). Outro fator é o de interação entre as instituições locais, o que significa engajamento e conscientização de suas funções, expressos a partir de contato, cooperação e troca de informação; portanto, intensidade de relações. Resulta ainda do alto grau de interação das instituições locais, levando ao surgimento de estruturas de poder em que são possíveis a representação coletiva de interesses específicos e individuais, a socialização dos custos e o controle do comportamento oportunista. Finalmente, implica a existência de uma agenda comum aos participantes do conjunto de instituições.

Castro (2003) chama a atenção que os elementos formadores da densidade institucional devem ser incorporados à análise geográfica, e que a densidade foi discutida por Santos e Silveira (2002) como um fator de diferenciação entre os territórios. Contudo, apesar da preocupação em entender a complexidade dos processos decisórios no espaço, Santos e Silveira não consideram a densidade de normas, leis e regras dentro de uma perspectiva institucionalista, ou seja, "(...) relevantes para a participação social e para o melhor ou pior desempenho da própria vida econômica (...)" (2003, p.8).

Nesse sentido, além da avaliação feita com relação ao nível participativo na reorganização da gestão municipal, o estudo examinou a existência de instrumentos e meios de exercer as funções político-administrativas que são representativas de um ambiente institucional. Implica tornar visível "(...) zonas de densidade e de rarefação do território (...)" (Santos e Silveira, 2002, p.259).

No novo modelo federativo do país, os elementos da estrutura administrativa e de recursos à gestão, o associativismo, a coordenação de políticas públicas, a garantia de direitos constitucionais, o acesso a equipamentos e serviços públicos, entre outros, passam a compor, identificar e diferenciar *as bases territoriais institucionalizadas*. Por sua vez, estas se tornam mais adequadas quando seu desenho institucional está orientado para a existência de um aparato governamental capaz de sustentar um contexto político-administrativo defendido pelo paradigma institucional.

O CONTEÚDO INSTITUCIONAL NORDESTINO.
INDICADORES E ANÁLISE

Com o propósito de apreender o contexto institucional nordestino procurou-se construir indicadores capazes de revelar as formas diferenciadas de uma dinâmica transformadora. Os procedimentos envolveram métodos e instrumentos que buscavam dar inteligibilidade aos processos que separam áreas, correlacionando unidades individuais. A opção foi destacar, e, portanto, distinguir no território as combinações que podem ocorrer com a ampliação democrática nos espaços institucionais nordestinos.

Os procedimentos operacionais utilizados permitiram avaliar a distribuição espacial de dois indicadores relativos à participação política da sociedade (Recursos Participativos) e ao aparato político-administrativo (Densidade Institucional) nas unidades municipais do Nordeste (IBGE, 2001).

O primeiro índice, de Recursos Participativos (IRP), foi formado com os Conselhos Municipais* e a existência de níveis subordinados à administração municipal. Ao todo foram investigados na pesquisa 10 (dez) Conselhos: Educação; Saúde; Assistência e Ação Social; Crianças e Adolescentes; Emprego e Trabalho; Habitação; Meio Ambiente; Turismo; Transportes e Política Urbana. As outras variáveis selecionadas foram existência de Administrações Distritais e Regiões Administrativas e Subprefeituras.

---

* Os Conselhos são criados para articular interesses locais aos governos e também para definir políticas municipais. A disseminação dos Conselhos resulta do fato de serem pré-requisito para a gestão financeira de recursos a serem liberados ou obtidos em diferentes fontes, principalmente os de natureza social.

As variáveis relativas aos Conselhos Municipais foram selecionadas como espaços participativos, indicando a presença de formas de mobilização local institucionalizadas, e os níveis subadministrativos representam uma medida de desconcentração de funções, criadas com o objetivo de promover a desconcentração da gestão municipal. Em uma avaliação institucional parece significativa a capacidade de um governo criar *interfaces* com a sociedade, aproximando fisicamente as autoridades governamentais do público destinado a atender, recebendo pedidos, queixas ou sugestões, bem como executando ou fiscalizando a prestação de serviços públicos.

A elaboração do Índice de Densidade Institucional (IDI) e sua composição tiveram como propósito obter formas de organização da política local cujas combinações resultam das varáveis pertencentes a quatro *blocos* da **Pesquisa de informações básicas municipais** (IBGE, 2001), tais como: a estrutura administrativa e recursos para a gestão — existência de instrumentos de organização para a gestão municipal; a legislação e os instrumentos de planejamento municipais — existência de um conjunto de leis e instrumentos de planejamento municipal; as políticas setoriais — existência de programas e políticas destinadas a atrair atividades e responder a demandas sociais; e justiça e segurança pública — existência de instrumentos e instituições que permitem acesso à justiça e garantem melhores condições de segurança aos cidadãos.

Os resultados encontrados apontam para a valorização das formas de *territorialidade da democracia,* que, segundo o institucionalismo, produz melhor gestão pública e bem-estar coletivo, além da tendência em superar os antigos modelos de representação política, de tomada de decisão e de implementação de políticas. Os direitos garantidos constitucionalmente são afetados pela forma como o acervo institucional se distribui no território nordestino, pois as noções de densidade institucional, desempenho econômico, urbanização, entre outros fatores, não são independentes entre si.

Na primeira análise do IRP os municípios foram posicionados abaixo e acima de 4,43, média do índice na região Nordeste. Acima desse valor considerou-se o resultado como indicativo da existência de uma gestão administrativa mais participativa; portanto, de maior capacidade do nível municipal em promover mudanças nos seus limites de circunscrição.

Dos municípios nordestinos, 73,75% estão abaixo do limite da média, ao todo 1.318 municípios, e, dessa média, 71%, aproximadamente, com 50 mil habitantes e menos, considerados como pequenos e muitos pequenos, possuem valor no índice inferior a 4,43. Nos municípios com até 10 mil habitantes, 90,02% se encontram em situação inferior ao limite selecionado, sendo que o valor cai para 68,26% nos municípios com população entre mais de 10 mil e 50 mil.

Esses municípios povoam o Nordeste indistintamente e correspondem a mais da metade dos municípios da região, 982 no total. Na média de 4,43, situam-se ainda 47,42% dos municípios com população de mais 50 mil a 100 mil (46 municípios), e na classe de acima de 100 mil a 350 mil habitantes, 5 (cinco) municípios estão abaixo do limite e na acima de 350 mil todos os municípios estão acima do limite.

O Mapa 1, **Recursos Participativos Ajustado**,* ilustra os valores correspondentes aos resultados obtidos para o índice em questão. O mapa apresenta os principais centros do sistema urbano regional e vias

---

* A palavra "Ajustado"se refere à técnica de suavização de dados disponibilizada pelo software cartográfico PHILCARTO.

de transportes da região. A representação desses patamares de cidades foi feita no sentido de destacar e correlacionar as áreas de maior disponibilidade de recursos participativos com a existência de padrões funcionais mais complexos na região, definidos pela disponibilidade de bens ou serviços, em um dado centro.

Verifica-se a heterogeneidade das condições de participação institucional a que tem acesso a população nordestina, pois os resultados sugerem uma dispersão no índice, que é uma das maneiras de propagação de alguns fenômenos no espaço. A espacialização do IRP possui a mesma lógica de outros fenômenos sociais, que são, em sua maioria, espacialmente desiguais. As atividades econômicas, eventos, pessoas ou recursos podem estar agrupados em determinadas áreas e dispersos em outras, diferenciando, por exemplo, as regiões metropolitanas de outras áreas como o Semiárido. Essa dinâmica ocasiona a presença de maior diferenciação institucional, diminuindo a coesão regional. A territorialidade dos recursos participativos confirma a seletividade dos processos de descentralização administrativa em curso no Nordeste.

A lógica predominante separa a região em dois nordestes oriental e ocidental, mas também traz à tona nuanças de múltiplos nordestes. A parte oriental é formada por dois eixos: o litorâneo e o interior, nesta mesma parte são observadas duas áreas de base participativa incipiente: uma entre Rio Grande do Norte e Paraíba, a outra entre Sergipe e Alagoas. A porção ocidental é formada quase que exclusivamente pelo Sertão nordestino e o Maranhão.

Os valores do IRP, dominantes na porção oriental da região, são mais expressivos na poção oriental, onde os recursos participativos aparecem mais consolidados. Nessa franja, municípios de tamanho populacional diferenciado aparecem mais bem-posicionados e formam grupamentos

Mapa 1: Região Nordeste
Recursos Participativos Ajustado

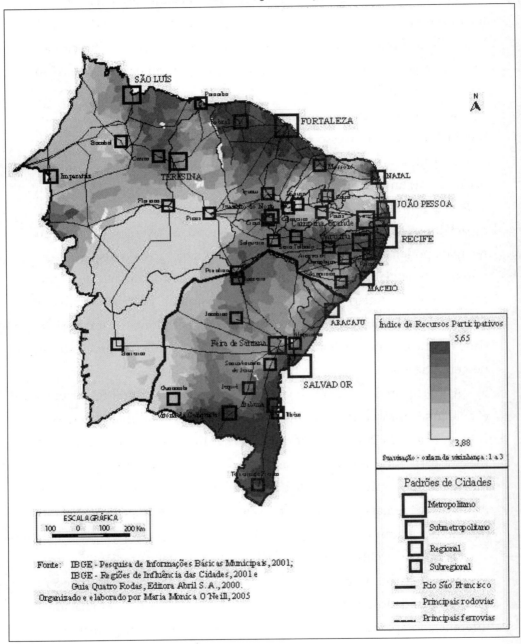

344 | Espaços da Democracia

junto aos principais centros urbanos e eixos de transporte regional, potencializando a presença dos recursos participativos. Os valores mais altos, independentemente do tamanho populacional, privilegiam algumas localizações que se caracterizam por comportar formas mais participativas na solução de demandas e problemas locais. A expansão se propaga, quase sempre, dos municípios maiores, que funcionam como focos irradiadores de mudanças políticas.

As descontinuidades espaciais têm uma tendência a durar e seus efeitos desaparecem muito lentamente, principalmente quando revelam condutas e relações sociais que dizem respeito a realidades políticas fortemente enraizadas. As mudanças na ordem institucional reproduzem, no Nordeste, as tendências mais gerais da organização espacial, impactadas a partir do conteúdo institucional dos municípios; os níveis mais altos do IRP podem ser associados às áreas mais dinâmicas da Região.

A urbanização, no Nordeste, exerce papel fundamental na interpretação do indicador em questão. Os elementos que atuam mais decisivamente na estruturação do espaço são: os principais centros do sistema urbano nordestino e da rede de transporte. Os centros intermediários detêm papel importante na adoção e difusão de modelos de gestão descentralizados, atenuando, de certa forma, as tendências polarizadoras da metropolização nordestina.

Na porção ocidental da região, formada por grande parte do Sertão, e incluindo o Maranhão, o processo de organização das bases participativas se encontra distanciado dos modelos de gestão mais democratizados. Os limites impostos por relações sociais históricas, pela economia, pela estrutura administrativa das prefeituras e pelas práticas políticas conservadoras, demarcam e limitam a inserção participativa no território.

Em síntese, a distribuição do IRP no Nordeste demonstra um suporte institucional desequilibrado e excludente para a ação civil. As experiências de gestão participativa vêm ocorrendo, principalmente, nas capitais dos estados e centros urbanos de porte médio, e seus entornos, indicando uma base territorial de natureza urbana. Nesse sentido, a realidade regional se encontra dissociada dos projetos de desenvolvimento que condicionam, em suas propostas, formas de acesso às decisões e às proposições da população que deles participa.

A institucionalização dos instrumentos participativos coloca em xeque a legitimidade de um modelo tradicional, substituindo-o por um novo modelo de representação, ancorado numa cidadania participativa. Suas consequências sobre o campo político são significativas, já que se admitem novos atores no cenário político e estes podem, de alguma maneira, diminuir o poder atribuído a formas superadas de fazer política.

Na análise do Indicador de Densidade Institucional (IDI), adotou-se também como critério para uma primeira interpretação o porte demográfico dos municípios. A média regional do indicador é de 4,50, figurando como um referencial na distribuição em que um número significativo de municípios até 50 mil habitantes forma um padrão no Nordeste em condições de rarefação institucional. Entre os municípios com até 10 mil habitantes e suporte institucional rarefeito, o percentual é de 84,74%, enquanto que nos municípios com população de mais de 10 mil a 50 mil, os valores de densidades são fracos, atingem 65,70% do total de municípios nordestinos. Entre os com mais de 50 mil a 100 mil habitantes, a rarefação no suporte institucional diminui englobando 9,67% dos municípios. Na classe de mais de 100 mil a 350 mil, apenas Teixeira de Freitas (BA) possui um índice pouco abaixo da média e acima de 350 mil habitantes, todos os municípios possuem suporte institucional denso.

A existência de estruturas que auxiliem os processo de tomada de decisão e diminuam as incertezas é pouco difundida no Nordeste e, no caso, atinge, particularmente, os municípios pequenos, que na região constituem a parte mais frágil da hierarquia político-institucional. Porém, da mesma forma que nos recursos participativos, os arranjos espaciais de maior densidade institucional são formados por municípios de porte demográfico variado. No caso do Nordeste, o exame do desempenho regional permite constatar uma relação entre o padrão demográfico e a densidade institucional, mas permanece uma distribuição seletiva, reforçando um padrão histórico de desigualdades, no qual as estruturas político-sociais arcaicas dificultam a transformação dos municípios em entidades autônomas.

O modelo de gestão criado após a Constituição de 1988 afetou fortemente as municipalidades, direcionando a organização político-administrativa no sentido de criar condições fiscais com o aumento dos recursos financeiros, ou seja, na implantação de um aparato institucional, referenciado a um modelo de gestão como condicionante para o repasse de recursos. Quando tal não acontece, sua outra face se revela extremamente diferenciadora.

No **Mapa 2**, de **Densidade Institucional Ajustado**, foram representados os mesmos elementos utilizados no mapa de Recursos Participativos Ajustado: os padrões de centralidade e a rede de transporte simplificada.

A abordagem espacial permite verificar que os traços marcantes desse modelo territorial confirmam o padrão de divisão regional: Nordeste ocidental e Nordeste oriental, reforçando a ideia de que a estrutura institucional contribui para se apreenderem as formas de organização espacial.

Cabe ressaltar a ocorrência de uma clivagem na distribuição do indicador denominada de descontinuidade estática e descrita por Gay (1995) como sendo provocada, muitas vezes, por barreiras naturais, como os acidentes geográficos. Essa clivagem, encontrada na densidade institucional do Nordeste, reforça, à primeira vista, a noção de naturalização dos problemas para dissimular o jogo dos diferentes atores. Mas a descontinuidade estática vem sendo substituída, num movimento histórico, pela descontinuidade dinâmica, que significa a evolução lenta de fenômenos de natureza diversa no território.

Existem diferenças nas bases institucionais nordestinas, marcadas, fortemente, pela cultura política regional, mas também pelo desequilíbrio de sua estrutura regional. As instituições, formais e informais, aparecem impregnadas pelo controle de velhas oligarquias, que adquiriram legitimidade ao longo do tempo, imprimindo suas marcas na organização social através do controle político do território local e das densidades encontradas na região.

Os meios e as instituições que formam a interface densidade/rarefação institucional definem o grau de penetração da autonomia municipal e o avanço da democratização no Nordeste, e a continuidade de um gradiente denso para um rarefeito é que cria a descontinuidade espacial. Há requisitos mínimos que demarcam as bases territoriais institucionalizadas e, em última instância, definem que a densidade institucional não proporciona as mesmas oportunidades à população como um todo. A morfologia desse processo estabelece seus limites no Semiárido, como uma fronteira que demarca as mudanças quantitativas dos conteúdos institucionais.

Na verdade, os limites oriental e ocidental do Nordeste são representações dos critérios de densidade institucional adotados, colocando em evidência uma organização espacial que é diversa e desigual, contrariando a isonomia das reformas constitucionais. A densidade institucional, na porção oriental, condiz com o traço marcante de região concentradora e de maior dinamismo regional e repete a formação de dois segmentos anteriores: o litorâneo e o do interior.

O Nordeste oriental é constituído por uma combinação particular de municípios cujos conteúdos institucionais mais densos comportam regras, normas, leis e instituições destinadas a orientar a ação governamental. São nessas áreas que as características do suporte institucional possibilitam dirimir melhor, na tomada de decisão, uma tensão constante que se estabelece entre os recursos disponíveis e os interesses locais, reduzindo com isso conflitos e, junto, os custos de transações.

O Nordeste ocidental apresenta grande parte das áreas de rarefação institucional. Os mecanismos e as instituições que imprimem maior densidade ao arcabouço institucional são limitados, impondo, à porção ocidental, condições precárias de aperfeiçoamento democrático. O número expressivo de municípios que compõem os gradientes rarefeitos demonstra as dificuldades impostas a essas unidades em sustentarem as responsabilidades adquiridas com a mudança constitucional. As condições institucionais verificadas diferenciam esses territórios quanto às práticas políticas que empreendem, reduzidas na capacidade de desempenho, no atendimento e na organização das demandas sociais.

A densidade institucional está presente naqueles municípios onde as políticas locais e o surgimento de estruturas de poder mais democráticas caminham com condições econômicas e sociais mais favoráveis, principalmente nos municípios mais dinâmicos, representados nos padrões de cidades de metropolitano a sub-regional.

Esses espaços são construídos, conforme Santos (1996), segundo um processo de propagação que pode ser conduzido por pessoas, grupos,

Mapa 2: Região Nordeste
Densidade Institucional Ajustado

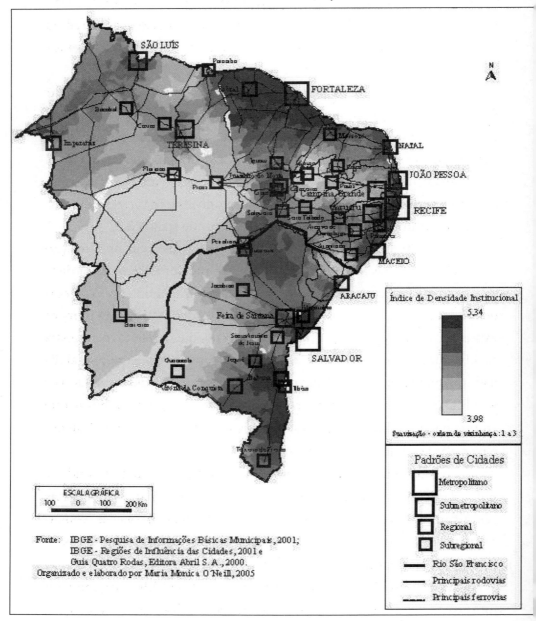

instituições. No caso em questão, a nova ordem institucional avança a partir dos grandes centros urbanos, porque são os que, de modo geral, comportam crescimento econômico e populacional, além das funções de capitais estaduais.

O modelo de gestão possui como principais características nas formas de fazer política o patrimonialismo e o clientelismo. São políticos que utilizam o aparelho estatal em benefício próprio e exercem ainda autoridade sobre uma população. Essa política instala no interior do governo relações informais de costumes e tradições, e relações de parentesco (Amaral Filho, 2003).

No Nordeste esse sistema, originado na base econômica numa relação de trabalho de sujeição (parceiro), criou raízes e está impregnado no tecido social e no território. As elites reagem revivendo a *"região problema"* e *"excluída"*, como discurso para evitar cobranças e manter a dominação política, enquanto o imaginário coletivo é permeado por sujeição e conformismo, o que contribui para manter sob o controle de certos grupos políticos as áreas mais atrasadas do Nordeste (Castro, 1992; Fontes, Melo e Leal, 1996; e Farah, 2003).

CONSIDERAÇÕES FINAIS

O exame do suporte institucional no Nordeste é ilustrativo da fragilidade na densidade institucional de países com desigualdades regionais como o Brasil. O exemplo de regiões de menor competitividade, como o Nordeste, demonstra que o avanço democrático obtido com a Constituição de 1988 se traduziu no fortalecimento de apenas parte dos municípios como territórios institucionais. Assim, a combinação dos atributos institucionais conforma os espaços institucionalizados de atividade política indicando que as condições institucionais aparecem como elemento de exclusão, como algo que não atinge a todos, mas espaços, setores e grupos sociais específicos (Santos, 1996).

A lógica dessa base se encontra na interação entre formas de organização social e o território. Se as formas de organização social favorecem a ingerência sobre as maneiras de fazer política — na regulação das políticas, na definição das diretrizes e no modo como está organizada a gestão administrativa —, o território favorece, como mediador, a participação dos atores sociais, que se organizam a partir de demandas localizadas.

A análise dos atributos institucionais, medida pelos índices de Recursos Participativos e de Densidade Institucional, demonstra ser o conteúdo institucional dos municípios decisivo na manutenção e na reprodução das desigualdades sociais no Nordeste. Os resultados revelam o desequilíbrio da descentralização político-administrativa na região, pois as diferenças espaciais apontam que o padrão demográfico tende a ser influenciado por condições favoráveis, quando os municípios menores se localizam junto aos centros de crescimento regional.

As descontinuidades detectadas, no Nordeste, se manifestam nos níveis intrarregional e interurbano, com a existência de espaços de consolidação e renovação institucional, contrapondo-se a espaços não consolidados e de base institucional frágil. Apontam que a urbanização constitui um elemento decisivo para a compreensão das transformações político-institucionais no território.

No Nordeste contemporâneo, o espaço e a cultura política se encontram nas práticas de controle do território, dando sentido às desigualdades da Região, as quais resultam de combinações de natureza complexa e nas quais as instituições atuam, moldando os ambientes de decisões políticas e qualificando as áreas segundo suas características.

A diversidade e complexidade das bases territoriais de atividade política dão lugar a dinâmicas que valorizam as estratégias empreendidas por atores sociais na busca por formas de superação das desigualdades sociais. As perspectivas de ação futuras dependem da capacidade da sociedade nordestina em obter formas mais consistentes de gestão, de forma a operar eficientemente e reduzir os custos sociais.

Assim sendo, na região Nordeste, as condições institucionais são heterogêneas, pois podem redundar em formas de governo que fortalecem a participação e a cooperação, criando ambientes de cooperação e confiança, até formas de governo as mais precárias, nas quais os recursos participativos e a densidade institucional apresentam resultados insatisfatórios, criando novas tensões para antigos problemas, como o das desigualdades.

Um aspecto relevante na reforma constitucional seria a possibilidade de o desenvolvimento local ser um contraponto às tendências espacialmente concentradoras. A descentralização legitimaria as bases territoriais institucionalizadas como governo local, baseado na democracia participativa, na horizontalidade das relações e na densidade das instituições, de forma a garantir a cidadania. O modelo territorial funcionaria como uma *contratendência* aos processos excessivamente concentrados, verificados com a espacialização dos índices de Recursos Participativos e de Densidade Institucional.

REFERÊNCIAS BIBLIOGRÁFICAS

AMARAL FILHO, J. do. Ajustes estruturais, novas formas de intervenção pública e novo regime de crescimento econômico no Ceará. In: GONÇALVES, M. F., BRANDÃO, C.

A, GALVÃO, A. C. (orgs.) Regiões e cidades, cidades nas regiões: O desafio urbano-regional. São Paulo: Editora Unesp, Anpur, 2003, pp.237-385.

AMIN, A.; THRIFT, N. Globalization, Institutional Thickness and Local Prospects. *Revue d'économie regional et urbaine*. Paris: ADICUEER (Assoc. des Directeurs d'Instituts et des Centres Universitaires d'Etudes Economiques Régionales), nº3, 1993, p. 405-427.

BASLÉ, M. Mise perspective de l'institutionnalisme de quelques économistes allemands et américain. *Economie appliquée*. t..XLVI, nº4, 1993, p. 159-176.

CASTRO, I. E. de. *O mito da necessidade*. Rio de Janeiro: Bertrand Brasil, 1992, 247p.

_____. *Instituições e território. Possibilidades e limites ao exercício da cidadania*. Rio de Janeiro: PPGG/UFRJ, 2003, 20p. (mimeo.).

FARAH, M. F. S. Gestão pública local, novos arranjos institucionais e articulação urbano-regional. In: GONÇALVES, M. F.; BRANDÃO, C. A. e GALVÃO, A. C. (orgs.). *Regiões e cidades, cidades nas regiões: o desafio urbano regional*. São Paulo: Anpur, Editora Unesp, 2003, p. 81-94.

FONTES, B. A. S., MELO, N. M. L de, LEAL, S. M. R. Gestão local no Nordeste do Brasil: a busca de novos paradigmas. In: FISCHER, T. (org.) *Gestão contemporânea: Cidades estratégicas e organizações locais*, Fundação Getúlio Vargas, Rio de Janeiro, 1996, p. 101-122.

GAY, J.-C. *Les Discontinuités spatiales*. Paris: Economica, 1995, 112p.

GIDDENS, A. *As consequências da modernidade*. 2ª ed., São Paulo: Unesp, 1991, p. 1-82.

GUEDES, S. N. R. Observações sobre a economia institucional: Há possibilidade de convergência entre o velho e o novo institucionalismo? V ENCONTRO NACIONAL DE ECONOMIA POLÍTICA, 2000, Fortaleza, *Anais...*, Fortaleza: UFCE, jun. 2000, 21p.

GUIMARÃES NETO, L.; PORSSE, A. A. e PORSSE, M. L. de C. *Descentralização e finanças municipais no Brasil: Uma análise regional da gestão dos recursos*. Trabalho apresentado no EnANPAD (Enc. da Assoc. Nac. de Pós-Graduação e Pesq. em Administração), jul. 1999, 28 p. (Disponível em http:www.ccsa. ufpa.br). Arquivo consultado em 2003.

HARVEY, D. *Condição pós-moderna*. São Paulo: Loyola, 1993, 341p.

HODGSON, G. The Approach of Institutional Economics. *Journal of Economic Literature*. Pittsburgh: American economic association, vol. XXXVI, mar. 1998, p. 166-192.

HODGSON, G. JOHN. R. Commons and The Foundations of Institutional Economic. In: *Journal of Economic Issues*. Lewisburg: Association for evolutionary economics. Department of economics Lewisburg, vol.XXXVII, n. 3, sep. 2003, p. 547-576.

MARCH, J., OLSEN, J. El redescobrimiento de las instituiciones. La base organizativa de la política. México D. C.: Fondo de Cultura Económica, 1997, 331p.

NORTH, D. C. Desempeño económico en el transcurso de los años. CONFERENCIA REALIZADA EN ESTOCOLMO AL RECIBIR EL PREMIO NOBEL DE CIENCIAS ECONÓMICAS, Suécia, dez. 1993.

NORTH, D. C. Instituciones cambio institucional y desempeño económico. México D. C.: Fondo de Cultura Económico, 1995, 191p.

NORTH, D. C.; SUMMERHILL, WEINGART., A. B. R. Orden, desorden y cambio económico: Latinoamérica vs. Norte América. Revista instituciones y desarrollo. Barcelona: Instituto Internacional de Gobernabilidad de Catalunya (IIG), n. 12, dez. 2002, 54p.

IBGE — Instituto Brasileiro de Geografia e Estatística. Perfil dos Municípios Brasileiros — Pesquisa de Informações Básicas Municipais, 2001.

PUMAIN, D.; SAINT-JULIEN, T. Les Interactions spatiales. Paris: Armand Colin, 2001, 191p. (Coll. Cursus).

PUTNAM, R. D. Comunidade e democracia: A experiência da Itália moderna. Rio de Janeiro: FVG, 1996a, 257p.

_____. The Strange Disappearance of Civic America. The American Prospect. Boston, vol.7, n. 24, dec. 1996b, 17p.

SANTOS, M. A natureza do espaço. São Paulo: Hucitec, 1996, 306p.

SANTOS, M. e SILVEIRA, M. L. O Brasil — Território e sociedade no início de século XXI. 4 ed., Rio de Janeiro: Record, 2002, 473p.

VERGARA, R. Estudo introdutório. O redescobrimento das instituições: da teoria organizacional a ciência política. In: MARCH, OLSEN. O descobrimento das instituições: A base organizativa da política. México: Fondo de Cultura Econômica, 1997, p. 9-40.

SOBRE OS AUTORES

Caio Augusto Amorim Maciel
Professor Adjunto do UFP, Graduado em Agronomia pela UFRP, Mestre em Geografia pela UFPE e Doutor em Geografia pela UFR), Estágio na Université de Pau, França). Desenvolve pesquisas em Geografia Humana, Agrária e Cultural. caio.maciel@ufpe.com.br

Daniel Abreu de Azevedo
Mestre e doutorando em Geografia pela UFRJ. Pesquisador do GEOPPOL Desenvolve pesquisas nos temas: emancipação municipal, cidadania e democracia direta. dan_abreuazevedo@hotmail.com

Danilo Fiani Braga
Geógrafo da Agência Nacional de Aviação Civil – ANAC, Bacharel e Mestre em Geografia pela UFRJ. Pesquisador do GEOPPOL. Desenvolve pesquisas em Geografia Política, nos temas: política e religião e geografia eleitoral danfiani@gmail.com

David Tavares Barbosa

Mestrando em Geografia pela UFPE. Bacharel em Geografia pela UFPE, estágio na Universidade Nova de Lisboa, Portugal. Desenvolve pesquisa sobre a relação entre imaginário geográfico e gestão dos espaço públicos. davidtbarbosa@hotmail.com

Fabiano Soares Magdaleno

Professor de Geografia do CEFET/RJ. Colaborador do GEOPPOL. Doutor e Mestre em Geografia pela UFRJ. Desenvolve pesquisas em Geografia Política sobre a: territorialidade da representação política. fabianomagdaleno@gmail.com

Iná Elias de Castro

Professora Titular da UFRJ, Mestre em Geografia (UFRJ) e Doutora em Ciência Política (IUPERJ). Pós-doutorado na Universidade Paris VII, França. Coordenadora do GEOPPOL. Desenvolve pesquisas em Geografia Política. inacastro@uol.com.br

Juliana Nunes Rodrigues

Professora Adjunto da UFF, Doutora em Geografia pela Université Jean Moulin Lyon 3, França, Pós-doutoranda em Geografia pela Universidade Federal do Rio de Janeiro. Desenvolve pesquisas em Geografia Política. jnunesrodrigues@yahoo.com.br

Linovaldo Miranda Lemos

Professor do Instituto Federal Fluminense – IFF – Campos RJ. Doutor em Geografia pela UFRJ, Mestre em Políticas Sociais pela UENF. Desenvolve pesquisas em Geografia do Rio de Janeiro. linovaldomirandalemos@yahoo.com.br

Manuelle Lago Marques
Doutoranda na Universidade de Paris, Mestre em Geografia pela UFRJ. Geógrafa pela UFPR. Integrante do GEOPPOL. Desenvolve pesquisas sobre processos e instrumentos políticos na gestão do território natural brasileiro. manuelle.lago@gmail.com

Maria Monica O'Neill
Geógrafa do Instituto Brasileiro de Geografia e Estatística (IBGE). Mestre e Doutora Geografiapela UFRJ. Colaboradora do GEOPPOL. Desenvolve estudos sobre Tipologia Intraurbana das Áreas de Concentração de População e Atlas do Censo Demográfico de 2010. monica.oneill@ibge.gov.br

Rafael Winter Ribeiro
Professor Adjunto UFRJ, Mestre e Doutor em Geografia pela UFRJ, Estágio de Doutorado na Université de Pau, França. Vice-Coordenador do GEOPPOL. Desenvolve pesquisas em Geografia Política nos temas: políticas públicas e cultura. rafaelwinter2002@yahoo.com.br

Rejane Cristina de Araujo Rodrigues
Professora Adjunta do Instituto de Aplicação Fernandes Rodrigues da Silveira da UERJ e da PUC-Rio. Doutora e Mestre em Geografia pela UFRJ. Desenvolve pesquisas em Geografia Política rcarodrigues@gmail.com

Vinícius da Silva Juwer
Mestrando e graduado em Geografia da UFRJ. Atua na área de Geografia Política, com ênfase em Geografia Eleitoral. Faz parte do GEOPPOL. viniciusjuwer@yahoo.com.br

Impressão e Acabamento: Markgraph